재난 안전 대응 전략

이론과 현장이 만나는 재난관리 실무 매뉴얼

이론과 현장이 만나는 재난관리 실무 매뉴얼
재난 안전 대응 전략

초판 1쇄 인쇄 2026년 4월 17일
초판 1쇄 발행 2026년 4월 24일

지은이 김주회
펴낸이 김헌준
편 집 류석균
디자인 전영진
펴낸곳 소금나무
　　　주소 (07314) 서울시 영등포구 신길로 214, B 101-1호 ㈜시간팩토리
　　　전화 02-720-9696 팩스 070-7756-2000
　　　메일 sogeumnamu@naver.com
　　　출판등록 제2025-000036호(2025.03.11.)

ISBN 979-11-996087-6-4 93330

소금나무는 ㈜시간팩토리의 출판 브랜드입니다.

소금나무

이론과 현장이 만나는 재난관리 실무 매뉴얼

재난안전 대응전략

INTEGRATED DISASTER RESPONSE AND SAFETY STRATEGY

김주회 지음

소금나무

산불 대응의 갈림길, 진입로의 유무가 피해를 가른다

Wildfire Response at a Crossroads: The Presence of Access Routes Determines the Damage

산불은 더 이상 계절적 사고가 아니다. 기후변화로 인한 고온화·건조화, 강풍의 일상화로 산불은 대형화·장기화가 되는 재난의 형태로 바뀌고 있다. 이러한 변화 속에서 산불 피해의 규모를 결정하는 핵심 요소는 무엇일까. 현장을 기준으로 보면 답은 명확하다. 바로 진입로의 유무다.

산불 대응에서 시간은 생명이다. 불이 발생한 직후 얼마나 빠르게 인력과 장비가 현장에 도달하느냐에 따라 피해 면적과 확산 속도는 극명하게 달라진다.

진입로가 확보된 지역에서는 소방차와 산불 진화 차량이 즉각 접근할 수 있고, 물과 장비 및 인력이 연속적으로 투입된다. 초기 진화에 성공할 가능성도 커진다. 이는 기술이나 의지의 문제가 아니라 접근 구조의 차이에서 비롯된다.

반대로 진입로가 개설되지 않은 산림 지역은 시작부터 불리하다. 산불 진화 인력은 장비를 짊어지고 험준한 지형을 직접 도보로 이동해야 하며, 현장 도착까지 상당한 시간이 소요된다.

결국 공중 진화에 의존할 수밖에 없지만, 헬기는 기상 조건에 크게 영향을 받고 야간이나 강풍 시에는 투입 자체가 제한된다. 이 시간 동안 불은 지형과 바람을 타고 걷잡을 수 없이 번진다. 진입로의 부재는 곧 초기 대응 실패로 직결된다.

진입로의 차이는 예방 단계에서도 분명하게 드러난다. 접근이 가능한 지역은 정기적인 순찰과 관리가 가능해 불법 소각이나 위험 요소를 사전에 제거할 수 있다.

반면 접근이 어려운 곳은 관리의 사각지대가 되기 쉽고, 작은 불씨가 발견되지 못한 채 대형 산불로 번질 위험이 크다. 산불은 '어디서 발생하느냐'보다 '어디가 관리되지 않았느냐'에 따라 그 형태가 달라진다.

물론 진입로 개설이 만능 해법은 아니다. 무분별한 임도 확충은 산림 훼손과 생태계 단절이라는 또 다른 위험을 낳는다.

중요한 것은 양이 아니라 전략이다. 산불 위험도가 높고, 주거지와 인접하거나 과거 산불 이력이 있는 지역을 중심으로 최소한의 폭과 수량으로 계획된 진입로를 확보해야 한다. 이는 개발보다 재난 안전 인프라로 접근할 문제다.

안전공학의 관점에서 보면, 재난 대응 능력은 '대응 의지'가 아니라 '접근 구조'에서 결정된다. 길이 없으면 기술도, 인력도 무력해진다. 진입로는 재난을 막기 위한 첫 번째 안전장치다.

산불 대응의 성패는 불길 앞에서의 용기가 아니라 불이 나기 전 만들어진 길에서 갈린다. 진입로의 유무가 피해를 결정하는 현실을 현장의 문제로만 남겨두어서는 안 된다.

이제는 정책과 예산, 산림 관리의 기준에서 진입로를 선택이 아닌 필수 안전 요소로 재정의해야 할 때다.

산불은 경계선이 없다
Wildfires Know No Boundaries

산불은 경계선을 모른다. 행정구역도, 보호구역도, 규제선도 불길 앞에서는 아무 의미가 없다. 그럼에도 우리는 아직도 묻는다.

"길을 내도 되는가?"

이 질문 자체가 이미 현실을 외면한 것이다. 지금 물어야 할 질문은 단 하나다.

"길이 없을 때 누가 책임질 것인가?"

주거지와 맞닿은 산림에 진입로가 없다는 것은 명백한 방치다. 대응할 수 없다는 사실을 알면서도 아무것도 하지 않겠다는 선언과 다르지 않다.

산불이 나면 소방차는 멈춰 선다. 인력은 접근하지 못한다. 헬기만 바라보다가 불은 마을로 내려온다. 그 결과가 무엇인지는 이미 수차례 증명되었다.

그때마다 "예측하기 어려웠다" "불가항력이었다"라는 말이 반복되었다. 그러나 길이 없는 상황은 예측 불가능한 재난이 아니다. 구조적으로 예정된 실패다.

접근로가 없는 곳에서 초기 진화가 불가능하다는 사실은 현장도, 전문가도, 행정도 모두 알고 있다. 알고도 만들지 않았다면 그것은 책임 회피다.

진입로를 규제로 막아놓고 환경을 지켰다고 말하는 것은 기만이다. 관리되지 않는 숲은 안전하지 않다. 접근조차 할 수 없는 산림은 예방도, 통제도 불가능하다. 특히 주거지 인접 지역에서 진입로를 허용하지 않는 결정은 주민의 생명을 위험에 노출시키는 명백한 선택이다.

안전공학의 관점에서 보면 이는 명확하다. 위험은 제거하거나 통제해야 한다. 통제 수단을 스스로 차단해 놓고 사고가 나면 자연을 탓하는 것은 책임의 전가다. 길이 없으면 대응도 없다. 대응이 없으면 피해는 필연이다.

이제 더 이상 추상적인 환경 논리 뒤에 숨을 수 없다. 산불은 이미 매년 반복되고 있고, 피해는 커지고 있다. 그럼에도 주거지 인접 산림에 최소한의 진입로조차 허용하지 않는다면 그 결과에 대한 책임은 분명하다. 그 책임은 결정을 내린 사람에게 있다.

산불이 마을을 덮쳤을 때, 소방차가 멈춰 섰을 때, 주민이 대피하지 못했을 때도 "길을 내면 안 됐다"라고 말할 것인가.

산불은 경계선이 없다. 그러나 책임에는 반드시 경계가 있어야 한다. 이제는 길을 내도 되는가를 논할 시간이 아니다.

이제는 "길이 없을 때 누가 책임질 것인가?"를 분명히 할 때다.

2026년 4월

김주회

목차

PART 1

재난을 이해하는 이론적 프레임

▼ PART 3

소방·경찰의 재난 안전 현장 대응

▼ PART 4

산업현장과 조직에서 작동하는 재난 대응과 회복

PART 5

재난 연구는 어디에서 멈추어 있는가

PART 1

재난을 이해하는 이론적 프레임

Theoretical Frameworks for Understanding Disasters

CHAPTER 01

재난의 개념과 정의

학습목표

- 사고와 재난의 본질적 차이를 이해하고 설명할 수 있다.
- 재난에 대한 법적·행정적·학문적 정의를 비교할 수 있다.
- 재난 개념의 역사적 변천을 설명할 수 있다.
- 재난 정의가 대응 체계와 책임 구조에 미치는 영향을 분석할 수 있다.
- '불가항력' 개념의 한계를 비판적으로 검토할 수 있다.
- 재난을 구조적 문제로 인식하는 관점을 실제 사례에 적용할 수 있다.

재난이란 무엇인가

2022년 10월 29일, 서울 이태원에서 발생한 압사 사고로 159명의 사망자가 발생했다. 이 사건을 어떻게 규정할 것인가? 단순한 '안전사고'인가, 아니면 '재난'으로 보아야 하는가? 언론과 정부, 학계는 이 사건을 어떻게 명명할 것인지를 놓고 논란을 벌였다. 이 명명의 차이는 단순한 용어 선택의 문제가 아니다. 어떻게 정의하느냐에 따라 대응 주체, 책임 범위, 예산 투입, 법적 처리가 모두 달라지기 때문이다.

재난을 정확히 이해하기 위해서는 먼저 사고(Accident)와 재난(Disaster)의 차이를 명확히 구분해야 한다. 우리는 일상에서 크고 작은 사고를 끊임없이 경험한다. 교통사고, 화재, 시설 고장, 산업현장의 안전사고는 매일같이 발생한다. 그러나 모든 사고가 곧바로 재난이 되는 것은 아니다.

사고는 일반적으로 제한된 시간과 공간 안에서 발생하며, 원인과 책임이 비교적 명확하다. 특정 개인이나 조직의 실수, 관리 소홀, 기술적 결함이 직접적인 원인으로 작용하고, 기존의 매뉴얼과 절차를 통해 수습이 가능하다. 사고의 피해 범위는 예측 가능한 수준에 머물며, 일상적인 대응 체계 내에서 처리될 수 있다.

반면 재난은 단일한 사건이 아니라 사회 시스템 전반의 기능을 흔드는 구조적 실패의 결과다. 피해는 특정 지점에 머물지 않고 확산하며, 하나의 기관이나 조직이 단독으로 통제할 수 있는 범위를 넘어선다. 인명 피해와 물적 손실뿐 아니라 행정, 경제, 사회적 신뢰까지 연쇄적으로 붕괴된다.

재난 연구자 엔리코 쿼런텔리(Enrico Quarantelli)는 이를 다음과 같이 구분했다.

"비상상황(Emergency)은 일상적 대응 체계로 처리 가능한 사건이고, 재난(Disaster)은 지역사회의 기존 자원과 능력을 초과하는 사건이며, 대재난(Catastrophe)은 사회 전체의 기능과 구조 자체가 붕괴되는 사건을 말하는 것이다."

이 구분은 단순히 규모의 차이가 아니라 대응 방식과 체계의 근본적 전환을 요구한다는 점에서 중요하다.

유엔재난위험경감사무국(UNDRR)의 정의

센다이 프레임워크(Sendai Framework for Disaster Risk Reduction 2015~2030)에서는 재난을 다음과 같이 정의하고 있다.

"재난은 위험요인(Hazard)이 노출(Exposure), 취약성(Vulnerability), 역량(Capacity)의 조건과 상호작용하여 발생하면서 공동체나 사회의 기능에 심각한 붕괴를 초래하는 사건을 말한다. 이는 인명 및 물질적·경제적·환경적 손실과 영향을 포함하며, 하나 이상의 피해를 발생시킨다.”

이 정의는 재난이 단순히 외부 충격의 결과가 아니라 사회적 조건과의 상호작용 속에서 만들어진다는 점을 강조한다. 같은 규모의 지진이 발생해도 어떤 지역은 재난이 되고, 어떤 지역은 그렇지 않은 이유가 여기에 있다. 예를 들어 2010년 아이티 지진(규모 7.0)은 약 22만 명의 사망자가 발생했지만, 2010년 칠레 지진(규모 8.8)은 훨씬 강했음에도 약 500명의 사망자가 발생했다. 이는 건물 내진 설계, 대응 체계, 의료 인프라 등 사회적 역량의 차이에서 비롯된 결과다.

사고와 재난의 비교

구분	사고(Accident)	재난(Disaster)
발생 범위	제한적 시간·공간	광범위한 확산
원인	비교적 명확	복합적·구조적
대응 주체	단일 기관 가능	다수 기관 협력 필수
피해 양상	직접적 피해	연쇄적 피해 확산
대응 방식	기존 매뉴얼 적용	통합지휘체계 필요
회복 과정	단기 복구 가능	장기 재건 필요
예시	교통사고, 화재, 폭발	태풍, 홍수, 지진

재난 개념의 역사적 변천

재난(Disaster)이라는 용어는 라틴어 ‘dis(분리, 파괴)’와 ‘aster(별)’의 합성어로, 원래 ‘불길한 별의 배치’를 의미했다. 고대 사회에서 재난은 인간의 통제를 벗어난 천체의 영향이나 신의 징벌로 이해되었다. 이러한 인식은 오랫동안 재난에 대한 인간의 대응을 수동적이고 숙명론적인 것으로 만들었다.

1단계: 자연현상 중심의 관점(고대~19세기)

재난은 주로 홍수, 지진, 화산 폭발 등 자연현상으로 이해되었다. 인간은 재난을 예방하거나 통제할 수 없으며, 단지 수용하고 복구하는 것이 최선이라는 인식이 지배적이었다. 이 시기의 재난 대응은 주로 사후 구호와 복구에 집중되었다.

2단계: 기술·산업 재난의 등장(19세기~20세기 초)

산업혁명 이후 대형 화재, 폭발, 붕괴 사고 등 인간 활동에서 비롯된 재난이 증가했다. 1906년 샌프란시스코 지진 이후 화재가 더 큰 피해를 낳은 사례는 자연현상과 사회적 조건이 결합한 재난의 성격을 보여주었다. 이 시기부터 재난 예방과 안전 규제의 필요성이 제기되기 시작했다.

3단계: 사회적 취약성 개념의 도입(20세기 중반~1980년대)

1970년대부터 재난 연구자들은 재난이 단순히 자연현상이나 기술 실패의 결과가 아니라 사회적 취약성과 불평등의 산물임을 강조하기 시작했다. 길버트 화이트(Gilbert White)와 같은 학자들은 "자연재해는 없다, 자연 위험만 있을 뿐이다"라는 주장을 통해 재난의 사회적 성격을 부각시켰다. 이는 재난을 예방 가능한 사회 문제로 인식하는 전환점이 되었다.

4단계: 통합적 재난위험관리 패러다임(1990년대~현재)

1994년 요코하마 전략(Yokohama Strategy and Plan of Action for a Safer World), 2005년 효고 행동강령(Hyogo Framework for Action), 2015년 센다이 프레임워크로 이어지는 국제적 합의로 재난을 통합적으로 관리하는 DRM(Disaster Risk Management) 패러다임을 확립했다. 이는 재난을 단순히 대응의 대상으로 보기보다 '예방-대비-대응-복구'의 순환 과정 속에서 관리해야 할 위험으로 인식하는 관점이다.

재난을 구조로 본다는 것의 의미

재난을 구조로 본다는 것은 재난을 하나의 사건이나 우연한 사고로 해석하지 않는다는 뜻이다. 재난은 어느 날 갑자기 발생하는 예외적 상황이 아니라 이미 존재하던 위험과 취약성이 일정한 조건에서 드러난 결과다. 이 관점은 재난을 이해하는 출발점을 개인의 실수나 자연현상에서 사회 시스템 전체로 이동시킨다.

사건 중심의 관점에서는 재난의 원인을 특정 순간에 발생한 문제로 한정한다. 화재는 불이 발생한 시점, 건물의 붕괴는 무너진 시점, 감염병은 첫 확진자가 발생한 시점에서 설명된다. 그러나 구조적 관점에서는 질문이 달라진다. 왜 그 장소에 위험이 축적되었는지, 왜 그 위험을 통제하지 못했는지, 왜 대응할 수 있는 조건이 사전에 마련되지 않았는지를 묻는다. 재난은 그 순간에 시작된 것이 아니라 오랜 시간 동안 위험이 축적된 선택의 결과다.

재난의 구조적 구성 요소

재난위험관리(DRM) 이론에서는 재난을 다음 네 가지 요소의 상호작용으로 설명한다

❶ 위험요인(Hazard)

자연현상, 기술적 결함, 인간 활동 등 잠재적 위협으로, 유엔재난위험경감사무국(UNDRR)은 282개의 위험요인을 8개(기상·기후, 지구물리학적, 수문학적, 생물학적, 환경적, 화학적, 기술적, 사회정치적) 유형으로 분류하고 있다.

❷ 노출(Exposure)

위험요인과 인구·시설·기능이 접촉하는 정도로, 홍수 위험 지역에 주거지가 밀집되어 있거나 지진대에 원자력 발전소가 위치한 경우가 높은 노출의 예다. 노출은 공간 계획과 토지 이용 정책을 통해 관리될 수 있다.

❸ 취약성(Vulnerability)

위험에 대한 민감도와 대응 능력의 부족으로, 물리적(노후 건물), 경제적(빈곤), 사회적(정보 접근 격차), 제도적(법규 미비), 환경적(생태계 파괴) 차원을 포함한다. 취약 계층(어린이, 노인, 장애인, 저소득층)은 같은 위험에도 더 큰 피해를 입는다.

❹ 역량(Capacity)

재난을 예방·대응·회복할 수 있는 능력으로, 기술적 역량(조기경보 시스템, 내진 건축), 제도적 역량(법규, 매뉴얼), 조직적 역량(훈련된 인력, 지휘 체계), 사회적 역량(공동체 연대, 자원봉사)을 포함한다.

이 네 가지 요소는 독립적으로 작동하지 않는다. 위험요인이 존재해도 노출이 낮고 취약성이 관리되며 역량이 충분하다면 재난으로 이어지지 않는다. 반대로 위험요인이 적더라도 높은 노출과 취약성, 낮은 역량이 결합하면 대형 재난이 발생한다.

재난위험(Disaster Risk)은 다음 공식으로 표현된다.

$$\text{재난위험} = (\text{위험요인} \times \text{노출} \times \text{취약성}) / \text{역량}$$

이 공식은 재난관리의 방향을 명확히 제시한다. 위험요인을 완전히 제거하는 것은 불가능하더라도 노출을 줄이고 취약성을 관리하며 역량을 강화하면 재난위험은 감소한다. 이것이 재난을 구조적 문제로 접근하는 핵심이다.

재난을 둘러싼 다양한 관점

재난을 어떻게 정의하고 부르는가는 단순한 용어의 문제가 아니다. 법, 행정, 학문이 사용하는 언어는 각각 다른 목적과 논리를 지니며, 이 차이는 재난을 인식하고 대응하는 방식에 직접적인 영향을 미친다. 같은 상황을 두고도 서로 다른 언어로 설명하면서 책임과 대응의 방향이 어긋나는 것이다.

법적 정의: 명확성과 책임의 언어

법의 언어는 명확성과 책임을 중심으로 구성된다. 법은 재난을 정의하고 유형을 구분하며, 국가와 지방자치단체 및 기관과 개인의 권한과 의무를 규정한다. 법의 언어에서 재난은 '어떤 요건을 충족하는 사건'으로 다뤄진다. 이 정의는 행정 조치의 발동 여부, 예산 집행, 권한 행사, 사후 책임 판단의 기준이 된다.

우리나라는 「재난 및 안전관리 기본법」 제3조(정의) 제1호에서 재난을 다음과 같이 정의하고 있다.

1. "재난"이라 함은 국민의 생명·신체 및 재산과 국가에 피해를 주거나 줄 수 있는 것으로서 다음 각 목의 것을 말한다.

　가. 자연재난: 태풍, 홍수, 호우, 강풍, 풍랑, 해일, 대설, 한파, 낙뢰, 가뭄, 폭염, 지진, 황사, 조류 대발생, 조수, 화산활동, 자연우주물체의 추락·충돌, 그 밖에 이에 준하는 자연현상으로 인하여 발생하는 재해

　나. 사회재난: 화재, 붕괴, 폭발, 교통사고, 화생방사고, 환경오염사고 등으로 인하여 발생하는 대통령령으로 정하는 규모 이상의 피해와 국가기반체계의 마비, 감염병 확산 등

이 정의는 재난을 자연재난과 사회재난으로 명확히 구분하며, 각각에 대한 구체적인 유형을 열거한다. 법적 정의의 특징은 예측 가능성과 적용 가능성을 최대화하는 데 있다. 그러나 이러한 명확성은 동시에 경직성을 만들어낸다. 열거되지 않은 유형의 재난 및 자연재난과 사회재난의 경계가 모호한 복합재난의 경우 법적 판단이 지연되거나 혼선이 발생할 수 있다.

2014년 세월호 참사 이후 「재난 및 안전관리 기본법」은 여러 차례 개정되었다. 특히 재난 안전 통신망 구축, 재난 대응 표준매뉴얼 작성, 재난 대비 훈련 의무화, 재난관리 책임기관의 직접 보고 체계 등이 법률에 명시되었다. 이는 법적 정의가 개념 정리에 그치지 않고 구체적인 대응 체계와 책임 구조를 규정한다는 점을 보여준다.

행정적 정의: 관리와 대응의 언어

행정의 언어는 실행과 관리에 초점을 둔 실천적 언어이다. 행정에서 재난은 '대응해야 할 상황'이며, 단계와 절차 및 보고 체계와 지휘 구조 속에서 다뤄진다. 행정의 언어는 매뉴얼과 지침, 단계 구분을 통해 재난을 관리 가능한 대상으로 만든다.

행정적 관점에서 재난은 다음과 같은 특성으로 정의된다.

- 일상적 절차나 자원으로 관리할 수 없는 규모의 사건
- 다수 기관의 협력과 조정이 필요한 상황

- '예방-대비-대응-복구'의 단계적 관리가 요구되는 과정
- 상위 의사결정 체계의 개입이 필요한 위기

이 과정에서 재난은 종종 표준화되고 단순화된다. 다양한 현장의 변수를 포괄하기보다는 조직이 작동할 수 있는 범위 안에서 재난을 정의하려는 경향이 나타나는 것이다.

미국의 연방재난관리청(FEMA)은 재난을 다음과 같이 행정적으로 정의한다.

"통상적으로 사망과 상해, 재산 피해를 가져오고 일상적인 절차나 정부의 자원으로는 관리할 수 없는 심각하고 규모가 큰 사건으로, 보통 돌발적으로 일어나기 때문에 정부와 민간조직이 인간의 기본적 수요를 충족시키고 복구를 신속하게 하고자 할 때 즉각적, 체계적, 효과적인 대처를 해야 하는 사건이다."

한국의 행정 체계에서는 재난을 관리하기 위해 중앙재난안전대책본부, 지역재난안전대책본부, 긴급구조통제단 등의 조직을 운영한다. 재난의 규모와 유형에 따라 1~3급 재난으로 구분하며, 각 등급에 따라 대응 조직과 권한이 달라진다. 이러한 등급 체계는 행정적 효율성을 높이지만, 동시에 등급 결정의 지연이 초기 대응을 늦추는 문제가 발생하기도 한다.

학문적 정의: 원인과 구조의 언어

학문의 언어는 원인과 구조를 탐구한다. 학문은 재난을 복합적 과정으로 이해한다. 위험요인, 노출, 취약성, 역량과 같은 개념을 통해 재난이 어떻게 발생하는지를 설명하고, 사회적·제도적 맥락 속에서 재난을 해석한다.

재난 연구의 대표적인 이론적 관점들은 다음과 같다.

❶ 시스템 이론(Systems Theory)

재난관리는 상호 연결된 시스템이며, 다양한 구성 요소가 함께 작동해야 한다고 본다. 하나의 하위 시스템 실패가 전체 시스템에 영향을 미칠 수 있다. 예를 들어 정보통신 시

스템의 장애는 의료, 교통, 금융 등 모든 분야에 연쇄적 영향을 미친다.

❷ 복잡성 이론(Complexity Theory)

현대 재난의 비선형성, 자기조직화, 창발적 행동을 강조한다. 작은 변화가 큰 영향을 미칠 수 있으며(나비 효과), 재난은 예측 불가능한 방식으로 진화한다. 2011년 후쿠시마 원전 사고는 지진, 쓰나미, 원전 설계 결함, 대응 실패가 복합적으로 작용한 사례다.

❸ 정상사고 이론(Normal Accident Theory)

복잡하고 긴밀하게 결합한 시스템에서는 사고가 불가피하다고 본다. 시스템의 복잡성 자체가 예측 불가능한 상호작용을 만들어낸다. 원자력 발전소, 항공 관제, 화학 공장 등 '긴밀한 결합 시스템'에서는 작은 오류도 큰 사고로 확대될 수 있다.

❹ 위험사회 이론(Risk Society Theory)

현대 사회의 위험은 산업화와 기술 발전의 결과물이며, 이러한 위험은 사회 전체에 분배되고 관리되어야 한다고 본다. 원자력, 생명공학, 기후변화 등 '제조된 위험(manufactured risk)'은 전통적 자연재해와 다른 성격을 지닌다.

❺ 취약성 접근 이론(Vulnerability Approach Theory)

재난은 자연현상이 아니라 사회적 불평등과 취약성의 산물이라고 본다. 'Pressure And Release(PAR) 모델'은 근본 원인(빈곤, 불평등) → 동적 압력(도시화, 환경 파괴) → 불안

주요 국가의 재난 정의 비교

국가	재난 정의의 특징
한국	자연재난과 사회재난으로 명확히 이원화, 구체적 유형 열거 방식, 재난안전법 중심의 통합 관리
미국	All-hazards approach: 모든 위험을 포괄적으로 관리, 대통령의 재난 선포 권한 중시, FEMA 중심의 연방-주-지방 협력 체계
일본	재해대책기본법: 자연재해 중심, 지진·해일 특별법 별도 운영, 지역 커뮤니티 중심의 자율 방재 조직 강조
영국	Civil Contingencies Act: 시민 비상사태법, 자연재해와 테러를 포함한 모든 비상사태 통합 관리, 지역 회복력(Local Resilience) 중심
중국	돌발사건대응법: 자연재해, 사고재난, 공공위생사건, 사회안전사건의 4대 분류, 중앙집권적 위기 관리 체계

전한 조건(위험 지역 거주, 취약한 건물)이 재난을 발생시킨다고 설명한다.

정의의 불일치와 대응의 혼선

문제는 위 세 가지 언어가 항상 같은 방향을 가리키지 않는다는 데 있다. 법적으로는 책임을 명확히 하기 위해 재난의 범위를 한정하고, 행정적으로는 대응 가능성을 고려해 재난을 단순화하며, 학문적으로는 그 경계를 확장하고 복잡성을 드러낸다.

이 차이는 재난 발생 시 혼선을 낳는다. 법적으로는 재난이 아니지만 행정적으로는 대응이 필요한 상황이 발생하고, 학문적으로는 이미 구조적 위험이 누적된 상태로 분석되는 경우가 반복된다.

2015년 메르스(MERS) 사태 당시 초기에 감염병으로만 인식되어 보건당국 중심으로 대응하다가 사회적 혼란이 커지면서 뒤늦게 범정부 대응으로 전환됐다. 이는 재난 정의의 불일치가 초기 대응 실패로 이어진 전형적인 사례다.

재난관리의 핵심은 이 서로 다른 언어들을 하나의 프레임 안에서 연결하는 데 있다. 법은 구조적 위험을 포착할 수 있도록 정의를 확장하고, 행정은 복잡한 현실을 반영할 수 있는 유연성을 확보해야 하며, 학문은 현장에서 사용 가능한 언어로 번역될 필요가 있다.

재난 정의가 대응에 미치는 영향

재난을 어떻게 정의하느냐는 단순한 학술적 논쟁이 아니다. 재난의 정의는 곧 책임의 범위와 대응의 수준을 결정하는 출발점이다. 어떤 사건을 재난으로 규정하는 순간 국가와 지방정부, 공공기관과 민간조직 그리고 개인에게까지 요구되는 역할과 의무가 달라진다.

정의가 대응 체계를 결정하는 방식

재난 정의의 첫 번째 기능은 대응 체계를 가동하는 기준을 설정하는 것이다. 법과 제도는 재난 여부에 따라 비상대응 체계의 발동 여부를 결정한다. 재난으로 분류된 사건은 즉시 지휘 체계가 구성되고, 예산과 인력이 동원되며, 평시에는 허용되지 않던 강제적 조치가 가능해진다. 예를 들어 한국의 「재난 및 안전관리 기본법」에 따르면 재난으로 선포된 상황에서는 다음과 같은 조치가 가능하다.

- 중앙재난안전대책본부 또는 지역재난안전대책본부 설치
- 재난 예방 및 응급조치를 위한 강제 대피 명령
- 통제구역 설정 및 출입 제한
- 긴급구조 및 응급조치
- 특별재난지역 선포 및 특별 지원

특별재난지역으로 선포되면 국고 지원율이 50%에서 최대 80%까지 상향되고, 피해 주민에 대한 생계비 지원, 융자금 상환 연기, 세금 감면 등의 혜택이 주어진다. 2020년 폭우 피해 지역들이 특별재난지역으로 선포되면서 1조 원 이상의 추가 예산이 투입된 것이 대표적 사례다.

재난 정의가 좁을수록 대응은 늦어지고, 모호할수록 현장은 혼란에 빠진다. 반대로 재난으로 정의되지 않는 사건은 예외적 사고로 취급되며, 제한된 대응과 축소된 책임만을 남긴다.

'불가항력' 개념의 한계

재난이 발생할 때마다 반복적으로 등장하는 표현이 있다. 바로 "불가항력이었다"라는 설명이다. 이 말은 자연재해, 대형 사고, 예기치 못한 상황을 설명하는 데 자주 사용되며, 언뜻 보면 합리적인 해석처럼 보인다. 인간의 힘으로 통제할 수 없는 외부 요인이 작용했다는 주장이다.

불가항력이라는 개념은 원래 법적 책임을 판단하기 위한 장치였다. 예측과 회피가 객관적으로 불가능한 상황에서 개인이나 조직에 책임을 묻지 않기 위한 최소한의 안전장치였던 것이다. 하지만 이 개념이 재난 설명의 언어로 남용되기 시작하면서 책임 판단을 넘어 구조적 실패를 은폐하는 도구로 작동하게 되었다.

현대 사회에서 발생하는 대부분 재난은 완전히 예측 불가능한 사건이 아니다. 기후변화로 인한 극단적 기상, 노후화된 인프라, 밀집된 도시 구조, 복잡해진 산업 시스템은 이미 위험 신호를 반복적으로 드러내고 있다. 이러한 조건 속에서 발생한 재난을 불가항력으로 규정하는 것은 위험을 인지하고도 관리하지 않은 선택을 면책하는 결과를 낳는다. 자연은 통제할 수 없을지라도 노출과 취약성은 관리의 대상이다.

> ※ '불가항력' 설명의 문제점
>
> - 구조적 문제를 개인화하거나 자연화함
> - 사전 관리 실패에 대한 책임을 회피함
> - 반복되는 재난의 고리를 끊지 못함
> - 제도 개선의 동력을 상실함
> - 대응 체계를 사후 수습에만 고착시킴

불가항력 논리의 대표적 사례는 2014년 세월호 참사 직후 일부에서 제기된 '악천후와 예상치 못한 조류의 영향'이라는 설명이다. 그러나 조사 결과 과적과 부적절한 화물 고박, 무리한 증축 개조, 선장과 선원의 직무유기, 해경과 정부의 구조 실패 등 구조적 문제가 드러났다. 불가항력이라는 표현은 이러한 구조적 책임을 가리는 역할을 했다.

책임의 재배치: 개인에서 구조로

재난을 구조로 이해하면 책임의 방향도 달라진다. 개인이나 특정 조직의 잘못을 찾는 데서 멈추지 않고, 제도와 정책 및 권한 배분과 의사결정 구조를 함께 검토하게 된다. 이는 책임을 희석하기 위한 접근이 아니다. 오히려 책임을 보다 정확하게 배치하기 위한 과정이다.

구조를 보지 않으면 책임은 늘 현장과 말단에 집중되고, 구조를 설계한 주체는 책임 논의에서 벗어나게 된다. 재난관리의 관점에서 중요한 것은 불가항력 여부를 따지는 것이 아니라 관리 가능성의 범위를 넓히는 일이다. 어떤 위험이 완전히 통제 불가능하더라도 피해를 줄이고 회복을 빠르게 할 수 있는 선택지는 존재한다.

제임스 리즌(James Reason)의 '스위스 치즈 모델(Swiss Cheese Model)'은 재난의 구조적 책임을 잘 설명한다. 조직에는 여러 방어막(치즈 조각)이 있지만 각 방어막에는 구멍(취약점)이 있다. 평시에는 이 구멍들이 정렬되지 않아 사고가 발생하지 않는다. 그러나 여러 구멍이 일직선으로 정렬되는 순간 사고가 발생한다. 이는 시스템 전체의 누적된 취약성이 만든 결과이다.

핵심 개념 정리

용어	정의
재난(Disaster)	위험요인이 노출, 취약성, 역량의 조건과 상호작용하여 발생하는 공동체나 사회 기능의 심각한 붕괴
사고(Accident)	제한된 시간과 공간에서 발생하며, 기존 대응 체계로 처리 가능한 사건
위험요인(Hazard)	자연현상, 기술적 결함, 인간 활동 등 잠재적 위협을 야기하는 요소
노출(Exposure)	위험요인과 인구, 시설, 기능이 접촉하는 정도
취약성(Vulnerability)	위험에 대한 민감도와 대응 능력의 부족 정도로, 물리적·사회적·경제적·제도적 차원 포함
역량(Capacity)	재난을 예방, 대응, 회복할 수 있는 사회적 능력으로, 기술적·제도적·조직적·사회적 역량 포함
재난위험관리(DRM)	재난을 사건이 아닌 위험으로 보고 '예방-대비-대응-복구'를 통합적으로 관리하는 접근
센다이 프레임워크	2015~2030 국제 재난위험경감 체계로, 재난위험 감소와 회복탄력성 강화를 목표로 하는 UN 합의문

토론 질문

1. 2022년 이태원 압사 상황을 사고로 볼 것인가, 재난으로 볼 것인가? 각 관점의 근거를 제시하고, 정의에 따라 달라지는 대응 방식과 책임 구조를 논하시오.

2. 재난의 법적 정의, 행정적 정의, 학문적 정의가 불일치할 때 발생할 수 있는 문제점을 구체적 사례(메르스, 세월호, 가습기 살균제 등)와 함께 논하시오.

3. '불가항력'이라는 표현이 재난관리에 미치는 부정적 영향을 분석하고, 대안적 설명 방식(구조적 취약성, 관리 실패 등)을 제시하시오.

4. 재난을 구조적 문제로 보는 관점과 개인 책임으로 보는 관점의 차이를 비교하고, 각각이 정책과 제도에 미치는 영향을 논하시오.

5. 한국, 미국, 일본의 재난 정의를 비교하고, 각국의 재난관리 체계에 어떤 영향을 미쳤는지 분석하시오.

CHAPTER 02

재난의 발생 메커니즘과 구조

- 재난위험 공식(Risk = Hazard × Exposure × Vulnerability / Capacity)을 이해하고 적용할 수 있다.
- 위험요인, 노출, 취약성, 역량의 개념을 구체적 사례로 설명할 수 있다.
- PAR(Pressure And Release) 모델을 활용하여 재난의 구조적 원인을 분석할 수 있다.
- 같은 위험요인에 대해 피해가 다르게 나타나는 이유를 설명할 수 있다.
- 재난이 우연이 아니라 누적된 결과임을 사례로 논증할 수 있다.
- 재난 발생 전 경고 신호를 식별하고 분석할 수 있다.

재난은 어떻게 발생하는가

2010년 1월, 규모 7.0의 지진이 아이티를 강타해 약 22만 명이 사망했다. 같은 해 2월, 규모 8.8의 훨씬 강한 지진이 칠레를 강타했다. 사망자는 약 500명이었다. 왜 더 강한 지진에서 더 적은 사망자가 발생했을까? 재난이 발생하는 것은 위험요인 그 자체가 아니라 사회가 그 위험에 어떻게 노출되어 있고, 얼마나 취약하며, 얼마나 대응할 수 있는지의 문제다.

재난이 발생하는 메커니즘을 이해하는 것은 재난관리의 출발점이다. 1장에서 살펴본 것처럼 재난은 단일한 원인이나 우연한 사건이 아니라 여러 요소가 상호작용하여 발생하는 구조적 결과다. 이 절에서는 재난을 일으키는 핵심 요소들과 그 사이의 관계를 체계적으로 분석한다.

재난위험의 구성 요소

유엔재난위험경감사무국과 재난 연구 학계는 재난위험을 네 가지 핵심 요소의 상호작용으로 설명한다. 위험요인, 노출, 취약성, 역량으로, 이 네 요소는 독립적으로 존재하는 것이 아니라 서로 영향을 주고받으면서 재난위험의 크기를 결정한다.

❶ 위험요인(Hazard): 잠재적 위협의 존재

위험요인은 인명과 재산에 피해를 줄 수 있는 잠재적 위협이다. 유엔재난위험경감사무국은 282개의 위험요인을 8개 유형으로 분류한다.

- 기상·기후적(Meteorological & Climatological): 폭풍, 극한 기온, 가뭄, 산불 등
- 지구물리학적(Geophysical): 지진, 쓰나미, 화산 폭발, 산사태 등
- 수문학적(Hydrological): 홍수, 파도 범람, 빙하 붕괴 등
- 생물학적(Biological): 전염병, 동물 질병, 곤충 침입 등
- 환경적(Environmental): 사막화, 해수면 상승, 생태계 파괴 등
- 화학적(Chemical): 화학물질 유출, 공기·물·토양 오염 등
- 기술적(Technological): 산업 사고, 구조물 붕괴, 교통사고, 원전 사고 등
- 사회정치적(Societal): 분쟁, 테러, 사이버 공격, 금융 위기 등

위험요인의 특성은 발생 빈도(Frequency), 강도(Intensity), 지속시간(Duration), 영향 범위(Spatial extent)로 측정된다. 예를 들어 지진은 발생 빈도가 낮지만 강도가 높고(저빈도-고강도), 폭염은 발생 빈도가 높아지고 있지만 개별 사건의 강도는 상대적으로 낮다(고빈도-중강도). 이러한 위험요인의 특성을 이해하는 것은 대비와 대응 전략을 수립하는 데 필

수적이다.

❷ 노출(Exposure): 위험과의 접촉

노출은 위험요인이 영향을 미칠 수 있는 지역에 인구, 재산, 기반시설, 경제활동이 위치하는 정도이며. 노출되는 위치(Location)가 문제인 것이다. 홍수 위험 지역에 주거지가 있으면 노출이 높아지는 것이고, 지진대에 원자력 발전소가 있으면 이 역시 노출 위험이 높아진다는 것이다.

중요한 점은 노출과 취약성을 구분해야 한다는 것이다. 같은 홍수 위험 지역에 있는 두 집은 같은 노출을 가진다. 그러나 한 집은 내수해 설계가 된 콘크리트 건물이고 다른 집은 목조 주택이라면, 노출은 같지만 취약성은 다르다. 노출은 '어디에 있는가'의 문제이고, 취약성은 '어떤 상태인가'의 문제다.

노출을 결정하는 주요 요인은 다음과 같다.

- 공간 계획과 토지 이용: 위험 지역에 대한 개발 규제, 용도 지역 지정
- 인구 밀집도: 도시화로 인한 위험 지역 인구 증가
- 기반시설 배치: 병원, 학교, 발전소 등 중요 시설의 위치

취약성의 유형과 사례

취약성 유형	구체적 내용과 사례
물리적 취약성	건물의 노후화, 내진 설계 미흡, 위험 지역 거주, 열악한 인프라 (예: 1995년 일본 고베 지진 당시 1923년 이전 건설된 목조 건물이 집중적으로 붕괴)
사회적 취약성	고령화, 장애, 사회적 고립, 정보 접근 격차, 언어 장벽 (예: 2005년 허리케인 카트리나 강타 당시 자가용이 없는 저소득층의 대피 지연)
경제적 취약성	빈곤, 보험 미가입, 단일 소득원, 저축 부족, 재정적 여력 없음 (예: 2010년 칠레 지진 당시 보험 가입자는 평균 6개월, 미가입자는 2년 이상 회복 기간 소요)
제도적 취약성	법규 미비, 거버넌스 약화, 부패, 조정 실패, 책임 불명확 (예: 2014년 세월호 참사 당시 해경과 정부 부처 간 지휘 체계 혼선)
환경적 취약성	생태계 파괴, 삼림 벌채, 습지 감소, 토양 침식, 해안선 훼손 (예: 2004년 인도양 쓰나미 당시 맹그로브 숲이 있던 지역은 피해가 50% 이상 감소)

- 경제활동 집중: 산업단지, 상업지구의 위험 지역 입지

❸ 취약성(Vulnerability): 피해 감수성

취약성은 위험요인에 노출되었을 때 피해를 입기 쉬운 정도다. 취약성은 다차원적 개념으로 물리적·사회적·경제적·제도적·환경적 차원을 모두 포함한다. 센다이 프레임워크는 취약성을 '재난의 영향을 받을 수 있는 인구, 공동체, 서비스, 자원, 시스템의 물리적, 사회적, 경제적, 환경적 요인과 과정에 의해 결정되는 조건'으로 정의한다.

❹ 역량(Capacity): 대응과 회복 능력

역량은 재난위험을 관리하고, 재난에 대응하며, 재난 이후 회복할 수 있는 능력이다. 역량은 취약성의 반대 개념으로, 역량이 높을수록 재난위험은 낮아진다. 역량은 개인, 가구, 공동체, 조직, 국가 등 모든 수준에서 존재한다.

역량의 주요 구성 요소는 다음과 같다.

- 기술적 역량: 조기경보 시스템, 내진 건축 기술, 통신 인프라, 의료 장비
- 제도적 역량: 법규와 정책, 대응 매뉴얼, 조직 구조, 예산 확보
- 인적 역량: 전문 인력, 교육과 훈련, 지식과 경험, 의사결정 능력
- 사회적 역량: 공동체 연대, 자원봉사 네트워크, 신뢰와 협력, 문화적 전통
- 경제적 역량: 재정 자원, 보험 제도, 복구 기금, 경제적 다각화

재난위험 공식과 상호작용

재난위험은 네 가지 요소의 단순한 합이 아니라 복잡한 상호작용의 결과다. 가장 널리 사용되는 재난위험 공식(재난위험 = 위험요인 × 노출 × 취약성 / 역량)은 단순해 보이지만 중요한 함의를 담고 있다.

❶ 곱셈 관계

위험요인, 노출, 취약성은 곱셈 관계다. 이는 하나의 요소가 0이 되면 재난위험이 0이 된다는 의미다. 위험요인이 존재해도 노출이 없으면(사람이 없는 지역) 재난은 발생하지 않는다. 반대로 세 요소 중 하나라도 크게 증가하면 재난위험은 기하급수적으로 증가한다.

❷ **역량의 역할**

역량은 분모에 위치한다. 역량이 증가할수록 재난위험은 감소한다. 이는 위험요인을 완전히 제거할 수 없더라도 역량을 강화하면 재난위험을 줄일 수 있다는 것을 의미한다.

❸ **다중 개입점**

재난위험을 줄이기 위해 네 가지 요소, 즉 위험요인 감소(온실가스 감축 등), 노출 감소(위험 지역 개발 금지 등), 취약성 감소(건물 내진 보강 등), 역량 강화(조기경보 시스템 구축 등) 모두에 개입할 수 있다.

그러나 이 공식에 대한 학문적 논쟁도 존재한다. 일부 연구자들은 곱셈이 아닌 덧셈 관계를 주장하기도 한다. 곱셈 모델은 비선형 관계를 가정하여 하나의 요소가 증가할 때 위험이 기하급수적으로 증가한다고 보는 반면, 덧셈 모델은 선형 관계를 가정한다. 실제로는 재난 유형과 맥락에 따라 요소 간 관계가 다를 수 있다. 중요한 것은 공식 자체가 아니라 재난이 여러 요소의 상호작용으로 발생한다는 프레임워크를 이해하는 것이다.

PAR 모델: 취약성의 진행

벤 위스너(Ben Wisner)와 동료들이 1994년 『At Risk』에서 제시한 PAR(Pressure And Release) 모델은 재난을 이해하는 가장 영향력 있는 이론적 틀이다. PAR 모델은 재난이 위험요인과 취약성이라는 두 개의 반대 힘이 만나는 지점에서 발생한다고 본다. '압력(Pressure)'은 취약성을 증가시키는 사회적 과정을 의미하고, '해제(Release)'는 그 압력을 줄여 재난위험을 낮추는 것을 의미한다.

취약성의 진행: 3단계 모델

PAR 모델은 취약성이 3단계를 거쳐 진행된다고 설명한다.

1단계: 근본 원인(Root Causes)

근본 원인은 시공간적으로 멀리 떨어져 있지만 취약성의 기초를 형성하는 경제적·정치적·사회문화적 과정이다. 이는 오랜 시간에 걸쳐 축적되며, 직접적으로 재난과 연결되지 않아 보이지만 취약성의 뿌리를 형성한다.

- 경제적 근본 원인: 부의 집중, 불평등한 토지 소유, 제한된 자원 접근, 국제 부채
- 정치적 근본 원인: 권력 집중, 부패, 권위주의, 시민 참여 제한, 인권 침해
- 사회문화적 근본 원인: 젠더 차별, 인종차별, 카스트 제도, 교육 불평등

2단계: 동적 압력(Dynamic Pressures)

동적 압력은 근본 원인을 불안전한 조건으로 변환시키는 과정이다. 이는 시간에 따라 변화하며 취약성을 증폭시킨다.

- 거시경제 정책: 구조조정, 외채 상환, 공공 지출 삭감
- 인구 증가와 이동: 급속한 도시화, 농촌 유출, 강제 이주
- 환경 악화: 삼림 벌채, 토양 침식, 수자원 고갈
- 제도적 약화: 법규 미비, 집행 실패, 부패 확산, 전문성 부족

3단계: 불안전한 조건(Unsafe Conditions)

불안전한 조건은 사람들이 실제로 살아가는 구체적인 상황이다. 이는 위험요인이 발생했을 때 직접 피해를 받게 되는 조건이다.

- 물리적 환경: 위험 지역 거주, 취약한 건물, 보호받지 못하는 기반시설
- 지역 경제: 불안정한 생계, 저임금, 단일 소득원
- 사회적 관계: 사회적 고립, 차별, 정보 접근 부족
- 공공 행동: 대비 부족, 조기경보 시스템 및 대피 계획 부재

※ PAR 모델의 구조

근본 원인 → 동적 압력 → 불안전한 조건 = Disaster ← 위험요인

왼쪽(취약성의 진행)과 오른쪽(위험요인)이 만나는 지점에서 재난이 발생한다. 압력을 해제(Release)하려면 취약성의 진행 과정을 역전시켜야 한다. 이는 단기적 대응만으로는 불가능하며, 근본 원인과 동적 압력을 해결하는 장기적이고 구조적인 접근이 필요하다.

PAR 모델의 핵심은 재난이 위험요인 자체보다 취약성의 사회적 생산 과정에서 비롯된다는 것이다. 같은 지진이 발생해도 아이티와 칠레에서 피해가 크게 다른 이유는 취약성의 진행 단계가 다르기 때문이다. 재난을 줄이려면 불안전한 조건만 개선하는 것이 아니라 그것을 만든 동적 압력과 근본 원인까지 해결해야 한다.

위험요인보다 중요한 구조

재난을 이해할 때 흔히 위험요인의 크기에 주목한다. 규모 7.0의 지진, 시속 200km의 태풍, 100년 빈도의 홍수. 그러나 재난의 결과를 결정하는 것은 위험요인의 크기가 아니라 사회 구조다. 이 절에서는 같은 위험요인에 대해 왜 다른 피해가 발생하는지, 기술 실패가 어떻게 사회적 취약성과 결합하여 재난이 발생하는지를 살펴본다.

같은 위험, 다른 결과: 구조가 만드는 차이

재난 연구의 핵심 질문 중 하나는 '왜 비슷한 규모의 위험요인이 어떤 곳에서는 재난이 되고, 어떤 곳에서는 그렇지 않은가'이다. 답은 명확하다. 위험요인의 크기가 아니라 그 사회의 노출, 취약성, 역량이 다르기 때문이다.

같은 위험, 다른 피해: 국제 비교 사례

재난	위험요인 규모	사망자	주요 차이 요인
2010 아이티 지진	규모 7.0	약 22만 명	비내진 건물 97%, 빈곤율 70%
2010 칠레 지진	규모 8.8	약 500명	엄격한 내진 설계, 조기경보
2013 필리핀 태풍 하이옌	최대풍속 315km/h	약 6,300명	해안 저지대 밀집, 취약 주택
2017 미국 허리케인 하비	최대풍속 215km/h	약 70명	예보 시스템, 대피 체계

이 비교는 명확한 패턴을 보여준다. 더 강한 지진(칠레)에서 더 적은 사망자가 발생했

고, 더 약한 태풍(미국)에서 더 적은 사망자가 발생했다. 이는 위험요인의 크기가 아니라 사회 구조가 재난의 결과를 결정한다는 것을 입증한다.

기술 실패와 사회적 취약성의 결합

현대 사회의 많은 재난은 기술 시스템의 실패에서 비롯된다. 그러나 기술 실패가 곧바로 재난이 되는 것은 아니다. 기술 실패가 사회적 취약성과 결합할 때 그리고 적절한 대응 역량이 부재할 때 재난이 발생한다.

사례: 2011년 후쿠시마 원전 사고

2011년 3월 11일, 규모 9.0의 지진과 쓰나미가 일본 동북부를 강타했다. 후쿠시마 제1원자력발전소는 전력 공급이 중단됐고 냉각 시스템이 멈췄다. 이후 수소 폭발과 방사성 물질 누출이 발생했다. 이 사고는 단순한 자연재해가 아니었다. 일본 국회 사고조사위원회는 '명백히 인재(人災)'라고 결론을 내렸다.

❶ 기술적 취약성

- 방파제 설계 기준(5.7m)이 실제 쓰나미 높이(14m)보다 현저히 낮음
- 비상 전력 시스템이 지하에 위치하여 침수에 취약
- 냉각 시스템의 단일 실패 지점 존재

❷ 제도적 취약성

- 규제 당국과 원전 운영사 간 유착
- 과거 경고 무시(2008년 15m 쓰나미 가능성 보고 묵살)
- 위기 대응 매뉴얼의 실효성 부족

❸ 조직적 취약성

- 정부와 도쿄전력 간 의사소통 실패
- 초기 대응 지연
- 정보 공개 부족으로 주민 대피 혼선

후쿠시마 원전 사고는 자연현상(지진과 쓰나미)이 촉발 요인이었지만, 재난의 규모를 결정한 것은 사회적·제도적·기술적 취약성이었다. 찰스 패로우(Charles Perrow)의 '정상사고 이론(Normal Accident Theory)'이 예측한 대로 복잡하고 긴밀하게 결합한 시스템에서는 예측하지 못한 상호작용이 재난을 만들어낸다.

재난은 우연이 아니라 누적된 결과

재난은 어느 날 갑자기 발생하는 것처럼 보이지만, 실제로는 오랜 시간 동안 위험 신호가 축적되어 온 결과다. 재난 발생 이전에 이미 경고가 있었고, 위험이 관찰되었으며, 대책이 제안되었다. 그러나 이러한 신호는 무시되고 과소평가되거나 대응이 지연되었다. 이 절에서는 재난이 구조적으로 누적된 결과임을 살펴본다.

재난 발생 전의 경고 신호

재난 연구자들은 대부분의 재난에 '전조(Precursor)' 또는 '근접 사고(Near-miss)'가 선행한다는 것을 발견했다. 전조는 재난이 발생하기 전에 나타나는 위험 신호로, 작은 사고나 시스템 이상, 전문가의 경고 등이 포함된다. 이러한 신호를 인지하고 대응하면 재난을 예방할 수 있지만, 무시하면 축적된 위험이 결국 재난으로 폭발한다.

사례: 세월호 참사 전 경고 신호

2014년 4월 16일, 세월호 침몰은 갑작스러운 사고가 아니었다. 사고 전 수년간 축적된 위험 신호들이 있었다.

- 2012년 10월: 일본에서 중고 선박 구입 후 불법 증축 개조(선실 증축, 높이 연장으로 무게 중심 상승)
- 2013년: 한국선급의 안전성 검사에서 복원성 기준 미달 사실 확인되었으나 통과
- 2013년 6월: 세월호 선체 균형 이상으로 대형 수리를 실시했으나 근본적 문제 미해결

- 2014년 1~3월: 승무원들 사이에서 '배가 이상하다'라는 소문 확산하면서 일부 선원 사퇴
- 사고 당일: 화물 과적 및 화물 고박 불량, 평소보다 빠른 속도로 급선회

이 모든 경고 신호는 무시되거나 적절히 대응되지 않았다. 재난은 우연이 아니라 누적된 위험이 임계점에 도달한 결과였다.

위험의 정상화

사회학자 다이앤 본(Diane Vaughan)은 NASA 챌린저호 폭발 사고를 연구하면서 '위험의 정상화(Normalization of Deviance)' 개념을 제시했다. 이는 비정상적이고 위험한 상태가 반복되면서 점차 정상으로 받아들여지는 현상이다. 작은 문제가 발생해도 큰 사고로 이어지지 않으면 사람들은 그것이 안전하다고 착각하게 된다.

위험의 정상화가 발생하는 메커니즘은 다음과 같다.

- 작은 일탈의 반복: 규정을 약간 위반해도 사고가 발생하지 않으면 그 위반이 용인된다.
- 생산 압력: 일정 준수, 비용 절감 등의 압력이 안전 기준을 약화시킨다.
- 조직 문화: 문제 제기를 불편하게 여기는 문화, 나쁜 소식 전달 기피 현상(bad news syndrome)이 나타난다.
- 점진적 확대: 작은 위반이 용인되면 점점 더 큰 위반도 정상으로 받아들여진다.

챌린저호는 영하의 기온에서 발사되었고, O-ring이 제대로 작동하지 않아 폭발했다. 그러나 이전에도 O-ring 문제는 여러 차례 발견되었다. NASA는 매번 '안전 범위 내'라고 판단했고, 사고 없이 발사에 성공했다. 이러한 경험이 축적되면서 O-ring 문제는 '정상'으로 받아들여졌다. 결국 임계점을 넘는 조건(극한 저온)에서 재난이 발생했다.

핵심 개념 정리

개념	설명
재난위험 공식	Risk = (Hazard × Exposure × Vulnerability) / Capacity
PAR 모델 (Pressure And Release Model)	재난은 취약성(근본 원인→동적 압력→불안전한 조건)과 위험요인이 만나는 지점에서 발생
위험의 정상화 (Normalization of Deviance)	비정상적이고 위험한 상태가 반복되면서 정상으로 받아들여지는 현상
근본 원인 (Root Causes)	시공간적으로 멀리 떨어져 있지만 취약성의 기초를 형성하는 경제적·정치적·사회적 과정
동적 압력 (Dynamic Pressures)	근본 원인을 불안전한 조건으로 변환시키는 과정으로, 도시화, 환경 악화, 제도 약화 등
불안전한 조건 (Unsafe Conditions)	사람들이 실제로 살아가는 구체적인 취약한 상황으로, 위험 지역 거주, 취약 건물, 불안정한 생계

토론 질문

1. 2010년 아이티 지진과 칠레 지진을 비교하고, 피해 차이를 만든 구조적 요인을 PAR 모델의 3단계(근본 원인, 동적 압력, 불안전한 조건)로 분석하시오.
2. 재난위험 공식에서 곱셈 관계와 덧셈 관계 중 어느 것이 더 적절한지 살펴보고, 각 입장의 근거를 논하시오.
3. '위험의 정상화'가 발생하는 조직적·문화적 요인을 논하고, 이를 방지하기 위한 제도적 장치를 제시하시오.
4. 현재 거주하는 지역의 가장 큰 재난위험요인을 선정하고, 노출·취약성·역량 관점에서 개선 방안을 논하시오.

CHAPTER 03

현대 재난의 변화와 복잡성

학습목표

- 자연재난과 사회재난의 전통적 구분이 붕괴되는 현상을 설명할 수 있다.
- 복합재난(Compound disasters)의 개념과 유형을 이해하고 사례를 분석할 수 있다.
- 연쇄재난(Cascading disasters)의 메커니즘을 설명할 수 있다.
- 기후변화가 재난에 미치는 영향을 구체적으로 논의할 수 있다.
- 도시화와 기술 발전이 만드는 새로운 위험을 분석할 수 있다.
- 현대 재난의 복잡성이 재난관리에 주는 도전을 이해할 수 있다.

재난 유형의 변화

2020년, 미국 서부는 극심한 열파와 가뭄을 겪었다. 캘리포니아·오레곤·워싱턴주에서 동시다발적으로 화재가 발생했으며, 산불 연기는 수백만 명에게 건강 피해를 입혔다. 이는 COVID-19 팬데믹과 겹치면서 병원 시스템을 압박했다. 같은 시기 동부에서는 허리케인 샐리가 루이지애나·앨라배마·플로리다주를 강타했다. 현대 재난은 하나의 재난이 아니라 여러 재난이 동시에 연쇄적으로 서로 영향을 주고받으며 발생한다.

재난을 분류하는 전통적 방식은 원인에 따라 자연재난과 인적재난(사회재난)으로 구분하는 것이었다. 지진과 태풍, 홍수는 자연재난으로, 화재와 폭발, 교통사고는 인적재난으로 분류되었다. 이 구분은 명확해 보였고, 법적·행정적 대응 체계를 수립하는 데 유용했다. 그러나 21세기 들어 이 경계는 점점 더 모호해지고 있다. 현대의 재난은 자연과 인간, 기술과 사회, 환경과 경제가 복잡하게 얽혀 발생한다.

자연재난과 사회재난의 전통적 구분

한국의 「재난 및 안전관리 기본법」은 재난을 자연재난과 사회재난으로 명확히 구분한다. 이 분류는 대응 주체와 예산 배분, 법적 책임 판단의 기준이 된다.

재난의 전통적 분류

분류	정의	주요 유형
자연재난	자연현상으로 인하여 발생하는 재해	태풍, 홍수, 지진, 가뭄, 폭염, 대설, 한파
사회재난	인위적 원인으로 발생하는 대규모 피해	화재, 붕괴, 폭발, 교통사고, 환경오염, 감염병

이 분류의 핵심 논리는 원인의 소재다. 자연재난은 인간이 통제할 수 없는 자연현상에서 비롯되고, 사회재난은 인간의 행위와 기술 시스템의 실패에서 비롯된다. 이러한 구분은 법적 책임 소재를 판단하는 데 중요하다. 자연재난은 '불가항력'으로 인정받을 여지가 크지만, 사회재난은 예방 가능했던 '인재(人災)'로 간주되어 책임 추궁이 뒤따른다.

그러나 이 구분은 두 가지 근본적 한계를 가진다. 첫째, 대부분 재난은 자연과 인간 요인이 결합되어 발생한다. 둘째, 자연현상 자체도 이제는 인간 활동(특히 기후변화)의 영향을 받는다. 순수한 자연재난은 더 이상 존재하지 않는다고 보아야 한다.

경계의 붕괴: 복합재난의 등장

현대 재난의 가장 두드러진 특징은 자연재난과 사회재난의 경계가 붕괴되고 있다는 점이다. 이를 가장 잘 보여주는 개념이 복합재난(Compound disasters)이다. 복합재난은 여러 위험요인이 동시에 또는 연속적으로 작용하여 발생하는 재난을 말한다.

UCL(University College London) 복합재난연구그룹은 복합재난을 5가지 유형으로 분류한다.

❶ 복합 위험(Compound Risks)

서로 다른 극한 사건이나 그 원인이 상호작용하는 경우로, 예를 들어 폭풍과 기후변화, 해수면 상승이 결합하여 더 큰 피해를 만든다. 시간적으로 우연히 겹치는 사건도 포함한다(지진 발생 중 혹한 등).

❷ 상호작용 위험(Interacting Risks)

환경 요인이 1차 및 2차 영향을 동시에 발생시키는 경우로, 지진으로 인한 산사태, 쓰나미 이후 화재 등이 이에 해당한다.

❸ 상호연결 위험(Interconnected Risks)

자연 시스템과 인간 시스템의 상호작용으로, Na-tech(Natural hazard triggered technological disaster) 사고가 대표적이다. 2002년 체코 홍수와 2017년 허리케인 하비 강타 시 산업시설 침수로 화재·폭발·독성 연기 발생 등이 있다.

❹ 연쇄 영향(Cascading Impacts)

기반시설과 조직 시스템의 붕괴가 연쇄적으로 확산하는 경우로, '전력 시스템 마비 → 통신 두절 → 병원 기능 정지 → 금융 시스템 마비'와 같은 도미노 효과가 나타난다.

❺ 복잡 재난(Complex Disasters)

위의 네 가지 유형 중 일부 또는 전부의 요소가 결합된 경우로, 현대 대형 재난의 대부분이 이 범주에 속한다.

이러한 복합재난은 단일 원인 재난보다 훨씬 예측하기도, 대응하기도 어렵다. 각각의 위험요인에 대한 대응 체계는 준비되어 있어도 이들이 결합할 때의 시너지 효과를 예측하고 대비하기는 매우 어렵다.

복합재난의 실제 사례

사례	결합된 위험요인	복합 메커니즘
2011 일본 동일본 대지진	지진 → 쓰나미 → 원전 사고 → 방사능 오염	자연재해가 기술재난(원전)을 촉발, Na-tech 사고의 전형
2020 미국 서부 산불	열파 + 가뭄 + 산불 + COVID-19	기후 극단 사건과 팬데믹이 시간적·공간적으로 중첩
2005 미국 허리케인 카트리나	폭풍 → 제방 붕괴 → 홍수 → 사회 혼란	자연재해 + 인프라 취약성 + 사회적 불평등 복합
2018 남아공 케이프타운 가뭄	가뭄 → 물 부족 → 경제 타격	물 소비 감소 → 지자체 수입 감소 → 재난 대응 예산 부족

새로운 위험의 출현

21세기 재난 환경은 과거와 근본적으로 다르다. 기후변화, 급속한 도시화, 기술 시스템의 복잡화, 전 지구적 상호연결성의 증가는 새로운 유형의 위험을 만들고 있다. 이 절에서는 현대 사회가 직면한 새로운 위험의 특성을 살펴본다.

기후변화: 재난의 증폭기이자 동기화 장치

기후변화는 더 이상 배경 변수가 아니다. 기후변화는 재난위험을 증폭(Amplifier)하고 동기화(Synchronizer)하는 핵심 동력으로 작용한다. IPCC(기후변화에 관한 정부간 협의체) 6차 보고서는 인간 활동으로 인한 온난화는 극한 기상 현상의 빈도와 강도를 증가시키고 있다고 명확히 밝히고 있다.

기후변화가 재난에 미치는 영향

- 극한 기상 현상의 빈도 증가: 산업화 이전(1850~1900년) 대비 50년에 한 번 발생하던 극한 고온 사건은 현재 4.8배 더 자주 발생한다. 지구 온난화가 1.5°C에 도달하면 8.6배, 2°C에 도달하면 13.9배 더 자주 발생할 것으로 예측된다.

- 극한 현상의 강도 증가: 온난화 1.5℃에서 극한 고온은 2℃ 더 뜨거워지고, 2℃ 온난화에서는 2.7℃ 더 뜨거워진다. 강수량은 7% 더 많아지고, 가뭄은 더 길고 심각해진다.
- 복합 극한 사건의 증가: 가뭄과 열파, 산불이 동시에 발생하는 복합 사건(Compound drought-heatwave-fire events)이 증가한다. 남미에서는 이러한 복합 사건이 지역을 넘어 대륙 규모로 확산하고 있다.
- 취약성 증가: 기후변화는 생태계를 파괴하고, 식량 생산을 위협하며, 물 자원을 고갈시켜 사회적 취약성을 증가시킨다. 2050년까지 기후변화로 2억 명이 국내 이주를 하고, 1억 3천만 명이 빈곤에 빠질 것으로 예측된다.

미국 국립해양대기청(NOAA)는 2023년 28건의 10억 달러 이상 기상·기후 재난이 발생하여 약 930억 달러의 피해가 발생했다고 보고했다. 이는 이전 최고 기록인 2020년 22건을 넘어선 것이다. 1980~2023년 평균은 연 8.5건이었지만, 최근 5년 평균은 20.4건이다. 기후변화는 단순히 재난을 더 자주 만드는 것이 아니라 재난의 성격 자체를 변화시키고 있다.

도시화: 위험의 집중과 확산

2020년 전 세계 인구의 56%가 도시에 거주하며, 2050년에는 68%에 달할 것으로 예측된다. 도시화는 경제 발전과 삶의 질 향상을 가져왔지만, 동시에 재난위험을 집중시키고 확산시키는 메커니즘을 만들었다.

도시화가 만드는 재난위험

- 노출 증가: 인구와 자산이 좁은 공간에 밀집하여 홍수, 지진, 화재 발생 시 피해 규모가 기하급수적으로 증가
- 취약성 증가: 급속한 도시화로 비공식 정착촌이 확대되면서 내재해 설계가 되지 않은 건물 및 위험 지역(범람원, 급경사지) 거주 증가
- 열섬 효과: 아스팔트와 콘크리트가 열을 흡수 및 방출하여 도심의 온도가 주변보다

5~7°C 높아지면서 폭염 시 취약 계층 사망률 증가
- 기반시설 의존성: 전력, 물, 통신, 교통의 상호연결성이 높아지면서 하나의 실패가 연쇄 붕괴를 유발
- 환경 파괴: 도시 개발로 녹지 감소, 하천 복개, 투수면 감소로 홍수 위험 증가

아시아는 세계 인구의 60%를 차지하지만, 2011년 재난 사망자와 피해자의 85%가 아시아에서 발생했다. 이는 급속한 도시화, 높은 인구 밀도, 제한된 재난관리 자원이 결합된 결과다.

기술 시스템의 복잡화: 새로운 취약점

현대 사회는 고도로 복잡한 기술 시스템에 의존한다. 전력망, 통신망, 금융 시스템, 공급망은 서로 긴밀하게 연결되어 있다. 이러한 연결성은 효율성을 높이지만, 동시에 새로운 취약점을 만든다.

사례: 2021년 텍사스 한파와 전력 대란

2021년 2월, 텍사스는 기록적인 한파를 겪었다. 기온이 영하 18°C까지 떨어지면서 천연가스 생산 시설과 풍력 터빈이 동결되었다. 전력 생산이 급감하였고, 동시에 난방 수요는 급증했다. 텍사스 전력망은 붕괴 직전까지 갔고, 수백만 가구가 최대 4일간 정전으로 인한 극심한 고통을 겪었다. 최소 210명이 사망한 이 사건은 아래와 같은 여러 취약점을 드러냈다

- 기술적 취약성: 발전 설비가 극한 기상에 대비되지 않음
- 시스템 독립성: 텍사스 전력망이 타 주와 연결되지 않아 전력 융통 불가능
- 규제 실패: 민간 전력 회사에 대한 동절기 대비 규제 미흡
- 연쇄 효과: 전력 중단 → 물 공급 중단 → 식품 유통 중단 → 의료 서비스 마비

연쇄·동시·확산 재난의 시대

현대 재난의 또 다른 특징은 더 이상 고립된 사건으로 발생하지 않는다는 것이다. 재난은 연쇄적으로(Cascading), 동시다발적으로(Concurrent), 그리고 공간적으로 확산하며(Spreading) 발생한다. 이 절에서는 이러한 재난의 시공간적 복잡성을 살펴본다.

연쇄재난(Cascading Disasters)의 메커니즘

연쇄재난은 하나의 초기 사건이 일련의 후속 사건을 촉발하여 피해가 누적되고 확대되는 재난이다. 이는 '도미노 효과' 이상이다. 각 단계에서 피해가 증폭되고, 예상치 못한 경로로 확산하며, 시스템 전체의 회복력을 약화시킨다.

연쇄재난의 단계별 전개

1단계: 초기 충격(Primary Impact)

지진, 태풍, 폭발 등 초기 위험요인 발생 → 직접적 피해 발생

2단계: 기반시설 붕괴(Infrastructure Failure)

전력, 통신, 교통, 상하수도 등 기반시설 마비 → 기능 상실이 다른 시스템으로 전파

3단계: 부문별 마비(Sectoral Disruption)

의료, 금융, 물류, 식품 공급 등 주요 부문 기능 정지 → 사회 서비스 중단

4단계: 사회경제적 영향(Socioeconomic Consequences)

실업, 빈곤, 이주, 사회 불안 → 장기적 경제 침체와 불평등 심화

5단계: 회복력 약화(Resilience Erosion)

재정 자원 고갈, 제도 신뢰 하락 → 다음 재난에 대한 대응 역량 감소

페스카롤리(Pescaroli)와 알렉산더(Alexander)는 연쇄재난을 '단순한 도미노 효과를 넘어서는 개념'으로 정의했다. 도미노는 한 방향으로만 넘어지지만, 연쇄재난은 다방향으로 확산되고, 예상치 못한 경로로 전파되며, 각 단계에서 피해가 증폭된다. 이는 시스템의 상호의존성(Interdependency)에서 비롯된다.

동시다발재난(Concurrent Disasters): 시간적·공간적 복합

기후변화는 재난을 시간적·공간적으로 동기화(Synchronize)한다. 과거에는 별개의 사건으로 발생하던 재난이 이제는 같은 시기에 여러 지역에서 동시에 발생한다.

❶ 시간적 복합(Temporal Compounding)

같은 지역에 연속적으로 재난이 발생하여 회복 기간이 없이 피해가 누적되는 현상이다.

2005년 뉴올리언스는 허리케인 카트리나로 제방이 붕괴되고 대규모 홍수가 발생했다. 몇 주 후 허리케인 리타가 약화된 제방을 다시 파괴하여 재침수가 발생했다. 이러한 연속 타격은 선형적 피해 합산을 넘어서는 비선형적 영향을 만든다.

❷ 공간적 복합(Spatial Compounding)

여러 지역이 동시에 같거나 다른 재난에 노출되어 대응 자원이 분산되고 국가 전체의 역량이 압박받는 현상이다.

2020년 9월 15일, 미국 서부 캘리포니아·오레곤·워싱턴주에서 대형 산불이 동시 발생했고, 같은 날 동부에서는 허리케인 샐리가 루이지애나·앨라배마·플로리다주를 강타했다. 소방 자원, 응급 의료 인력, 구호물자가 여러 곳에 동시에 필요했고, 국가 대응 역량이 한계에 도달했다.

공간적 복합재난은 글로벌 공급망 시대에 더욱 치명적이다. 예컨대 세계 주요 곡창지대가 동시에 가뭄을 겪을 경우 식량 가격이 폭등하며, 주요 항만들이 일제히 폐쇄되면 국제 물류가 마비되는 등 국경을 초월한 '초국경 위험(Transboundary Risk)'으로 번지기 때문이다.

단일 대응 체계의 한계

연쇄재난과 복합재난은 기존의 재난관리 체계가 가진 근본적 한계를 드러낸다. 전통적 재난관리는 단일 위험요인에 대한 대응을 상정한다. 지진 대응 매뉴얼, 홍수 대응 매뉴얼, 화재 대응 매뉴얼은 각각 존재하지만, 이들이 동시에 발생하거나 연쇄적으로 발생할 때의 대응 체계는 미비하다.

단일 대응 체계의 문제점은 다음과 같다.

- 부문별 분리: 각 부처와 기관이 자기 영역(홍수는 국토부, 감염병은 보건복지부, 화재는 소방청)만 담당 → 복합재난 시 조정 실패
- 자원 배분의 경직성: 예산과 인력이 특정 재난 유형에 고정 → 동시다발 재난 시 자원 재배치 곤란
- 시나리오 기반의 한계: 과거 경험에 기반한 시나리오 준비 → 새로운 유형의 복합재난에 대응 불가
- 연쇄 효과 간과: 초기 재난 대응에 집중 → 연쇄적으로 발생하는 2차, 3차 영향 간과
- 회복 기간 부족: 하나의 재난에서 회복하기 전에 다음 재난 발생 → 누적된 피로와 자원 고갈

2020년 COVID-19 팬데믹은 이러한 한계를 극명하게 보여주었다. 팬데믹 대응으로 병원과 보건 자원이 집중되는 동안 폭염, 산불, 태풍 등 다른 재난이 발생했다. 대피소는 감염 위험으로 정상 운영이 어려웠고, 의료 자원은 COVID-19 환자와 재난 부상자 사이에서 배분되어야 했다. 기존 체계는 이러한 '재난 속의 재난(Disaster within disaster)'을 상정하지 않았다.

핵심 개념 정리

개념	설명
복합재난 (Compound Disasters)	여러 위험요인이 동시에 또는 연속적으로 작용하여 발생하는 재난
연쇄재난 (Cascading Disasters)	하나의 초기 사건이 일련의 후속 사건을 촉발하여 피해가 누적·확대되는 재난
Na-tech 사고 (Natural hazard triggered technological disaster)	자연재해가 기술재난을 촉발하는 사고
시간적 복합 (Temporal Compounding)	같은 지역에 연속적으로 재난이 발생하여 회복 없이 피해가 누적되는 현상
공간적 복합 (Spatial Compounding)	여러 지역이 동시에 재난에 노출되어 대응 자원이 분산되는 현상
초국경 위험 (Transboundary Risk)	국경을 넘어 확산되는 위험으로, 공급망 붕괴, 곡창지대 동시 타격 등
시스템 상호의존성 (Interdependency)	기반시설과 사회 시스템이 서로 의존하는 관계로, 하나의 실패가 연쇄 붕괴를 유발

토론 질문

1. 자연재난과 사회재난의 전통적 구분이 현대 재난관리에 여전히 유효한지 찬반 입장을 정하고 근거를 제시하시오.
2. 기후변화가 재난의 '증폭기'이자 '동기화 장치'라는 표현의 의미를 구체적 사례로 설명하시오.
3. 도시화가 재난위험을 증가시키는 메커니즘을 논의하고, 지속 가능한 도시 개발을 위한 재난관리 원칙을 제시하시오.
4. 복합재난과 연쇄재난의 차이를 설명하고, 각각에 대한 대응 전략이 어떻게 달라야 하는지 논하시오.
5. 단일 재난 대응 체계의 한계를 극복하기 위한 통합적 재난관리 체계의 설계 원칙을 제시하시오.

CHAPTER 04

재난관리는 왜 실패하는가

학습목표

- 재난관리 조직의 구조적 한계를 이해하고 설명할 수 있다.
- 관료제와 경직성이 재난 대응에 미치는 부정적 영향을 분석할 수 있다.
- 기술 만능주의의 함정과 한계를 비판적으로 검토할 수 있다.
- 재난 상황에서 소통 실패가 발생하는 메커니즘을 설명할 수 있다.
- 신뢰 붕괴가 재난관리에 미치는 영향을 분석할 수 있다.
- 재난관리 실패 사례를 비판적으로 분석하고 개선 방안을 제시할 수 있다.

재난관리의 구조적 한계

2005년, 허리케인 카트리나는 미국 재난관리 실패의 상징이 되었다. 뉴올리언스 시민 10만 명 이상이 자가용이 없었지만, 대피 명령에는 교통수단 제공이 포함되지 않았다. 미국 연방재난관리청은 시스템 밖의 정보를 무시했고, 지역사회의 요구를 파악하지 못했다. 관료적 절차는 지원을 지연시켰고, 취약 계층은 방치되었다. 이를 '재난 이후의 재난'이라고 불렀다. 왜 세계 최강국의 재난관리는 실패했는가?

재난관리가 실패하는 첫 번째 이유는 재난관리 조직과 시스템 자체가 가진 구조적 한계 때문이다. 재난의 특징은 불확실성과 복잡성이다. 그러나 대부분의 재난관리 조직은 확실성과 예측 가능성을 전제로 설계되어 있다. 이 절에서는 관료제의 경직성, 부문별 분리, 상황 밖 정보 무시 그리고 조직 문화의 문제를 살펴본다.

관료제의 역설: 명령과 통제의 한계

전통적 재난관리는 '명령과 통제(Command and Control)' 접근법에 기초한다. 이는 군사 조직에서 유래한 것으로, 명확한 위계와 중앙집중적 의사결정, 표준화된 절차를 특징으로 한다. 평상시에는 효율적일 수 있지만, 재난 상황에서는 치명적인 한계를 드러낸다.

❶ 경직성(Rigidity)

관료제는 명확하게 정의된 역할과 절차에 의존한다. 그러나 재난은 예측 불가능하고 역동적이다. 매뉴얼에 없는 상황이 발생하면 조직은 마비된다. 허리케인 카트리나 발생 당시 미국 연방재난관리청은 기존 절차를 따르느라 긴급한 요구에 대응하지 못했다.

❷ 위계적 의사결정(Hierarchical Decision-making)

모든 결정이 위로 올라가고 승인을 받아야 한다. 재난 현장에서는 초 단위로 결정을 내려야 하지만, 관료제는 이를 허용하지 않는다. 2013년 콜로라도 볼더 홍수 당시 주 정부는 지역 주민의 의견 없이 50마일 떨어진 곳에서 홍수 관리자를 임명했다.

❸ 역할 고착(Role Escalation)

조직 구성원은 자신의 공식적 역할에 집착한다. 시스템 밖의 사람이나 정보는 무시된다. 허리케인 카트리나 발생 당시 자원봉사자와 지역 조직의 도움이 거부되었다. 공식적 역할이 없다는 이유였다.

❹ 사회화의 함정(Pitfalls of Socialization)

오랜 기간 조직에서 근무하면서 '시스템의 틀'에 갇히게 된다. 외부 정보를 제대로 고려하지 않고, 조직 내부의 규범과 가정만을 신뢰한다. 이는 상황을 잘못 판단하게 만든다.

40년간의 체계적 연구는 명확하게 보여준다. 경직된 관료적 명령과 통제 접근은 대체로 비효과적인 재난 대응으로 이어진다. 반면 유연하고 느슨하게 결합된 조직 구성은 더 효과적인 재난 대응으로 이어진다.

부문별 분리(Sectoral Silos)의 문제

재난관리에는 여러 부처와 기관이 관여한다. 홍수는 국토부, 산불은 산림청, 감염병은 보건복지부, 교통사고는 경찰청이 담당한다. 이러한 부문별 분리는 평상시 효율성을 높이지만, 복합재난 시대에는 치명적 약점이 된다.

사일로(Silo)가 만드는 문제

- 조정 실패: 각 기관은 자기 영역만 관리한다. 재난이 여러 영역에 걸쳐 발생하면 조정이 이루어지지 않는다. 누가 책임자인지 불명확하고, 서로 책임을 떠넘긴다.
- 정보 공유 부재: 각 기관이 수집한 정보는 공유되지 않는다. 같은 지역에 대해 여러 기관이 중복 조사를 하거나 중요한 정보가 전달되지 않는다.
- 자원 낭비: 각 기관이 비슷한 기능을 중복 수행하거나 필요한 곳에 자원이 배치되지 않는다. 통합 운영의 이점을 살리지 못한다.
- 책임 회피: 문제가 발생하면 각 기관은 자신의 책임이 아니라고 주장한다. 기관 간 경계 지역의 문제는 방치된다.

미국의 재난관리 체계는 이 문제의 극단적 사례다. 수십 개의 연방기관이 재난과 관련된 프로그램을 운영한다. 연방재난관리청(FEMA), 주택도시개발부(HUD), 농무부(USDA), 중소기업청(SBA) 등이 각각의 프로그램을 관리한다. 이들은 서로 다른 법적 근거, 다른 예산 출처, 다른 자격 요건이 있다. 재난 피해자는 여러 기관의 문을 두드려야 하고, 각각 복잡한 서류를 제출해야 한다. Brookings Institution(2024)은 이를 '혼란스러운 패치워크'라고 비판했다.

지역 맥락 무시: 문화적 무감각

재난관리 조직은 종종 지역 공동체의 문화와 맥락을 무시한다. 중앙정부나 대형 NGO

는 표준화된 모델을 가지고 오지만, 이는 지역 상황에 맞지 않을 수 있다. 문화적으로 적절하지 않은 대응은 신뢰를 잃고, 효과성을 떨어뜨리며, 때로는 피해를 가중시킨다.

콜로라도 볼더 카운티 산악 지역 주민들은 높은 기술적 전문성과 자립성을 가진 공동체였다. 그들은 과거 재난 경험이 있었고, 스스로 문제를 해결할 역량이 있었다. 그러나 주 정부와 연방기관은 이를 무시했다.

- 주 정부가 지역 의견 없이 50마일 떨어진 덴버에서 홍수 관리자를 임명했다. 문화적으로 동떨어진 사람이 지역을 이해하지 못했다.
- 연방·주·NGO 대표자들이 지역 요구나 자원을 평가하지 않고 프로그램을 가져왔다. 중복되고 비효율적이며 부적절한 서비스가 제공되었다.
- 일부 국가 조직 직원들도 나중에 그들의 접근이 잘못되었다는 것을 인정했다.

주민들은 이를 '재난 이후의 재난'이라고 불렀다. 복잡한 관료적 절차, 끝없는 서류 요구, 불친절한 대응. 일부 주민은 도움을 포기했다. 그들은 재정적 파멸에 직면했지만 절차를 따를 힘이 없었다. 한 관리자는 "사람들은 지쳤어요. 한 번 더 서류를 달라고 하면 응답하지 않아요"라고 말했다.

이 사례는 문화적 반응성(Cultural responsiveness)의 중요성을 보여준다. 재난 관리자는 지역 문화를 이해하고 존중해야 한다. 표준화된 시스템은 한 공동체에서 다른 공동체로 그대로 적용될 수 없다. 형평성과 포용성을 진정으로 추구한다면 재난 관리자에게 문화적 차이를 존중할 수 있는 유연성을 반드시 제공해야 한다.

조직 문화와 안전 문화의 실패

조직의 문화는 재난관리의 성공과 실패를 결정하는 근본적 요인이다. 안전을 최우선으로 하는 문화인가, 아니면 일정과 비용을 우선시하는 문화인가. 문제 제기를 환영하는가, 아니면 침묵을 강요하는가. 후쿠시마 원전 사고와 NASA의 우주왕복선 사고는 조직 문화가 어떻게 재난을 만드는지를 극명하게 보여준다.

사례 1: 후쿠시마 원전 사고의 문화적 뿌리

2011년 후쿠시마 원전 사고를 조사한 일본 국회는 '명백히 인재(人災)'라고 결론 내렸다. 기술적 실패보다 조직 문화가 근본 원인이었다. 다음과 같은 문화적 요인들이 확인되었다.

- 집단주의 문화: 조화와 합의를 강조하는 일본 문화에서 반대 의견을 내는 것은 집단을 배신하는 것으로 여겨진다. 안전 문제를 제기하는 것이 금기시되었다.
- 권위에 대한 복종: 위계질서가 강한 조직에서 하급자는 상급자의 결정에 의문을 제기할 수 없었다. 전문가의 경고도 무시되었다.
- 의도적 무지: 위험 신호를 보고도 모르는 척하는 조직 문화로 인해 2008년 15m 쓰나미 가능성 보고가 묵살되었다.
- 침묵의 문화: 공개적으로 토론하지 않는 문화로 인해 원자력 공동체(도쿄전력, 규제기관, 정부)는 안전 문제를 공개적으로 논의하는 것을 허용하지 않았다.
- 규제 포획: 원전 규제 기관이 원전 진흥을 담당하는 같은 정부 부처 소속으로 독립적 감독이 불가능했다.

사례 2: NASA의 우주왕복선 사고

1986년 챌린저호와 2003년 컬럼비아호 우주왕복선 폭발 사고 모두 NASA의 조직 문화가 근본 원인으로 지목되었다. Columbia Accident Investigation Board(CAIB)는 NASA를 '조직적 무능의 놀라운 고발'이라고 표현했다.

- 위험의 정상화: 과거 비행에서 같은 위험이 사고로 이어지지 않았다는 이유로 그 위험을 다시 받아들이는 것이 안전하다고 간주했다.
- 파괴된 안전 문화: NASA는 안전 프로그램을 잃어버렸다. 안전보다 일정을 우선시했다.

- 일정 압박: 국제우주정거장(ISS) 완성 일정을 맞추기 위해 안전에 대한 우려가 있음
  에도 불구하고 발사가 강행되었다. 이 과정에서 안전보다 예산 확보와 정책적 정당
  성이 상대적으로 더 강조되었다.

기술 만능주의의 함정

현대 재난관리는 기술에 크게 의존한다. 조기경보 시스템, 드론, AI, 빅데이터, IoT 센
서, 스마트 시티 등 기술은 분명 재난관리를 개선할 수 있다. 그러나 기술을 만능 해결책
으로 여기는 '기술 만능주의(Technological Solutionism)'는 위험하다. 이 절에서는 기술의
한계와 기술 중심 접근의 문제점을 살펴본다.

스마트 시티의 역설: 효율성과 취약성

스마트 시티는 기술을 활용하여 도시 문제를 해결하고 재난 회복력을 높이려 한다.
IoT 센서로 실시간 모니터링, AI로 예측, 빅데이터로 의사결정을 개선할 수 있다. 그러나
스마트 시티는 새로운 취약성도 만든다. 기술에 대한 의존도가 높아질수록 기술 실패 시
영향은 더 커진다.

스마트 시티의 취약성은 다음과 같다.

- 상호연결성의 위험: 모든 시스템이 연결되어 있으면 하나의 실패가 전체 시스템 붕
  괴로 이어진다. 전력 중단 → 통신 두절 → 교통 마비 → 금융 시스템 정지로 이어지
  는 연쇄 붕괴가 발생한다.
- 사이버 보안 위협: 스마트 시티는 사이버 공격에 취약하다. 해커가 전력망, 수도 시
  스템, 교통 신호를 조작할 수 있다. 자연재해와 사이버 공격이 결합하면 재난은 더욱
  악화된다.
- 기술 결정론: 기술이 모든 문제를 해결할 수 있다는 믿음이다. 그러나 재난 회복력은
  기술만으로 높아지지 않는다. 사회적 자본, 공동체 연대, 제도적 역량이 더 중요할

수 있다.

- 포용성 부족: 스마트 시티 기술은 기술에 접근할 수 있는 사람에게만 혜택을 준다. 디지털 격차는 재난 취약성 격차로 이어진다. 노인, 저소득층, 장애인은 스마트 시티의 혜택에서 배제된다.
- 데이터 의존성: 스마트 시티는 방대한 데이터에 의존한다. 그러나 재난 상황에서 데이터 수집과 전송이 중단되거나 데이터가 없으면 시스템은 작동하지 않는다.

비판적 연구자들은 지적한다. 스마트 시티는 '기술이 결정하는 공간'을 만들며, 포용성·정의·형평성을 간과한다. 신자유주의 논리에 기초하여 민간 기업의 이익을 우선시하고, 시민의 필요는 이차적이 된다. 재난 대비도 예외가 아니다. 기술 솔루션은 있지만 사회적 취약 계층을 위한 대책은 부족하다.

맥락을 무시하는 기술: 일률적 솔루션의 문제

기술 솔루션은 종종 '일률적(one-size-fits-all)' 접근을 취한다. 그러나 스마트 시티는 맥락 의존적이다. 한 도시에서 효과적인 기술이 다른 도시에서는 부적절할 수 있다. 재난 회복력을 위한 기술을 선택할 때는 맥락을 신중히 고려해야 한다.

기술 적용의 함정

- 고립된 적용: 재난 대응 기술이 개별적으로 적용되고 통합되지 않는다. 센서 데이터, 소셜 미디어, 기타 소스를 통합해야 재난 상황 인식과 대응이 개선되는데, 이는 이루어지지 않는다.
- 실제 문제와의 괴리: 기술이 실제 도시 문제를 간과하거나 전략적으로 적용되지 않는다. 기술 자체가 목적이 되고, 문제 해결은 이차적이 된다.
- 잘못 선택된 기술: 도시의 특성과 필요에 맞지 않는 기술을 도입한다. 최신 기술이라고 해서 항상 최선의 선택은 아니다.
- 유지 보수 문제: 첨단 기술을 도입했지만 유지 보수할 인력과 예산이 없다. 기술은 고장 나고 방치된다.

연구자들은 성공적인 스마트 시티 프로젝트를 위해서는 두 가지 핵심 역량이 필요하다고 강조한다. 바로 도시 시스템 맥락에서 기술 솔루션의 잠재력을 이해하는 것, 기술을 고립되게 적용하는 것이 아니라 통합하는 것이다. 그러나 현실에서는 이것이 잘 이루어지지 않는다.

기술 우선주의와 사회적 차원의 경시

재난 회복력에 관한 연구를 체계적으로 검토한 결과 대부분의 연구가 기술적 접근(어떻게 기술을 적용할 것인가)에 집중하고, 사회학적 접근(환경, 경제, 거버넌스)은 드물다는 것이 밝혀졌다. 이는 심각한 불균형이다.

- 형평성 문제: 재난 기술이 모든 사람에게 공평하게 혜택을 주는가. 취약 계층은 배제되지 않는가. 윤리적이고 지속 가능한 적용을 위해서는 형평성을 고려해야 한다.
- 공동체 참여: 재난 회복력은 위로부터 부과될 수 없다. 시민의 참여, 분권화된 운영, 민주적 의사결정이 필요하다. 그러나 스마트 시티는 종종 하향식으로 작동한다.
- 사회적 자본: 이웃 간 신뢰, 공동체 연대, 자원봉사 네트워크는 기술보다 더 중요한 회복력 자산이다. 기술은 이를 대체할 수 없다.
- 학문적 편향: 공학과 사회과학 간, 학제 간 협력이 부족하다. 각 분야는 자신의 렌즈로만 문제를 본다. 균형 잡힌 관점이 필요하다.

소통과 신뢰의 실패

재난관리에서 가장 중요한 것은 소통과 신뢰다. 정확한 정보가 적시에 전달되어야 하고, 대중은 당국을 신뢰해야 지시를 따른다. 그러나 현실에서는 소통이 실패하고 신뢰가 붕괴된다. 이 절에서는 재난 상황에서 왜 소통과 신뢰가 무너지는지, 그 결과는 무엇인지 살펴본다.

재난 소통의 구조적 장벽

재난 상황에서 효과적인 소통은 생명을 구한다. 그러나 여러 구조적 장벽이 소통을 가로막는다. 소통 실패의 주요 원인은 다음과 같다.

- 기술적 실패: 재난 시 가장 먼저 끊기는 것이 통신이다. 전력 공급이 중단되면 기지국이 작동하지 않고 통신망이 마비된다. 주민들은 정보를 받을 수 없다.
- 정보 과부하와 혼란: 너무 많은 정보가 너무 많은 채널로 전달된다. 어떤 정보가 신뢰할 만한지 판단하기 어렵다. 허위 정보와 루머가 확산된다.
- 전문 용어와 복잡성: 당국은 전문 용어와 복잡한 설명을 사용한다. 일반 대중은 이해하지 못한다. 단순하고 명확한 메시지가 필요하지만 제공되지 않는다.
- 언어 및 문화 장벽: 다언어·다문화 사회에서 한 언어로만 정보를 제공하면 이민자와 소수자는 배제된다. COVID-19 팬데믹 당시 소수 민족 공동체에 정보가 전달되지 않아 감염률이 높았다.
- 디지털 격차: 정보가 디지털 채널(앱, SNS, 웹사이트 등)로만 제공되면 인터넷 접근이 어려운 사람은 정보를 받지 못한다. 노인과 저소득층이 가장 취약하다.
- 기관 간 조정 실패: 여러 기관이 서로 다른 메시지를 전달한다. 일관성이 없고, 때로는 모순된다. 대중은 혼란스러워 한다.

2020년 COVID-19 팬데믹은 소통 실패의 극단적 사례였다. 미국 연방 정부가 '백업' 역할로 물러서면서 조정이 부재했고, 주마다 다른 지침이 나왔다. 인구별 특화 채널을 사용하지 않아 취약 계층에 정보가 전달되지 않았다. 위기 계획과 관리가 비조정적이었다. 이 모든 것이 바이러스의 급속한 확산과 파괴적 영향에 기여했다.

신뢰의 붕괴: 왜 사람들은 지시를 따르지 않는가

재난관리의 성공은 대중의 협조에 달려 있다. 대피 명령을 따르고, 자가격리를 준수하며, 백신을 접종해야 한다. 그러나 대중은 당국을 신뢰하지 않으면 지시를 따르지 않는다. 신뢰는 어떻게 무너지는가?

- 과거 실패의 기억: 과거에 당국이 실패했거나 거짓말을 했다면 사람들은 다시는 믿지 않는다. 허리케인 카트리나 발생 당시 연방 정부의 무능을 목격한 주민들은 이후 재난에서도 연방 정부를 신뢰하지 않았다.
- 불투명성과 비밀주의: 정보를 감추거나 불완전하게 공개하면 불신이 생긴다. 후쿠시마 원전 사고 당시 일본 정부가 방사능 오염 정보를 제때 공개하지 않아 신뢰를 잃었다.
- 불공정한 대우: 취약 계층이 차별받거나 방치되면 신뢰가 무너진다. COVID-19 팬데믹 당시 미국 연방재난관리청 지원이 백인 중산층에게 더 많이 가고 흑인과 저소득층이 배제되었다는 연구 결과가 있다.
- 정치화: 재난 대응이 정치적 도구로 사용되면 신뢰가 붕괴된다. COVID-19 팬데믹 대응이 정치적 진영에 따라 달라지면서 과학적 권고에 대한 신뢰가 정치적 정체성에 따라 나뉘었다.
- 소수자에 대한 역사적 불신: 역사적으로 차별과 학대를 받은 집단(원주민, 흑인, 이민자)은 정부기관을 불신한다. 이는 쉽게 바뀌지 않는다.

한 연구는 1992년 허리케인 앤드류 이후 미국의 소수 민족과 저소득 계층이 경시되었다고 보고했다. 30년이 지난 후 최근 재난들을 연구한 결과도 비슷한 결론에 도달했다. 패턴은 일관적이다. 미국 연방재난관리청과 재난관리기관은 취약 계층에게 공정하게 자원을 배분하지 않는다. 이는 구조적 불평등을 반영하고 재생산한다.

위험 소통의 실패: 전문가와 대중 사이의 간극

위험 소통(Risk communication)은 재난관리의 핵심이다. 전문가는 위험을 평가하고, 대중은 그 정보를 바탕으로 행동한다. 그러나 전문가와 대중은 위험을 다르게 인식한다. 이 간극이 소통 실패를 가져온다.

- 확률 vs 결과: 전문가는 확률적으로 생각하지만(100만 분의 1 위험), 대중은 결과로 생

각한다(나에게 일어날 수 있다).

- 통계 vs 이야기: 전문가는 데이터와 통계를 중시하지만, 대중은 개인적 이야기와 경험을 중시한다.
- 기술 용어 vs 일상 언어: 전문가는 정확성을 위해 기술 용어를 사용하지만, 대중은 이를 이해하지 못한다.
- 불확실성에 대한 태도: 전문가는 불확실성을 솔직히 인정하지만, 대중은 이를 무능으로 해석한다.

효과적인 위험 소통은 대중의 관점을 이해하고, 그들의 언어로 말하며, 그들의 우려를 존중해야 한다. 그러나 많은 재난관리기관은 일방적이고 권위적인 소통 방식을 고수한다. "우리가 전문가이니 우리 말을 들으라" 이는 현실에서 작동하지 않는다.

핵심 개념 정리

개념	설명
명령과 통제 (Command and Control)	위계적이고 중앙집중적인 재난관리 접근법으로, 경직성과 비효율성의 원인
부문별 분리 (Sectoral Silos)	각 기관이 자기 영역만 관리하고 조정하지 않는 현상으로. 복합재난 대응 실패의 원인
문화적 반응성 (Cultural Responsiveness)	지역 공동체의 문화와 맥락을 이해하고 존중하는 재난관리
규제 포획 (Regulatory Capture)	규제 기관이 피규제 기관의 이익을 대변하게 되는 현상으로, 후쿠시마 원전 사고 사례가 대표적
기술 만능주의 (Technological Solutionism)	모든 문제를 기술로 해결할 수 있다는 믿음으로, 사회적 차원 경시
위험 소통 (Risk Communication)	위험 정보를 대중에게 효과적으로 전달하는 과정으로, 전문가와 대중 간 인식 차이 극복 필요
재난 이후의 재난 (Disaster after a Disaster)	복잡한 관료적 절차와 부적절한 지원으로 인한 2차 피해로, 미국 콜로라도 볼더 카운티 주민들의 표현

토론 질문

1. 관료제는 평상시에는 효율적이지만 재난 시에는 비효율적이라는 역설을 어떻게 해결할 수 있는지 살펴보고, 유연성과 통제의 균형을 어떻게 찾을 것인가를 논하시오.
2. 후쿠시마 원전 사고와 NASA 우주왕복선 재난에서 나타난 조직 문화의 문제를 비교하고, 공통점과 차이점은 무엇인지 논하시오.
3. 스마트 시티 기술이 재난 회복력을 높일 수도 있지만 새로운 취약성을 만들 수도 있다는 딜레마를 어떻게 해결해야 하는지 논하시오.
4. 재난관리에서 신뢰가 왜 중요한지, 일단 잃어버린 신뢰를 회복하는 것이 어떻게 가능한지 논하시오.
5. 한국의 재난관리 체계에서 부문별 분리(사일로)의 문제가 어떻게 나타나고 있는지 살펴보고 개선 방안을 논하시오.

재난위험관리와 회복탄력성

- 재난위험관리의 패러다임 전환 과정을 설명할 수 있다.
- Sendai Framework의 4대 우선순위와 7대 목표를 이해하고 적용할 수 있다.
- 회복탄력성(Resilience)의 개념과 특성을 설명할 수 있다.
- 지역사회 회복탄력성의 4대 적응 역량을 분석할 수 있다.
- Build Back Better 원칙을 이해하고 실천 방안을 제시할 수 있다.
- 미래 재난관리의 방향성을 전망하고 정책 제언을 할 수 있다.

재난관리의 패러다임 전환

2015년 3월 18일, 일본 센다이에서 187개 유엔 회원국이 모여 새로운 국제 재난관리 체계에 합의했다. 과거의 접근이 재난 '대응'에 집중했다면, 새로운 접근은 재난 '위험 감소'에 초점을 두고 모든 사회 구성원의 참여를 요구한다. 이것이 Sendai Framework 다. 동시에 '회복탄력성(Resilience)'이라는 개념이 재난관리의 중심으로 떠올랐다. 바로 단순히 빨리 회복하는 것이 아니라 재난을 통해 더 강해지는 것이다.

재난관리는 지난 수십 년간 근본적 변화를 겪었다. 과거에는 재난이 발생한 후 대응하고 복구하는 것이 전부였다. 그러나 이제는 재난이 발생하기 전에 위험을 줄이고, 사회 전체의 회복력을 높이는 것이 핵심이다. 이러한 전환은 국제사회의 합의를 통해 체계화되었다. 이 절에서는 재난관리 패러다임의 진화와 Sendai Framework의 핵심 내용을 살펴본다.

대응에서 예방으로: 패러다임의 진화

재난관리의 역사는 크게 세 단계로 구분할 수 있다. 각 단계는 재난을 바라보는 시각과 대응 방식의 근본적 변화를 반영한다.

1단계: 재난 대응(Disaster Response) - 1980년대 이전

초점: 재난이 발생한 후 긴급구조와 구호

- 재난을 불가피한 자연현상으로 간주
- 인명 구조, 응급 의료, 식량·물자 배급에 집중
- 정부와 군대가 주도, 하향식 접근
- 한계: 반복적 피해, 근본 원인 미해결

2단계: 재난관리(Disaster Management) - 1990년대~2000년대

초점: 재난 주기 전반의 관리(예방-대비-대응-복구)

- Hyogo Framework for Action(2005~2015) 채택
- 대비와 완화의 중요성 인식
- 취약성 감소를 위한 구조적·비구조적 대책
- 한계: 여전히 재난 중심 사고, 개발과 분리

3단계: 재난위험관리(Disaster Risk Management) - 2015년 이후

초점: 재난위험의 사전 감소와 회복탄력성 구축

- Sendai Framework for Disaster Risk Reduction(2015~2030) 채택
- 재난을 개발 문제로 통합
- 모든 사회 구성원의 참여

- 복합·연쇄 재난에 대한 다중 위험 접근
- 회복탄력성(Resilience)을 핵심 목표로 설정

Sendai Framework: 재난위험감소의 국제 규범

2015년 3월 18일, 제3차 유엔 재난위험감소 세계회의에서 187개 회원국이 'Sendai Framework for Disaster Risk Reduction 2015~2030'을 채택했다. 이는 Hyogo Framework 2005~2015'의 후속 체계로, 2030년까지 재난위험과 손실을 실질적으로 감소시키는 것을 목표로 한다.

Sendai Framework 2015~2030

목표(Goal)

생명, 생계, 건강, 경제적·물리적·사회적·문화적·환경적 자산의 재난위험과 손실을 실질적으로 감소시킨다.

7대 글로벌 목표(Global Targets)

1. 재난으로 인한 사망률을 실질적으로 감소
2. 재난 영향을 받는 인구 수를 실질적으로 감소
3. GDP 대비 직접 경제 손실을 실질적으로 감소
4. 기반시설 피해와 기본 서비스 중단을 실질적으로 감소
5. 국가·지역 재난위험 감소 전략을 가진 국가 수를 실질적으로 증가
6. 개발도상국에 대한 국제 협력을 실질적으로 강화
7. 조기경보 시스템과 재난위험 정보·평가에 대한 접근을 실질적으로 증가

4대 우선순위 행동(Four Priorities for Action)

Sendai Framework는 재난위험을 감소시키기 위한 4가지 우선순위 행동 영역을 제시한다. 이는 모든 국가가 자국의 역량과 법규에 맞게 실행해야 할 핵심 과제다.

우선순위 1: 재난위험 이해(Understanding Disaster Risk)

재난위험을 정확히 이해하지 못하면 효과적으로 대응할 수 없다. 위험 평가와 정보 공유가 모든 재난관리의 출발점이다.

- 위험 데이터 수집·분석·관리: 위험요인, 노출, 취약성, 역량에 대한 체계적 정보
- 과학과 전통 지식의 통합: 지역 주민의 경험적 지식 존중
- 다중 위험(Multi-hazard) 평가: 복합·연쇄 재난을 고려한 통합적 접근
- 위험 정보 공유: 모든 이해관계자가 접근 가능한 플랫폼

우선순위 2: 재난위험 거버넌스 강화(Strengthening Disaster Risk Governance)

명확한 책임 체계와 조정 메커니즘 없이는 재난관리가 작동하지 않는다. 거버넌스는 모든 행동의 기반이다.

- 국가·지역·지방 재난위험 감소 전략 수립
- 명확한 역할과 책임 배분: 정부 부처 간, 정부-민간-시민사회 간 조정
- 재난위험 감소를 개발 정책에 통합: 도시 계획, 인프라 투자, 환경 정책
- 책임성(Accountability) 확보: 성과 모니터링과 평가

우선순위 3: 회복탄력성을 위한 투자(Investing in Disaster Risk Reduction for Resilience)

예방에 1달러 투자하면 복구에 5-7달러를 절감한다. 재난위험 감소는 비용이 아니라 투자다.

- 구조적 대책: 내재해 건물, 방파제, 배수 시스템
- 비구조적 대책: 토지 이용 규제, 건축 기준, 조기경보 시스템
- 사회 안전망: 취약 계층을 위한 사회 보호 프로그램
- 생태계 기반 접근: 자연을 활용한 재난위험 감소

우선순위 4: 효과적 대응(Effective Response)**과 Build Back Better**

재난은 완전히 막을 수 없다. 따라서 준비와 대응 역량이 중요하다. 특히 복구 과정은 더 나은 미래를 만드는 기회다.

- 대비 계획과 훈련: 정기적 시뮬레이션과 훈련
- 조기경보와 대피: 신속하고 신뢰할 수 있는 정보 전달
- Build Back Better: 복구를 기회로 삼아 위험을 더욱 감소시키고 회복탄력성 강화

• 사후 평가와 학습: 모든 재난에서 교훈 도출

회복탄력성의 개념과 실천

회복탄력성(Resilience)은 21세기 재난관리의 핵심 개념이다. 단순히 재난 이전 상태로 돌아가는 것이 아니라 재난을 겪으면서 더 강해지고 적응하는 능력을 의미한다. 이 절에서는 회복탄력성의 이론적 배경과 지역사회 회복탄력성의 실천 방안을 살펴본다.

회복탄력성의 정의와 특성

회복탄력성은 원래 생태학에서 시작된 개념이다. 캐롤라스 스탠리 홀링(C. S. Holling)(1973)은 생태계가 교란을 흡수하고 재조직하면서 기본 기능과 구조를 유지하는 능력으로 정의했다. 이후 심리학, 공학, 사회학, 재난관리 등 다양한 분야로 확산되었다.

재난관리에서 회복탄력성의 정의

- UNDRR(유엔재난위험경감사무국): 위험에 노출된 시스템, 공동체, 사회가 필수 기본 구조와 기능을 보존·복원하며, 적시에 효율적으로 위험의 영향에 저항·흡수·수용·회복하는 능력이다.
- Norris et al.(2008): 적응 역량의 네트워크를 교란 이후 적응으로 연결하는 과정으로, 공동체 적응은 정신·행동 건강, 기능, 삶의 질이 높고 불평등하지 않은 인구 웰빙으로 나타난다.

회복탄력성의 핵심 특성

- 중복성(Redundancy): 필수 기능의 중복과 백업 인프라, 하나가 실패해도 다른 것이 작동
- 다양성(Diversity): 사회 생태 다양성, 다기능 도시 시스템, 다중 선택과 자원, 교차 규모 네트워크

- 적응력(Adaptability): 특정 전략에 고정되지 않고 상황에 따라 유연하게 대응
- 자원성(Resourcefulness) : 신속하게 접근 가능한 자원, 재난 대응 과정에서 필요한 것을 빠르게 동원
- 견고성(Robustness): 충격을 견디는 능력, 물리적 인프라의 강도

지역사회 회복탄력성의 4대 적응 역량

Norris et al.(2008)은 지역사회 회복탄력성이 네 가지 주요 적응 역량에서 나온다고 제시했다. 이 네 가지 역량이 서로 연결되어 네트워크를 형성하며, 재난 준비 전략을 제공한다.

회복탄력성의 4대 적응 역량

적응 역량	핵심 요소	구축 방안
경제 발전 (Economic Development)	• 자원 수준 • 자원 형평성 • 다양한 경제 기반	• 경제적 불평등 감소 • 다양한 산업 육성 • 취약 계층 지원
사회적 자본 (Social Capital)	• 신뢰 • 사회적 네트워크 • 시민 참여	• 지역 주민 참여 증진 • 자원봉사 네트워크 구축 • 공동체 신뢰 강화
정보와 소통 (Information & Communication)	• 정보 시스템 • 내러티브 • 신뢰할 정보원	• 조기경보 시스템 • 명확한 소통 채널 • 신뢰할 수 있는 정보 제공
공동체 역량 (Community Competence)	• 집단 효능감 • 조직 연계 • 집단 행동	• 리더십 계발 • 기관 간 협력 • 지역 주민 역량 강화 훈련

4대 적응 역량은 독립적이지 않다. 서로 연결되어 시너지를 만든다. 예를 들어 사회적 자본이 높은 공동체는 정보 소통이 원활하고, 집단행동을 조직하기 쉽다. 경제적 자원이 있으면 재난 대비 투자를 할 수 있고, 피해 후 빠르게 회복할 수 있다.

회복탄력성 구축의 실천 원칙

이론을 실천으로 옮기기 위해서는 구체적 원칙이 필요하다. 회복탄력성 구축을 위한 핵심 원칙들을 살펴보자.

- 위험과 자원 불평등 감소: 회복탄력성은 전체 공동체의 것이어야 한다. 취약 계층이 배제되면 공동체 전체가 약해진다. 경제적·사회적 불평등을 줄이는 것이 회복탄력성의 출발점이다.
- 지역 주민 참여: 회복탄력성은 위에서 부과할 수 없다. 지역 주민을 재난위험 감소 활동에 참여시켜야 한다. 그들의 지식과 경험을 존중하고 활용해야 한다.
- 조직 간 연계 구축: 정부, 민간, NGO, 학계, 언론이 협력해야 한다. 부문 간 칸막이를 허물고 통합적으로 작동하는 네트워크를 구축해야 한다.
- 사회적 자본 강화: 이웃 간 신뢰, 호혜성, 공동체 의식을 키워야 한다. 사회적 네트워크는 재난 시 가장 중요한 자원이다.
- 경제적 다양성 확보: 단일 산업에 의존하는 공동체는 취약하다. 다양한 경제 기반을 만들어 충격을 분산시켜야 한다.
- 지속적 학습과 적응: 모든 재난에서 교훈을 도출하고 시스템을 개선해야 한다. 회복탄력성은 고정된 상태가 아니라 지속적 과정이다.

미래를 위한 재난관리

재난 환경은 빠르게 변화하고 있다. 기후변화, 도시화, 기술 발전, 사회적 불평등 심화는 새로운 도전에 직면하고 있다. 미래의 재난관리는 어떤 모습이어야 하는가. 이 절에서는 새로운 접근 방법과 핵심 원칙을 제시한다.

Build Back Better: 복구를 기회로

Build Back Better(더 나은 복구)는 Sendai Framework의 핵심 개념이다. 재난 후 복구

는 단순히 이전 상태로 돌아가는 것이 아니라 미래 위험을 줄이고 회복탄력성을 높이는 기회가 되어야 한다.

Build Back Better의 4가지 차원

- 더 안전하게(Build Back Safer): 물리적 위험을 줄이는 복구

  더 강한 건물, 더 나은 토지 이용, 개선된 인프라로 같은 재난이 반복되지 않도록 한다.

- 더 빠르게(Build Back Faster): 신속한 복구로 삶의 정상화

  복구 지연은 2차 피해를 만든다. 효율적 프로세스와 충분한 자원을 동원한다.

- 더 포용적으로(Build Back More Inclusively): 모든 이해관계자의 참여

  취약 계층의 목소리를 듣고 그들의 필요를 반영, 복구 과정에서 불평등이 심화되지 않도록 한다.

- 더 지속 가능하게(Build Back More Sustainably): 환경을 고려한 복구

  기후변화 완화와 적응, 생태계 기반 접근 장기적 지속 가능성을 고려한다.

Build Back Better를 실천하려면 복구 계획 단계에서부터 이 원칙을 통합해야 한다. 긴급 복구와 장기 개선의 균형을 잡아야 하고, 지역 주민과 전문가가 협력하여 미래 비전을 만들어야 한다.

시스템적 회복탄력성: 복잡성을 넘어서

복합·연쇄재난의 시대에는 개별 시스템의 회복탄력성만으로는 부족하다. 시스템 전체의 회복탄력성, 즉 시스템적 회복탄력성(Systemic Resilience)이 필요하다.

시스템적 회복탄력성의 핵심 요소는 다음과 같다.

- 금융 시스템: 재난 보험, 재해 채권, 비상 기금
- 미래를 위한 재난관리 인프라 시스템: 중복성과 상호운용성, 복원력 있는 설계
- 식량 시스템: 다양한 공급원, 지역 생산, 비축
- 고용과 교육: 경제적 충격 흡수, 기술 재교육

- 거버넌스 시스템: 적응적 관리, 다층적 조정, 협력적 의사결정

2030년 이후 포스트 Sendai 시대는 시스템적 회복탄력성과 위험 정보에 기반한 개발을 우선시해야 한다. 재난위험 감소는 더 이상 선택이 아니라 모든 국가의 사회 경제 개발의 핵심이다.

통합과 협력: 재난관리의 미래

미래의 재난관리는 통합과 협력을 핵심으로 삼아야 한다. 부문별 분리를 극복하고, 모든 이해관계자가 참여하는 전사회적(Whole-of-Society Approach) 접근이 필요하다.

- 정책 통합: 재난관리를 기후변화 적응, 지속 가능 발전, 도시 계획, 보건 정책과 통합 → 별개의 영역이 아니라 하나의 의제
- 다층적 거버넌스: 국제-국가-지역-지방 차원의 조정 → 각 층위가 자신의 역할을 하면서도 서로 연결되어 작동
- 과학-정책-실천 연계: 과학적 지식이 정책으로 전환되고, 정책이 현장에서 실천되는 순환 체계 → 현장의 경험이 다시 과학과 정책으로 환류
- 공공-민간 파트너십: 정부의 규제력과 민간의 혁신을 결합 → 민간 부문의 자원과 기술을 재난관리에 활용
- 형평성과 포용성: 재난관리에서 사회적 불평등을 줄이는 것을 명시적 목표로 설정 → 젠더, 장애, 빈곤, 인종을 고려한 포용적 접근
- 취약 지역에 대한 투자: 분쟁 지역, 취약 국가에 대한 재난위험 감소 투자 확대 → 위험이 크다고 방치하지 않고 오히려 더 투자

핵심 개념 정리

개념	설명
재난위험관리 (Disaster Risk Management)	재난 발생 전 위험을 감소시키는 사전 예방적 접근
Sendai Framework	2015~2030 재난위험 감소 국제 체계로, 4대 우선순위, 7대 목표
회복탄력성 (Resilience)	충격을 흡수하고 적응하며 기본 기능을 유지하는 능력
적응 역량 (Adaptive Capacity)	변화하는 조건에 대응하는 능력으로, 경제 발전, 사회적 자본, 정보 소통, 공동체 역량
Build Back Better	더 나은 복구로, 재난 복구를 위험 감소와 회복탄력성 강화의 기회로 활용
시스템적 회복탄력성 (Systemic Resilience)	금융, 인프라, 식량, 고용, 교육 등 시스템 전체의 회복탄력성
전사회적 접근 (Whole-of-Society Approach)	정부, 민간, 시민사회 모든 구성원이 참여하는 재난관리

토론 질문

1. Sendai Framework가 이전의 Hyogo Framework와 다른 점은 무엇인지 살펴보고, 패러다임 전환의 핵심을 논하시오.

2. 회복탄력성의 5가지 핵심 특성(중복성, 다양성, 적응력, 자원성, 견고성)을 구체적 사례로 설명하시오.

3. 지역사회 회복탄력성의 4대 적응 역량이 어떻게 상호작용하는지 살펴보고, 시너지 효과를 논하시오.

4. Build Back Better의 4가지 차원(안전, 신속, 포용, 지속 가능)이 서로 충돌하는지 살펴보고, 균형을 어떻게 잡을 것인가 논하시오.

5. 한국의 재난관리 체계가 Sendai Framework의 4대 우선순위를 얼마나 잘 실천하고 있는지 살펴보고, 개선이 필요한 영역을 제시하시오.

PART 2

지자체 공무원의 재난 안전 관리

Disaster Safety Management of Local
Government Officials

CHAPTER 06

지자체 재난관리의 역할과 책임 구조

중앙정부·광역자치단체·기초자치단체의 역할 구분

재난관리에서 반복되는 혼선은 각 기관의 역할 구분이 명확하지 않을 때 발생한다. 중앙정부·광역자치단체·기초자치단체는 같은 방향을 향하지만, 역할은 위계가 아니라 기능의 차이다.

중앙정부는 큰 그림을 그리고, 광역자치단체는 흐름을 조정하며, 기초자치단체는 즉각 움직인다. 이 역할이 분명할수록 재난 대응은 빠르고 단순해진다.

중앙정부의 역할은 조정과 지원이다. 국가 차원의 재난관리 기준을 설정하고, 광역을 넘는 재난에서 조정자 역할을 한다. 그러나 중앙정부는 현장을 직접 마주하지 않으며, 정보는 보고를 통해 간접적으로 들어온다. 따라서 중앙정부의 강점은 속도가 아니라 '범위와 자원'에 있다.

광역자치단체는 중앙정부와 기초자치단체 사이의 연결자이자 조정자다. 광역 단위 재난의 총괄 조정과 시·군·구 간 자원 배분이 주된 역할이다. 여러 기초자치단체에 동시 영향을 미치는 재난에서 광역자치단체의 판단이 대응의 일관성을 좌우한다. 그러나 광역자치단체 역시 개별 지역의 세부 상황을 충분히 반영하지 못할 위험이 있다.

기초자치단체는 재난 대응의 출발점이자 최전선이다. 최초 신고와 초기 대응은 대부분 기초자치단체를 통해 이루어지며, 주민 생활권과 지역 특성을 가장 잘 파악하고 있다. 중앙정부나 광역자치단체의 지시를 기다리는 동안 현장은 이미 변하고, 그 지연은 피해 확대로 이어진다.

구분	핵심 역할	강점	한계
중앙정부	조정과 지원	범위와 자원 동원력	현장과의 시간차
광역자치단체	연결과 조정	대응의 일관성 확보	세부 상황 파악 한계
기초자치단체	최초 대응	현장성과 즉시성	자원과 권한의 제약

기초자치단체가 재난 대응에서 중요한 이유는 명확하다. 최초 신고와 초기 대응이 기초자치단체 통해 이루어지고, 지역의 구체적 상황을 가장 잘 알며, 즉각적 행정 조치를 수행할 수 있는 유일한 주체이기 때문이다.

문제는 재난 발생 시 기초자치단체 스스로 역할을 축소하는 경향이다. "상급기관의 판단을 기다려야 한다"라는 인식은 불확실성에 대한 두려움에서 비롯된다. 그러나 재난관리에서 기다림은 중립적 선택이 아니다. 그것은 하나의 결정이며, 종종 가장 위험한 결정이 되기도 한다.

인식의 전환

- 잘못된 인식: 상급기관의 판단을 기다려야 한다.
- 올바른 인식: 먼저 판단하고 조치한 후 보고한다.

기초자치단체는 지시를 받는 조직이 아니라 '재난 대응을 시작하는 조직'이다. 역할이 명확할수록 대응은 빠르고 효율적이며, 역할이 뒤섞일수록 판단은 늦어지고 책임은 불분명해진다. 지방자치단체 재난관리의 출발점은 바로 이 인식의 전환에 있다.

단체장·부단체장·실무부서의 역할과 책임

재난이 발생하면 지자체 조직 내부에서 역할과 책임의 경계가 가장 먼저 빠르게 흔들린다. 평시 명확했던 권한 구조가 재난 상황에서는 불확실해지고, 그 틈에서 판단은 지연되거나 떠넘겨진다. 중요한 것은 개인의 역량이 아니라 누가 어떤 판단을 하도록 설계된 조직인가를 분명히 인식하는 일이다.

단체장은 명백한 최종 책임자이자 최종 결정자다. 재난 대응 단계의 격상, 대규모 자원 동원, 주민 대피와 같은 강력한 행정 조치는 단체장의 판단 없이는 이루어질 수 없다. 단체장의 역할은 현장을 직접 지휘하는 것이 아니라 불완전한 정보 속에서도 방향을 정하는 데 있다. 결정을 미루지 않는 것이 단체장의 가장 중요한 책무다.

부단체장은 단체장을 대신하는 보조자가 아니라 재난 대응에서 조정과 관리의 핵심축이다. 실무부서와 단체장 사이에서 정보를 정리하고 선택지를 구조화하는 역할을 한다. 어떤 사안을 단체장 판단으로 올릴 것인지, 어떤 사안을 행정 판단으로 즉시 처리할 것인지 구분하는 능력은 재난 대응의 속도를 좌우한다. 부단체장이 이 역할을 하지 못하면 단체장은 사소한 판단에 매달리고, 정작 중요한 결정은 늦어진다.

실무부서는 재난 대응에서 가장 많은 부담을 떠안는다. 현장 정보는 대부분 실무부서를 통해 올라오고, 초기 대응 역시 실무부서가 수행한다. 그러나 실무부서의 역할은 결정이 아니라 판단을 가능하게 하는 '정보와 대안의 제공'에 있다.

재난 대응에서 실무부서에 요구되는 것은 완벽한 보고서가 아니라 지금 판단해야 할 핵심 정보다. 무엇이 확인되었고, 무엇이 아직 불확실한지를 명확히 구분해 전달하는 것

구분	핵심 역할	주요 책무
단체장	최종 결정	• 불완전한 정보 속에서 방향 결정 • 대응 단계 격상, 자원 동원 판단
부단체장	조정과 관리	• 정보 정리 및 선택지 구조화 • 단체장 판단 사항과 행정 처리 사항 구분
실무부서	정보와 대안 제공	• 판단 근거가 되는 핵심 정보 전달 • 확인된 것과 불확실한 것의 구분

이 실무부서의 가장 중요한 책무다.

재난관리에서 역할 분담이 무너질 때 흔히 나타나는 현상은 책임의 역전이다. 단체장은 현장 세부에 개입하고, 실무부서는 최종 결정을 떠안으며, 부단체장은 존재감 없이 보고 경로의 한 단계로 전락한다. 이러한 구조에서는 누구도 자신의 역할에 집중하지 못하고, 결과적으로 조직 전체가 위험해진다.

현실에서는 실무부서가 재난 대응 실패의 책임을 가장 먼저 떠안는 경우가 많다. 이로 인해 실무자들은 재난 상황에서도 평시와 같은 보고 절차와 문서 완결성을 중시하게 되고, 이는 의사결정 지연으로 이어진다. 반대로 실무자가 모든 책임을 떠안으려 하거나 아무 판단도 하지 않고 상급자의 지시만 기다리는 순간 조직은 작동을 멈춘다.

> **역할 분담의 기본 원칙**
>
> · 단체장은 결정하고, 부단체장은 조정하며, 실무부서는 판단의 근거를 만든다.
> · 이 기능이 명확히 작동할 때 재난 대응은 개인의 능력을 넘어 조직의 힘으로 이루어진다.

단체장, 부단체장, 실무부서의 책임 범위는 위계의 문제가 아니라 기능의 문제다. 각자의 기능이 명확히 작동할 때 조직은 재난 앞에서 비로소 제 역할을 한다. 역할 분담이 무너진 조직은 아무리 많은 자원이 있어도 효과적으로 재난에 대응할 수 없다.

재난관리 책임기관과 협업 구조

재난관리 책임기관 vs 긴급구조기관

재난 대응 현장에서 자주 발생하는 혼선은 '누가 지휘하고, 누가 실행하는가'에 대한 오해다. 재난 대응이 지연되는 이유는 자원이 부족해서가 아니라 역할이 겹치거나 비어 있기 때문이다.

재난관리 책임기관은 재난 대응을 총괄·관리하는 주체다. 현장에서 직접 구조 활동을 수행하지 않더라도 재난 대응의 방향과 우선순위를 결정하고, 여러 기관의 움직임을 하나의 흐름으로 묶는다. 재난 대응 단계 판단, 비상 조직 가동, 자원 배분, 정보 공개 기준 설정이 여기에 포함된다. 재난관리 책임기관의 역할은 전체를 보며 '조율'하는 것이다.

긴급구조기관은 재난 현장에서 즉각적인 행동을 수행하는 실행 주체다. 구조, 구급, 진압, 통제와 같은 활동은 현장의 전문성과 신속성을 요구한다. 긴급구조기관은 현장에서 스스로 판단하고 움직일 수 있는 권한이 필요하다. 그 판단은 재난관리 책임기관이 설정한 큰 틀 안에서 이루어져야 한다.

구분	핵심 역할	판단 범위	위치
재난관리 책임기관	총괄·조율·관리	무엇을 우선할 것인가	전체를 보는 조정자
긴급구조기관	즉각 실행	어떻게 실행할 것인가	현장의 실행자

두 기관의 역할이 뒤섞일 때 충돌이 발생한다. 재난관리 책임기관이 현장의 세부 전술에 개입하려 하거나 긴급구조기관이 전체 대응 방향까지 스스로 결정하려 할 때다. 이러한 충돌은 의도적인 권한 다툼이라기보다 역할에 대한 불분명한 인식에서 비롯되는 경우가 많다.

재난 대응에서 중요한 것은 누가 더 많은 권한을 갖느냐가 아니라 누가 어떤 판단을 해야 하는지를 명확히 하는 것이다. 재난관리 책임기관은 '무엇을 우선할 것인가'를 결정하고, 긴급구조기관은 '어떻게 실행할 것인가'를 결정한다. 이 구분이 지켜질 때 현장은 빠르게 움직이고 행정은 혼란을 줄일 수 있다. 역할이 뒤섞이면 판단은 늦어지고 책임은 불분명해진다.

역할 구분의 핵심 원칙

- 재난관리 책임기관: 무엇을 우선할 것인가 → 방향과 우선순위 결정
- 긴급구조기관: 어떻게 실행할 것인가 → 현장 실행 방법 결정

소방·경찰·보건·시설관리 부서 간 관계

재난 현장에는 항상 여러 부서가 동시에 등장한다. 소방은 구조와 진압, 경찰은 통제와 질서 유지, 보건 부서는 의료 대응, 시설관리 부서는 기반시설 안전을 담당한다. 문제는 이들이 각자의 역할을 하면서도 하나의 재난 상황을 서로 다른 기준으로 바라본다는 점이다.

소방은 생명 구조와 현장 안전을 최우선으로 판단하고, 경찰은 2차 사고와 질서 유지를 우선 고려한다. 보건 부서는 감염 확산과 의료 체계의 부담을 우려하며, 시설관리 부서는 장기적 피해와 기능 복구를 염두에 둔다. 이 판단 기준의 차이는 자연스러운 것이며 잘못된 것이 아니다. 그러나 이를 조정하지 않으면 현장은 서로 다른 우선순위가 충돌하는 공간이 된다.

부서	우선 판단 기준	주요 관심사
소방	생명 구조, 현장 안전	즉각적 위험 제거
경찰	2차 사고 방지, 질서 유지	통제와 안전 확보
보건	감염 확산, 의료 체계 부담	공중보건 위기 관리
시설관리	장기적 피해, 기능 복구	기반시설 보호

현장에서 흔히 발생하는 문제는 각 부서가 자신의 전문 영역을 기준으로 전체 상황을 해석하려는 경향이다. 소방은 "아직 위험하다"라고 말하고, 시설관리 부서는 "지금 복구하지 않으면 더 큰 피해가 난다"라고 주장한다. 조정이 이루어지지 않으면 대응은 늦어지고 갈등은 커진다.

이때 지자체 행정의 역할은 특정 부서의 판단을 옳고 그름으로 가르는 것이 아니라 우선순위를 조정하는 기준을 제시하는 것이다. 지금 가장 중요한 것이 인명 구조인지, 확산 방지인지, 기반시설 보호인지에 대한 판단은 재난관리 체계 전체에서 내려져야 한다.

지자체 공무원에게 요구되는 역량은 갈등을 해결하는 기술적 전문성보다 결정의 기준을 명확히 제시하는 행정적 판단력이다. 인명 보호가 최우선인지, 단계 전환이 필요한 시점인지, 어느 부서의 요구를 지금 받아들여야 하는지에 대한 판단은 누군가 내려야 하며, 그 역할의 주체가 바로 재난관리 책임기관이다.

재난 대응에서 각 부서의 판단은 모두 정당한 근거를 지니고 있다. 그러나 모든 판단이 동시에 실행될 수는 없다. 따라서 순서와 우선순위를 정하는 것이 재난관리 책임기관의 핵심 역할이다. 협업은 부서 간 합의의 결과가 아니라 명확한 조정 구조가 작동할 때 가능해진다.

평시 행정과 재난 시 행정의 차이

일반 행정 절차가 작동하지 않는 순간

재난이 발생하는 순간 지자체 행정은 익숙한 방식으로 더는 작동하지 않는다. 평시 행정은 규정과 절차, 단계적 보고와 합의 과정을 통해 안정성을 확보하도록 설계되어 있다. 이러한 구조는 일상 업무에서는 필수적이지만, 재난 상황에서는 오히려 대응을 지연시킨다. 재난은 행정이 준비해 온 '정상 상태'를 전제로 발생하지 않기 때문이다.

일반 행정 절차가 작동하지 않는 가장 큰 이유는 시간의 성격이 완전히 달라지기 때문이다. 평시 행정에서 시간은 관리 가능한 자원이다. 하루, 일주일, 한 달 단위로 검토와 협의가 이루어진다. 그러나 재난 상황에서 시간은 곧 피해의 크기와 직결된다. 판단이 10분 늦어지면 상황은 이미 달라져 있고, 한 번 놓친 기회는 다시 돌아오지 않는다.

재난 대응에서 정보는 항상 불완전하다. 현장 보고는 단편적이고, 피해 규모는 계속 수정되며, 상황은 실시간으로 변한다. 이때 일반 행정 절차에 익숙한 조직은 완결된 정보를 기다린다. 추가 보고를 요구하고, 수치를 맞추며, 표현을 정제하려는 과정이 반복된다. 그러나 재난 상황에서는 완결된 정보가 도착하는 순간이 거의 없다. 정보를 기다리는 동안 상황은 이미 다음 단계로 넘어가 있다.

또 하나의 문제는 책임 구조다. 평시 행정은 여러 단계의 결재와 협의를 통해 책임을 분산시킨다. 그러나 재난 상황에서 이 구조는 '결정 회피의 장치'로 변한다. 누구도 단독으로 판단하지 않으려 하고, 결정은 상급으로 계속 올라간다. 그 결과 책임은 분산되지만 판단은 사라진다.

구분	평시 행정	재난 행정
시간	관리 가능한 자원	피해 크기와 직결
정보	완결성 요구	불완전성 전제
책임	분산을 통한 안정성	집중을 통한 신속성
절차	단계적 검토와 합의	즉각적 판단과 조정

현장에서 자주 반복되는 표현들이 있다. "조금 더 확인이 필요하다", "상급기관과 협의 중이다", "아직 보고가 정리되지 않았다"라는 말들은 신중함처럼 보이지만 재난 상황에서는 지연의 다른 표현일 뿐이다. 이러한 언어가 반복될수록 행정은 움직이지 않고, 그 공백은 피해로 채워진다.

중요한 점은 일반 행정 절차가 '틀렸다'라는 것이 아니다. 문제는 그 절차가 재난이라는 특수한 상황에 맞게 전환되지 못하는 데 있다. 재난 행정은 평시 행정을 대체하는 것이 아니라 일정 기간 그 논리를 중단하거나 축소하는 것이다. 이 전환이 이루어지지 않으면 조직은 익숙한 방식에 머무르고 재난 대응은 늦어진다.

재난 대응에서 필요한 것은 완벽한 판단이 아니라 지금 가능한 판단이다. 그 판단이 나중에 수정될 수 있다는 사실 자체가 재난 대응의 본질이다. 행정이 이 불완전함을 감당하지 못할 때 재난은 행정의 영역을 벗어나 혼란으로 확산된다.

행정이 평시의 완결성 기준을 고집할 때 재난 대응은 정체된다. 반대로 불완전한 정보 속에서도 방향을 정하고 판단을 수정할 준비가 되어 있을 때 조직은 재난 앞에서 비로소 기능하기 시작한다. 재난 행정의 핵심은 절차의 완벽한 준수가 아니라 상황에 맞는 판단의 연속에 있다.

비상상황에서 권한 집중과 예외 조치

재난 상황에서 행정이 작동하기 위해 반드시 필요한 조건은 권한의 일시적 집중이다. 이는 평시 행정이 지향해 온 분권과 합의의 원칙이 정면으로 충돌하는 것처럼 보인다. 그러나 재난은 평시 행정이 전제로 한 안정적 환경을 붕괴시키는 사건이며, 그 순간 행정은 다른 방식으로 움직일 수밖에 없다.

비상상황에서 권한이 분산된 상태로 유지되면 판단은 느려진다. 각 부서와 단계가 자신의 권한 범위를 넘지 않으려 할수록 결정은 위로 올라가고, 위에서는 다시 현장의 추가 확인을 요구한다. 그 결과 판단은 순환하고, 실행은 멈춘다. 재난 대응에서 이러한 구조는 치명적이다.

권한 집중은 독단을 허용하기 위한 장치가 아니라 결정의 책임을 명확히 하기 위한 장치다. 누가 판단하고, 누가 책임지는지가 분명할 때 조직은 빠르게 움직인다. 반대로 권한이 분산되어 있으면 누구도 결정하지 않으려 하고, 그 공백은 피해로 이어진다.

권한 집중이 작동하지 않는 조직에서는 현장과 행정 사이에 긴장이 축적된다. 현장은 즉각적인 판단을 요구하지만, 행정은 책임을 분산시키려 한다. 이 간극이 커질수록 현장은 독자적으로 움직이거나, 반대로 아무 판단도 하지 않은 채 지시를 기다리게 된다. 어느 쪽이든 재난 대응의 효율성은 급격히 떨어진다.

권한 분산 유지 시	권한 집중 작동 시
판단 지연 및 순환	신속한 결정
책임 소재 불명확	책임 소재 명확
결정 회피 현상	적극적 판단
현장과 행정 간 긴장	일관된 대응

권한 집중은 예외 조치를 수반한다. 평시에는 허용되지 않던 행정적 선택들이 재난 상황에서는 불가피하게 등장한다. 긴급한 자원 동원, 절차의 간소화, 보고 체계의 축소는 재난 대응을 위해 마련된 합법적 예외다. 문제는 이러한 예외 조치가 현장에서 쉽게 실행되지 않는다는 점이다. 많은 공무원들은 예외를 '위험한 선택'으로 인식하고, 사후 책임을 우려해 평시 규정을 고수하려 한다.

그러나 재난 행정에서 예외는 규정 위반이 아니라 규정의 목적을 실현하기 위한 수단이다. 재난관리 관련 규정과 법령의 궁극적 목적은 인명 보호와 피해 최소화에 있다. 이 목적을 달성하기 위해 규정의 일부 절차가 일시적으로 축소되거나 조정되는 것은 제도의 취지에 어긋나지 않는다.

중요한 것은 권한 집중의 범위와 기간을 명확히 인식하는 것이다. 재난 시 권한 집중은 상황 종료와 함께 해제되어야 할 임시적 구조다. 이 점이 명확하지 않으면 권한 집중은 남용으로 오해받고 조직 내부의 저항을 불러온다. 반대로 범위와 기준이 명확할수록 현장은 안정감을 갖고 움직일 수 있다.

예외 조치의 본질

- 비상상황에서의 행정은 규정을 얼마나 엄격히 적용하느냐의 문제가 아니라 언제 어떤 규정을

재난 행정은 평시 행정의 연장이 아니다. 그것은 평시 행정이 잠시 물러나고 다른 논리가 전면에 나서는 순간이다. 이 전환을 두려워하지 않을 때 지자체 행정은 재난 앞에서 비로소 기능하기 시작한다. 예외는 재난 상황을 관리하기 위한 행정의 또 다른 형태다.

지자체 공무원이 겪는 재난 행정의 현실

보고 압박, 책임 전가, 의사결정 지연 문제

재난 상황에서 지자체 공무원이 가장 먼저 체감하는 것은 현장의 위험보다 보고의 압박이다. 재난이 발생하면 대응과 동시에 보고가 시작된다. 상급기관에는 상황을 설명해야 하고, 단체장에게는 자료를 제공해야 하며, 언론과 주민의 질문에도 대응해야 한다. 이 모든 요구가 거의 동시에 쏟아지면서 행정 조직은 빠르게 '보고 조직'으로 변한다.

문제는 보고 자체가 아니라 보고가 의사결정을 대체하기 시작할 때 발생한다. 보고를 위해 대응이 지연되고, 보고가 충분하지 않다는 이유로 판단이 미뤄진다. 재난 상황에서 보고는 판단을 돕기 위한 수단이어야 하지만, 현실에서는 판단을 유예하는 명분으로 작동하는 경우가 많다. "조금 더 정리해서 보고하라"라는 요구는 신중함처럼 들리지만 그 사이 상황은 이미 변해 있다.

재난 초기 현장에서 올라오는 첫 보고는 언제나 불완전하다. 정보는 단편적이고, 수치는 바뀌며, 상황은 계속 변한다. 그럼에도 행정 조직은 평시의 보고 기준을 적용하려 한다. 표현은 정제되어야 하고, 사실은 확인되어야 하며, 책임 소재는 명확해야 한다는 요구가 뒤따른다. 이 과정에서 보고는 점점 길어지고, 판단에 필요한 핵심은 흐려진다.

보고 압박은 단순히 업무량의 문제가 아니다. 그것은 재난 대응의 중심이 현장 판단에서 '사후 설명'으로 이동하고 있다는 신호다. 보고를 잘하는 조직이 반드시 대응을 잘하는 조직은 아니다. 오히려 재난 대응에서는 보고가 최소화될수록 판단은 빨라지고, 판단이 빨라질수록 피해는 줄어든다.

평시 보고	재난 시 보고
완결성과 정확성 중시	핵심 정보와 불확실성 구분
단계적 검토와 정제	즉각적 전달과 공유
책임 소재 명확화	판단 근거 제공
문서 완성도	의사결정 지원

보고 압박과 함께 나타나는 문제는 책임 전가다. 실무부서는 상급자의 결정을 기다리고, 상급자는 현장의 추가 확인을 요구한다. 누구도 의도적으로 책임을 회피하지 않더라도 조직 전체는 책임을 위로 밀어 올리는 방향으로 움직인다. 그 결과 최종 판단은 늦어지고, 그 공백은 현장의 불확실성으로 채워진다. 재난 대응이 지연되는 이유는 책임을 명확히 지는 구조가 작동하지 않기 때문이다.

지자체 공무원들이 재난 상황에서도 평시 행정의 논리에서 벗어나기 어려운 이유는 사후 책임에 대한 두려움 때문이다. 재난 대응이 끝난 뒤 이루어지는 감사와 평가, 언론 보도와 정치적 논쟁은 대부분 결과를 기준으로 판단된다. 이 과정에서 재난 당시의 불완전한 정보와 시간 압박은 충분히 고려되지 않는다. 이러한 경험이 반복될수록 공무원들은 재난 상황에서도 보수적인 선택을 하게 되고, 이는 다시 의사결정 지연으로 이어진다.

재난 행정에서 필요한 것은 보고의 축소가 아니라 성격 변화다. 모든 정보를 완결된 형태로 전달하려는 보고가 아니라 지금 판단에 필요한 핵심 정보와 불확실성을 함께 전달하는 보고가 요구된다. 무엇이 확인되었고, 무엇을 아직 모르는지 명확히 구분하는 것이 중요하다. 이 구분이 없을 때 상급자는 판단을 미루게 되고, 책임은 다시 현장으로 돌아온다.

보고 압박과 책임 전가, 의사결정 지연은 개인의 태도 문제가 아니라 조직이 재난을 다루는 방식의 문제다. 보고는 판단을 가능하게 하는 도구로 재정의되어야 한다.

보고 체계가 판단을 돕지 못하고 지연시키면 재난은 언제나 '대응 이후'에야 이해되는 사건으로 남게 된다. 조직이 재난 앞에서 기능하려면 보고와 책임의 의미를 재난 상황에 맞게 전환할 수 있어야 한다.

매뉴얼은 있는데 작동하지 않는 이유

대부분의 지자체에는 재난 대응 매뉴얼이 존재한다. 매뉴얼은 법령과 지침을 반영해 체계적으로 정리되어 있고, 훈련 역시 정기적으로 실시된다. 그럼에도 실제 재난이 발생하면 현장에서는 "매뉴얼대로 할 수 없다"라는 말이 반복된다. 이 현상은 매뉴얼이 전제하고 있는 상황과 현실의 재난이 다르기 때문이다.

매뉴얼은 평균적인 상황을 기준으로 만들어진다. 일정한 인력과 자원이 확보되어 있고, 통신이 유지되며, 조직이 정상적으로 작동한다는 가정이 깔려 있다. 그러나 실제 재난은 이러한 조건을 가장 먼저 무너뜨린다. 인력이 부족하고, 정보는 단절되며, 여러 사건이 동시에 발생한다. 이때 매뉴얼은 더 이상 행동 지침이 아니라 참고 문서로 밀려난다.

문제는 매뉴얼이 현장에서 무시된다는 데 있지 않다. 더 근본적인 문제는 매뉴얼이 판단을 대신해 줄 수 있다고 오해하는 데 있다. 매뉴얼은 '무엇을 해야 하는가'를 정리해 줄 수는 있지만, '지금 무엇을 먼저 해야 하는가'를 결정해 주지는 못한다. 재난 상황에서 가장 중요한 것은 순서와 우선순위인데, 이는 매뉴얼이 아니라 현장의 판단 영역이다.

또 다른 이유는 매뉴얼이 책임을 분산시키는 도구로 사용되는 경우 때문이다. 재난 이후 평가 과정에서 매뉴얼 준수 여부는 중요한 기준이 된다. 이로 인해 재난 대응 과정에서 매뉴얼은 사후 책임을 피하기 위한 기준으로 기능하기도 한다. 현장에서는 "매뉴얼에 없어서 못 했다"라는 말이 방어 논리로 사용되고, 이는 다시 현장 판단을 위축시킨다.

매뉴얼이 전제하는 상황	실제 재난 상황
인력과 자원 확보	인력 부족, 자원 제한
통신 유지	정보 단절
조직 정상 작동	여러 사건 동시 발생
순차적 대응 가능	우선순위 실시간 판단 필요

　매뉴얼이 작동하지 않는 조직의 특징은 매뉴얼을 지나치게 신뢰하거나 반대로 완전히 무시한다는 점이다. 작동하는 조직은 매뉴얼을 절대적 기준으로 삼지 않는다. 대신 매뉴얼을 판단을 돕는 틀로 활용한다. 어떤 상황에서 매뉴얼을 적용하고, 어떤 순간에 넘어설 것인지에 대한 공감대가 형성되어 있다.

　재난 대응에서 매뉴얼의 역할은 정답을 제공하는 것이 아니라 판단의 출발점을 제공하는 것이다. 매뉴얼이 존재한다는 사실보다 중요한 것은 매뉴얼을 유연하게 해석할 수 있는 조직 문화와 리더십이다. 이를 위해서는 훈련 역시 매뉴얼 암기가 아니라 매뉴얼을 벗어나는 상황을 상정한 판단 훈련으로 전환되어야 한다.

　결국 매뉴얼이 작동하지 않는 이유는 문서보다 행정의 문제 때문이다. 재난 행정이 평시 행정의 연장선에 머무르면 매뉴얼은 현장을 설명하지 못하는 종이로 남는다. 반대로 재난을 판단의 연속으로 인식하는 조직에서는 매뉴얼이 살아 있는 도구가 된다.

매뉴얼의 역할

- 정답 제공 X → 판단의 출발점
- 절대적 기준 X → 유연한 해석 틀
- 책임 회피 도구 X → 행동 가이드

　재난 대응에서 중요한 것은 매뉴얼을 얼마나 충실히 따랐는가보다 매뉴얼을 근거로 어떤 판단을 했는가다. 이 질문에 답할 수 있을 때 매뉴얼은 비로소 재난 행정의 일부로 기능하기 시작한다.

매뉴얼은 재난 대응의 시작점이지 종착점이 아니다. 매뉴얼을 벗어나는 순간을 두려워하지 않고 그 벗어남을 정당한 판단으로 인정할 수 있을 때 조직은 재난 앞에서 진정으로 작동한다. 매뉴얼은 행정을 구속하는 틀이 아니라 행정이 판단할 수 있도록 돕는 도구여야 한다.

CHAPTER 07

재난 대응 단계별 행정 의사결정과 현장 관리

재난 대응 단계의 행정적 흐름

재난 대응의 5단계 흐름

재난 대응은 단일한 행동이 아니라 연속된 행정적 선택의 흐름으로 이루어진다. 현장에서 흔히 재난 대응을 '신속한 조치'로 이해하지만, 실제로는 그보다 앞선 단계에서 이미 대응의 성패가 결정되는 경우가 많다. 무엇을 보았는지, 어떻게 해석했는지, 어떤 선택지를 남겼는지가 이후 모든 대응을 규정한다.

❶ 상황 인지(Perception of the situation)

재난 대응의 출발점이다. 단순히 사건이 발생했다는 사실을 아는 것이 아니라 그것이 어떤 성격의 상황인지 이해하는 과정이다. 같은 사고라도 일시적 사건인지, 확산 가능성이 있는 재난인지에 따라 행정의 대응 방식은 완전히 달라진다. 이 단계에서 문제가 되는 것은 정보를 어떻게 해석하느냐다. 현장의 첫 보고는 언제나 불완전하지만, 그 불완전한 정보를 재난의 가능성으로 읽어낼 수 있는지가 중요하다.

❷ 판단(Judgment)

정보를 분류하고 의미를 부여하는 과정이다. 이때 행정 조직은 흔히 '조금 더 지켜보자'라는 선택을 한다. 그러나 재난 대응에서 관망은 중립적 선택이 아니다. 상황을 재난으로 볼 것인지, 일반 사고로 볼 것인지에 대한 판단이 늦어질수록 대응의 범위는 급격히 제한된다. 판단 단계에서의 지연은 이후 모든 단계의 지연으로 이어진다.

❸ 결정(Decision)

선택지 중 하나를 공식화하는 행위다. 비상 조직을 가동할 것인지, 자원을 동원할 것인지, 대응 단계를 격상할 것인지와 같은 행정적 선택이 이 단계에서 이루어진다. 이때 중요한 것은 결정의 완결성이 아니라 명확성이다. 불완전하더라도 명확한 결정은 조직을 움직이게 하지만, 모호한 결정은 아무도 움직이지 않게 만든다.

❹ 지휘(Command)

결정을 실제 행동으로 연결하는 과정이다. 지휘 체계가 명확하지 않으면 각 부서는 자신에게 유리한 방식으로 결정을 해석하거나, 반대로 책임을 회피하기 위해 움직이지 않는다. 재난 대응에서 지휘는 통제의 문제가 아니라 일관성의 문제다. 같은 방향으로 움직이게 만드는 힘이 지휘다.

❺ 조정(Adjustment)

상황 변화에 따라 판단을 수정하는 과정이다. 재난 대응은 한 번의 결정으로 끝나지 않는다. 상황은 계속 변하고, 초기 판단은 수정될 수밖에 없다. 조정은 잘못된 판단을 인정하고 방향을 수정하는 과정이다. 이 단계가 작동하지 않으면 행정은 초기 결정에 집착하게 되고, 변화한 현실을 따라가지 못한다. 조정은 실패의 인정이 아니라 재난 대응의 정상적인 일부다.

단계	핵심 내용	주의사항
상황 인지	사건의 성격 이해	정보를 재난 가능성으로 읽어내기
판단	정보 분류와 의미 부여	관망은 중립적 선택이 아님
결정	선택지의 공식화	완결성보다 명확성 우선
지휘	결정의 실행 연결	일관성 확보가 핵심
조정	판단 수정과 방향 전환	대응의 정상적 과정

초기 판단이 전체 대응을 좌우하는 이유

재난 대응에서 결정적인 순간은 현장이 가장 혼란스러운 초기 국면이다. 이 시기에는 정보가 부족하고, 보고는 엇갈리며, 상황은 빠르게 변한다. 역설적으로 바로 이때 내려진 판단이 이후의 대응 범위와 속도 그리고 책임 구조까지 거의 모두를 결정한다. 초기 판단 이란 완벽한 분석의 결과가 아니라 불완전한 정보 속에서 방향을 정하는 선택이다.

초기 판단이 중요한 이유는 그 판단이 곧 대응의 '프레임'을 만들기 때문이다. 재난을 단순 사고로 인식하면 대응은 최소한의 조치에 머무르고, 그대로 재난으로 인식하면 행정 조직 전체가 움직이기 시작한다. 이 인식의 차이는 대응 자원의 규모, 보고 체계의 깊이, 의사결정 권한의 집중 여부까지 연쇄적으로 영향을 미친다. 즉 초기 판단은 행정 체계를 전환시키는 스위치다.

현장에서 초기 판단이 지연되는 가장 큰 이유는 책임에 대한 두려움이다. 재난으로 판단했다가 '과잉 대응'이라는 비판을 받을 가능성과 사고로 판단했다가 대응이 늦어지는 위험 사이에서 행정은 흔히 전자를 피하려 한다. 그러나 재난 대응에서 과소 판단은 언제나 과잉 판단보다 더 큰 비용을 남긴다. 과잉 대응은 조정으로 수습할 수 있지만, 늦은 대응은 되돌릴 수 없기 때문이다.

또 하나의 이유는 평시 행정 논리가 초기 판단을 지배하기 때문이다. 평시 행정에서는 확정된 사실을 기준으로 판단하는 것이 합리적이다. 그러나 재난 상황에서는 확정된 사실이 모일 때까지 기다리는 순간 이미 대응의 골든타임은 지나간다. 초기 판단은 사실 확인의 완료가 아니라 위험 가능성에 대한 행정적 결단이다.

재난을 '사고'로 판단하면 기존 조직 체계가 유지되고, 일반 행정 절차가 적용된다. 반면 '재난'으로 판단하면 비상 조직이 가동되고, 권한이 집중되며, 예외 조치가 정당화된다. 이는 대응 규모의 차이가 아니라 행정 논리 자체가 전환되느냐 마느냐의 차이다. 초기 판단이 늦어질수록 행정은 점점 더 불리한 조건에서 대응하게 된다.

초기 판단	대응 프레임	연쇄 효과
사고로 인식	최소 조치, 일반 절차	기존 조직 유지, 권한 분산
재난으로 인식	전면 대응, 예외 조치	비상 조직 가동, 권한 집중

초기 판단의 질은 개인의 직감이 아니라 조직의 준비 상태에 달려 있다. 어떤 정보를 우선적으로 수집하는지, 불확실성을 어떻게 보고하는지, 판단을 누가 책임지는지가 사전에 정리되어 있을수록 초기 판단은 빨라진다. 반대로 이러한 기준이 없는 조직에서는 판단이 개인에게 떠넘겨지고, 개인은 다시 조직 뒤에 숨게 된다.

초기 판단의 핵심 원칙

- 초기 판단은 한 번 내려지면 끝나는 것이 아니라 언제든 수정될 수 있으며, 수정되어야 한다.
- 잘못된 판단을 고집하는 것이 실패이지, 판단을 바꾸는 것은 실패가 아니다.
- 조기에 판단하고 빠르게 조정하는 능력이 재난 대응의 핵심이다.
- 초기 판단이 전체 대응을 좌우한다는 말은 재난 대응의 성패가 현장의 기술이 아니라 행정의 용기와 구조에 달려 있다는 뜻이다.

중요한 것은 초기 판단을 완벽하게 하는 것이 아니라 판단을 미루지 않는 것이다. 불완전한 정보 속에서도 방향을 정하고, 그 판단을 상황에 따라 수정할 준비가 되어 있을 때 조직은 재난 앞에서 비로소 작동하기 시작한다. 초기 판단의 지연은 이후 모든 단계의 지연으로 이어지며, 결국 피해의 확대로 나타난다.

재난 등급 판단과 대응 단계 전환

재난 등급 상향·하향의 기준

재난 대응에서 '등급'은 단순한 분류가 아니다. 재난 등급은 행정 조직이 어느 수준으로 움직일 것인지를 결정하는 행정적 선언에 가깝다. 등급이 상향되면 조직은 비상 체제로 전환되고, 자원과 권한이 집중되며, 평시에는 허용되지 않던 조치들이 가능해진다. 반대로 등급이 유지되거나 하향되면 대응의 범위와 속도는 제한된다. 이 때문에 재난 등급 판단은 재난 대응에서 가장 민감하면서도 중요한 결정 중 하나다.

재난 등급 상향의 기준은 흔히 피해 규모나 수치로 이해된다. 인명 피해가 몇 명 이상인지, 시설 피해가 어느 정도인지와 같은 정량적 기준이 판단의 근거로 활용된다. 그러나 실제 재난 대응에서 등급 판단을 어렵게 만드는 것은 피해의 가능성이다. 초기 국면에서는 피해가 아직 드러나지 않았거나 정확히 집계되지 않는다. 이때 행정은 앞으로 발생할 수 있는 위험을 기준으로 판단해야 한다.

재난 등급 판단의 핵심은 현재 상황이 아니라 확산 가능성이다. 상황이 통제 가능한 범위에 있는지, 추가 피해가 예상되는지, 기존 대응 체계로 감당할 수 있는지를 판단하는 과정이 등급 판단의 본질이다. 이 판단이 늦어질수록 행정은 점점 더 불리한 조건에서 대응하게 된다. 등급 상향은 상황을 관리 가능한 틀 안에 두기 위한 선택이다.

재난 등급 하향 역시 중요한 판단이다. 대응 단계가 과도하게 유지되면 행정 조직은 피로해지고, 자원은 비효율적으로 소모된다. 그러나 하향 판단이 지나치게 빠르면 재확산이나 2차 피해에 대응할 여력이 줄어든다. 따라서 등급 하향은 상황 종료 선언이 아니라 대응 방식의 전환으로 이해되어야 한다. 긴급 대응에서 관리와 복구로 중심이 이동하는 순간이 바로 등급 하향이다.

판단 기준	상향	하향
핵심 요소	확산 가능성, 대응 역량 초과 여부	통제 가능성, 긴급성 감소
의미	관리 가능한 틀 안에 두기	대응 방식의 전환
위험	늦은 상향 → 대응 불리	빠른 하향 → 재확산 위험

재난 대응이 끝난 뒤 거의 예외 없이 반복되는 평가가 있다. "초기 대응이 늦었다"라는 지적이다. 이 평가는 특정 사건에만 적용되는 비판이 아니다. 재난이 발생할 때마다 되풀이되는 상투적인 결론처럼 등장한다.

중요한 것은 왜 같은 평가가 반복되는지 그리고 그 원인이 개인의 판단 미숙이 아니라 구조적인 문제라는 점을 이해하는 것이다.

❶ 재난을 '확정된 피해'의 문제로 인식하는 행정 관성

많은 조직은 피해 규모가 명확해질 때까지 등급 상향을 미루려 한다. 인명 피해 수치가 집계되고, 시설 피해가 확인되어야 재난으로 판단할 수 있다는 사고방식이 여전히 강하게 작동한다. 그러나 재난 대응에서 중요한 것은 이미 발생한 피해보다 앞으로 발생할 수 있는 피해를 얼마나 빨리 차단하느냐다. 피해가 확정된 뒤의 격상은 언제나 한 박자 늦다.

❷ 등급 격상이 곧 '책임 확대'로 인식되는 조직 문화

재난 등급을 상향하는 순간 지자체와 단체장은 더 큰 책임의 중심에 서게 된다. 대응 결과에 대한 정치적·행정적 평가 역시 강화된다. 이 때문에 등급 격상은 적극적 대응이라기보다 위험한 선택으로 받아들여진다. 반대로 등급을 유지하거나 관망하는 선택은 상대적으로 안전한 판단처럼 보인다. 이 인식이 유지되는 한 행정은 항상 가장 늦은 시점에 격상을 선택하게 된다.

❸ 보고 체계와 의사결정 구조의 비대칭성

현장은 위험을 감지하지만, 그 위험은 보고를 거치는 과정에서 완화되거나 중립적인 표현으로 바뀐다. "우려된다", "가능성이 있다", "추이를 지켜볼 필요가 있다"라는 말은 신중함을 가장하지만, 실제로는 판단을 유예하는 신호다. 상급 단계로 갈수록 표현은 더 조심스러워지고, 그 결과 등급 격상에 필요한 '결정적 근거'는 끝내 제시되지 않는다.

늦은 격상의 구조적 원인

- 확정된 피해를 기다리는 관성 → 피해 확정 후 격상은 언제나 늦음
- 격상(책임 확대로 인식) → 안전한 선택은 관망이라는 오해
- 보고 과정에서 위험 신호의 완화 → 결정적 근거는 끝내 만들어지지 않음

재난 등급 격상은 상황을 과장하는 행위가 아니라 상황을 관리 가능한 틀 안으로 끌어들이는 선택이다. 격상이 늦어질수록 행정은 더 많은 부담을 떠안게 되고, 더 적은 선택지를 갖게 된다. '늦은 격상'의 문제를 개인의 판단 오류로 돌리는 순간 다음 재난에서도

같은 평가를 다시 쓰게 될 것이다. 구조를 바꾸지 않는 한 역사는 반복된다.

'늦은 격상'이 반복되는 구조적 이유

또 다른 문제는 재난 등급 격상이 되돌릴 수 없는 결정으로 오해된다는 점이다. 많은 조직은 한 번 격상하면 쉽게 하향할 수 없다고 생각한다. 이 때문에 격상 판단은 가능한 한 늦추고 모든 가능성을 확인한 뒤에야 이루어진다. 그러나 재난 대응에서 격상과 하향은 상황 변화에 따라 반복적으로 조정되어야 할 과정이다. 격상을 늦추는 것이 아니라 조정을 전제로 한 격상이 필요하다.

원인	내용	결과
확정된 피해 대기	피해 수치 집계까지 격상 미룸	피해 차단 시기 놓침
책임 확대 인식	격상을 위험한 선택으로 인식	관망이 안전한 선택처럼 보임
보고 과정 완화	위험 신호가 중립적 표현으로 변화	결정적 근거 부재
비가역적 결정 오해	격상 후 하향 불가능하다고 인식	모든 가능성 확인까지 지연

'늦은 격상'이 반복되는 이유는 결국 재난을 관리의 대상으로 보기보다 평가의 대상으로 먼저 인식하기 때문이다. 대응 과정에서의 판단보다 대응 이후의 책임이 더 크게 작용하면 행정은 움직이지 않는다. 이 구조가 바뀌지 않는 한 재난 대응은 언제나 사후적으로만 이해되고, 같은 비판은 계속 반복될 수밖에 없다.

구조 변화를 위해 필요한 것은 크게 세 가지다.

첫째, 격상 판단 기준을 확정된 피해에서 위험 가능성으로 전환해야 한다.

둘째, 격상을 관리 도구로 인식하는 조직 문화가 필요하다.

셋째, 격상과 하향을 조정의 연속 과정으로 이해하고, 상황에 따라 유연하게 변경할 수 있다는 인식을 공유해야 한다.

구조를 바꾸지 않는 한 다음 재난에서도 같은 평가가 반복된다. 격상이 늦어질수록 행정은 더 불리한 조건에서 더 적은 선택지를 갖고 대응하게 된다.

'늦은 격상'은 행정 시스템이 만들어낸 결과다. 이 결과를 바꾸려면 시스템을 바꿔야 한다. 재난 등급 판단은 기술의 문제가 아니라 행정이 재난을 바라보는 관점과 책임 구조의 문제다. 이 인식에서 출발할 때 비로소 변화가 가능해진다.

현장 중심 의사결정의 한계와 위험

현장 판단 vs 행정 판단의 충돌

재난이 발생하면 가장 먼저 작동하는 판단은 언제나 현장의 판단이다. 현장은 위험을 직접 보고 소리를 들으며 변화를 체감한다. 이 때문에 재난 대응에서 현장의 판단은 필연적으로 빠르고 직관적일 수밖에 없다. 이는 현장 판단의 강점이기도 하다. 상황이 급변하는 순간 매뉴얼이나 보고 체계를 거치지 않고 내려지는 즉각적 판단은 많은 생명을 구할 수 있다.

그러나 현장 판단이 항상 옳은 방향으로 작동하는 것은 아니다. 현장은 좁은 시야 안에서 움직이며 전체 구조를 보기 어렵다. 지금 눈앞의 위험은 명확하지만, 그 판단이 전체 대응 구조에 어떤 영향을 미치는지는 인식하기 어렵다. 이때 필요한 것이 행정 판단이다. 행정 판단은 현장의 속도와 달리 전체 구조와 연계성, 자원 배분, 확산 가능성을 고려한다.

문제는 이 두 판단이 재난 상황에서 필연적으로 충돌한다는 점이다. 현장은 "지금 당장 필요하다"라고 말하고, 행정은 "조금 더 확인이 필요하다"라고 말한다. 현장은 즉각적 조치를 요구하고, 행정은 절차와 책임 구조를 고려한다. 이 충돌은 어느 한쪽이 잘못해서 발생하는 것이 아니라 기능이 다른 판단 체계가 동시에 작동하기 때문이다.

현장 판단은 구체적이고 직접적이다. 구조가 필요하고, 통제가 필요하며, 자원이 부족하다는 사실을 즉시 체감한다. 반면 행정 판단은 추상적이고 구조적이다. 이 조치가 다른 지역에 미칠 영향은 무엇인지, 자원을 지금 투입해도 되는지, 이후 단계 대응은 어떻게 할 것인지 등을 동시에 고려한다. 이 차이 때문에 양쪽은 서로를 답답하게 느낀다. 현장은 행정을 비현실적이라고 느끼고, 행정은 현장을 충동적이라고 느낀다.

구분	현장 판단	행정 판단
특성	빠르고 직관적	구조적이고 신중함
시야	좁고 구체적	넓고 추상적
우선순위	즉각적 위험 제거	전체 연계성 고려
강점	속도와 현장성	방향과 일관성
한계	전체 구조 파악 어려움	현장 긴급성 인식 부족

이 충돌이 조정되지 않으면 두 가지 위험한 상황이 발생한다. 첫 번째는 현장 판단의 독주다. 현장이 전체 구조를 고려하지 않은 채 독자적으로 움직이기 시작하면, 자원은 비효율적으로 소모되고 대응의 일관성은 무너진다.

두 번째는 행정 판단의 마비다. 행정이 현장의 긴급성을 신뢰하지 못하고 판단을 미루기 시작하면 대응은 늦어지고 피해는 확대된다. 재난 대응에서 필요한 것은 어느 한 판단의 우위가 아니라 역할의 분화와 조정 구조다.

현장은 '무엇이 필요한지'를 말하고, 행정은 '무엇이 가능한지'를 판단해야 한다. 현장은 속도를 제공하고, 행정은 방향을 제공한다. 이 구조가 작동할 때 현장 판단과 행정 판단은 상호 보완이 된다.

현장 판단과 행정 판단의 충돌이 위험해지는 순간은 이 구분이 사라질 때다. 현장이 전체를 판단하려 하거나 행정이 현장의 세부를 통제하려 할 때 재난 대응은 왜곡된다. 재난 대응은 현장의 기술만으로도, 행정의 구조만으로도 완성되지 않는다. 두 판단이 분리되어 있으면서도 연결되어야 한다.

충돌은 잘못이 아니라 기능의 차이다. 조정 구조가 없을 때 충돌은 지연이 되고, 지연은 피해 확대로 이어진다. 재난 대응의 실패는 종종 판단의 오류가 아니라 조정 구조의 부재에서 발생한다. 현장과 행정 사이에 신뢰 기반의 연결 구조가 없을 때 판단은 충돌이되고, 충돌은 지연이 된다.

재난 대응에서 가장 위험한 것은 판단이 서로를 무력화시키는 구조다. 현장과 행정이 각자의 역할을 명확히 인식하고, 그 역할을 존중하며, 조정할 수 있는 구조를 갖출 때 비로소 두 판단은 하나의 대응으로 통합된다. 충돌을 없애는 것이 아니라 충돌을 관리하는 것이 재난 행정의 핵심이다.

보고 체계가 대응을 늦추는 순간

재난 대응 과정에서 보고 체계는 필수적이다. 보고는 상황을 공유하고, 판단의 근거를 제공하며, 책임의 흐름을 정리하는 기능을 한다. 문제는 재난 상황에서 보고가 의사결정을 돕는 수단이 아니라 의사결정을 지연시키는 장치로 작동하는 순간이 반복된다는 데 있다. 이때 보고 체계는 대응을 멈추게 하는 벽이 된다.

재난 초기 현장에서 올라오는 첫 보고는 언제나 불완전하다. 정보는 단편적이고, 수치는 바뀌며, 상황은 계속 변한다. 그럼에도 행정 조직은 평시의 보고 기준을 적용하려고 한다. 표현은 정제되어야 하고, 사실은 확인되어야 하며, 책임 소재는 명확해야 한다는 요구가 뒤따른다. 이 과정에서 보고는 점점 길어지고, 판단에 필요한 핵심은 흐려진다. 재난 상황에서 보고가 늦어지는 이유는 행정이 보고에 요구하는 완결성이 지나치게 높기 때문이다.

보고 체계가 대응을 늦추는 또 다른 이유는 단계의 중첩 때문이다. 보고는 위로 올라갈수록 더 많은 단계를 거치고, 단계마다 추가 확인과 보완 요구가 붙는다. 현장은 긴급성을 강조하지만, 상급 단계에서는 표현을 완화하고 가능성을 유보한다. "위험하다"라는 보고는 "우려된다"로, "즉각 조치가 필요하다"라는 표현은 "검토가 필요하다"로 바뀐다. 이 언어의 변화는 신중함의 표현처럼 보이지만, 실제로는 판단을 미루는 신호다.

보고 체계는 또한 책임의 방향을 바꾼다. 판단이 내려지기 전까지 책임은 보고자에게 남고, 판단이 내려진 뒤의 책임은 결정자에게 돌아간다. 이 구조 속에서 조직은 판단을 늦추는 쪽을 선택하게 된다. 보고를 계속 요구하면 책임은 현장에 남아 있고, 결정은 아직 이루어지지 않았다는 명분이 생긴다. 이렇게 보고는 책임을 지연시키는 안전장치로 기능한다.

평시 보고 기준	재난 시 필요한 보고
완결된 정보, 정제된 표현	핵심 정보, 불확실성 구분
단계적 검토와 보완	즉각적 전달
책임 소재 명확화	판단 근거 제공
문서 완성도	의사결정 지원

특히 재난 상황에서 보고가 문제되는 순간은 보고가 대응보다 우선되는 경우다. 현장은 인력과 자원이 부족한 상황에서도 보고서를 작성하느라 시간을 보낸다. 대응 인력이 보고 인력으로 전환되고, 현장의 판단은 문서로 치환된다. 이때 행정은 움직이고 있는 것처럼 보이지만 실제로는 대응이 정체된다.

중요한 것은 보고 자체를 줄이자는 것이 아니다. 재난 대응에서 필요한 것은 보고의 축소가 아니라 전환이다. 모든 정보를 한 번에 완성된 형태로 전달하려는 보고보다 지금 판단에 필요한 최소한의 정보와 불확실성을 함께 전달하는 보고가 필요하다. 무엇이 확인되었는지보다 무엇이 아직 위험한지에 대한 보고가 우선되어야 한다.

작동하는 재난 대응 조직의 보고 체계는 단순하다. 단계는 최소화되고, 표현은 직설적이며, 판단과 연결되어 있다. 보고가 끝나면 반드시 다음 행동이 따라온다. 반대로 작동하지 않는 조직에서는 보고가 반복되지만 행동은 바뀌지 않는다.

보고의 재정의

- 완결된 정보 X → 핵심 정보 + 불확실성
- 책임 소재 명확화 X → 판단 근거 제공
- 단계적 검토 X → 즉각적 전달
- 사후 설명 중심 X → 의사결정 지원 중심

재난 대응에서 보고 체계는 행정의 뼈대다. 그러나 그 뼈대가 지나치게 무거워지면 행정은 움직이지 못한다. 보고가 대응을 늦추는 순간을 인식하는 것 그리고 그 순간에 보고의 방식을 전환할 수 있는 용기와 구조를 갖추는 것, 그것이 현장과 행정을 연결하는 재난 행정의 핵심이다.

보고가 판단을 돕지 못하고 지연시킬 때 재난은 언제나 '대응 이후'에야 이해되는 사건으로 남게 된다. 보고와 책임의 의미를 재난 상황에 맞게 전환할 수 있을 때 조직은 재난 앞에서 비로소 기능한다.

통합지휘체계와 지자체 적용

통합지휘체계(ICS)의 기본 원리

재난 대응이 혼란에 빠지는 가장 흔한 이유는 지휘의 분산에 있다. 여러 기관이 동시에 움직이더라도 최종 판단의 주체가 명확하지 않으면 대응은 빠르게 엇갈린다. 통합지휘체계(ICS, Incident Command System)는 이러한 혼선을 줄이기 위해 설계된 조직 운영 구조이다. 그 목적은 특정 기관의 우위를 강조하는 데 있지 않고, 서로 다른 조직과 기능을 하나의 지휘 흐름 안에 통합하는 데 있다.

통합지휘체계의 가장 기본 원리는 다음과 같이 정리할 수 있다.

❶ 지휘의 단일성

재난 현장에서는 다양한 판단과 전문적 의견이 존재할 수 있으나 최종 지휘는 하나로 수렴되어야 한다. 지휘가 단일하지 않으면 상충된 지시가 발생하고 책임 소재가 불분명해진다. 통합지휘체계는 '누가 지휘하는가'를 명확히 함으로써 판단의 혼선을 구조적으로 차단한다.

❷ 기능 중심의 조직 구성

통합지휘체계는 기능별 편제를 원칙으로 한다. 구조, 진압, 의료, 통제, 정보, 지원 등 수행 기능을 중심으로 조직을 구성함으로써 서로 다른 기관이 동일한 체계 안에서 협력할 수 있도록 한다. 통합은 조직의 해체가 아니라 기능의 재배치를 통해 이루어진다.

❸ 구조의 확장성과 축소 가능성

재난은 고정된 규모로 전개되지 않는다. 상황이 확대되면 조직은 신속히 확장되어야 하며, 안정 단계에서는 다시 축소되어야 한다. 통합지휘체계는 이러한 가변성을 전제로 설계된 체계로, 상황에 반응하는 구조를 지향한다.

❹ 공통된 용어와 정보 흐름

기관마다 상이한 용어와 보고 방식이 사용될 경우 동일한 상황에 대한 인식이 달라질 수 있다. 통합지휘체계는 공통된 용어 체계와 표준화된 보고 흐름을 통해 의사소통의 오류를 최소화한다. 이는 전문성을 상호 이해 가능하게 만드는 제도적 장치다.

❺ 자율적 실행의 보장

지휘는 방향과 우선순위를 설정하지만 모든 세부 행위를 통제하지는 않는다. 현장은 주어진 목표 안에서 가장 효율적인 방법을 선택할 수 있어야 한다. 통합지휘체계는 중앙 집중적 통제가 아니라 역할과 책임이 명확히 구분된 분권적 실행을 전제로 한다.

이와 같이 통합지휘체계는 단일 지휘, 기능 중심 조직, 구조의 가변성, 공통된 언어 그리고 자율적 실행이라는 다섯 요소를 핵심 원리로 한다. 이 원리가 유기적으로 작동할 때 재난 대응은 기관 간 경쟁이 아니라 기능 간 협력 체계로 전환된다. 통합지휘체계는 다기관 환경에서 질서를 유지하기 위한 행정적 설계 원리이다.

통합지휘체계의 작동 조건

그러나 이러한 원리가 선언적 수준에 머물지 않고 실제 재난 현장에서 작동하기 위해서는 제도적 전제가 충족되어야 한다.

❶ 지휘 권한에 대한 사전적·제도적 합의 명확

지휘 주체와 권한 범위가 불분명한 상태에서는 단일 지휘 원칙이 형식적 선언에 머물 가능성이 크다. 특히 다기관 협력 구조에서는 법적 권한과 행정적 책임의 경계가 사전에 정리되어야 하며, 그렇지 않으면 재난 발생 시 권한 충돌과 의사결정 지연이 발생한다.

❷ 기능 중심 운영 체계 평시부터 내재화

평시 조직 운영이 기관 단위로 고착되어 있다면 재난 발생 이후 갑작스러운 기능 재편은 혼란을 초래할 수 있다. 정기적인 합동 훈련과 기능 단위 협업 경험을 통해 기능 중심 체계를 사전에 숙달해야 한다.

❸ 보고 및 정보 흐름 체계 단순화·일원화

통합지휘체계의 핵심은 정보가 신속하고 일관되게 지휘 체계로 연결되는 것이다. 보고 경로가 다중화되면 동일 상황에 대한 판단이 분산되고 대응의 일관성이 약화된다. 정보는 단일 흐름 안에서 집약되고 표준화된 형식에 따라 전달되어야 한다.

지자체 적용을 위한 시사점

이제 문제는 이러한 통합지휘체계를 지방자치단체 행정 구조에 어떻게 적용할 것인가이다. 우리나라 지자체는 법령상 재난관리의 1차 책임 주체이지만, 실제 대응 과정에서는 중앙정부, 소방, 경찰, 공공기관 등 다수의 행위자가 동시에 관여한다. 이 다기관 환경 속에서 지휘의 단일성과 기능 중심 협력이 확보되지 않을 경우 현장 대응은 다시 분절적 행정으로 회귀할 위험이 있다.

따라서 지자체 차원의 통합지휘체계 적용은 지휘 권한의 법적 정합성 확보, 기능 중심 협업 체계의 제도화, 보고 체계의 표준화와 정보 통합 플랫폼 구축이라는 행정 개혁 과제를 수반한다. 통합지휘체계의 도입은 기존 행정 구조를 재난 대응에 적합한 질서로 재구성하는 과정이라 할 수 있다.

통합지휘체계 원리	핵심 내용	목적
지휘의 단일성	최종 지휘는 하나	판단 혼선 제거
기능 중심 조직	기관별 → 기능별	통합 속 역할 유지
확장성과 축소성	상황에 따라 조정	유연한 대응
공통 용어	같은 언어 사용	오해 최소화
자율적 실행	지휘 + 현장 자율성	효율적 실행

통합지휘체계는 행정의 언어이며, 재난 대응을 가능하게 하는 최소한의 질서다. 통합지휘체계의 원리들이 작동하기 위해서는 몇 가지 조건이 필요하다.

첫째, 지휘 권한에 대한 명확한 합의가 사전에 이루어져야 한다. 누가 지휘를 맡고, 어느 범위까지 판단할 수 있는지가 분명하지 않으면 통합지휘체계는 문서 속 구조에 머문다.

둘째, 평시부터 기능 단위 운영에 익숙해져야 한다. 재난이 발생한 뒤에 갑자기 기능 중심으로 전환하려 하면 혼란이 커진다.

셋째, 보고 체계의 단순화가 필수적이다. 통합지휘체계의 핵심은 정보가 지휘로 빠르게 연결되는 구조인데, 보고가 여러 경로로 분산되면 통합지휘체계는 작동하지 않는다.

통합지휘체계의 본질

- 하나의 지휘 → 판단의 혼선 제거
- 유연한 구조 → 상황 변화 대응
- 자율 실행 → 효율적 대응
- 기능 중심 → 조직 간 협력 가능
- 공통 언어 → 오해 최소화

통합지휘체계는 완벽한 해답이 아니다. 그것은 혼란을 줄이고, 역할을 명확히 하며, 협력을 가능하게 만드는 틀이다. 이 틀이 현장에 맞게 적용될 때 재난 대응은 각 기관의 역량을 하나의 힘으로 모을 수 있다.

통합지휘체계는 재난 대응을 가능하게 하는 최소한의 질서다. 기술이 아니라 원칙이며, 그 원칙을 지자체 현실에 맞게 번역하는 것이 다음 단계의 과제다.

지자체 행정 조직에 적용하는 방법

재난 안전 대응 전략은 원칙만으로 작동하지 않는다. 실제 작동 여부는 지자체 행정 조직의 구조, 권한 체계, 보고 문화에 의해 결정된다. 따라서 재난 대응 전략을 지자체에 적용하는 일은 기존 행정조직을 재난 상황에 맞게 재배치하는 작업이다. 핵심은 조직을 바꾸는 것이 아니라 '작동 방식을 전환하는 것'이다.

평시 조직과 재난 시 조직의 이중구조 설계

지자체 행정은 평시 기능 중심의 분업 구조를 가진다. 그러나 재난 상황에서는 기능 간 경계가 흐려지고, 협의 중심의 의사결정 구조는 지연을 초래한다. 따라서 재난 대응을 위해서는 평시 조직과는 다른 '상황 중심 구조'를 사전에 설계해야 한다. 이를 위해 다음의 이중구조를 마련해야 한다.

- 평시: 부서 중심 행정 체계 유지
- 재난 시: 기능 중심 대응 체계 가동

재난이 발생하면 부서 명칭이 아니라 기능 단위로 재편된다. 예컨대 건설과, 도로과, 하천과는 '시설 복구 기능'으로 통합되고, 보건소와 복지과는 '의료·구호 기능'으로 묶인다. 이러한 기능 재배치는 사전에 문서화 되어 있어야 하며, 상황 발생 후 즉흥적으로 구성되어서는 안 된다.

지휘 권한의 사전 명확화

재난 대응이 혼란에 빠지는 가장 흔한 이유는 권한이 모호하기 때문이다. 단체장, 부단체장, 국장, 현장지휘관의 권한 범위가 명확하지 않으면 지휘는 분산되고 판단은 지연된다. 이를 지자체에 적용하기 위해서는 다음 사항을 사전에 정리해야 한다.

- 재난 유형별 최종 지휘권자 지정
- 현장지휘관의 재량 범위 규정
- 상급기관 보고와 현장 판단의 우선순위 설정

지휘 권한의 명확화는 권력을 집중하는 조치가 아니라 책임을 분명히 하는 장치다. 판단의 최종 책임자가 명확해야 실행의 속도가 확보된다.

기능 중심 대응 체계의 구축

지자체는 일반적으로 기관 중심 구조다. 그러나 재난 대응은 기능 중심 구조가 효율적이다. 따라서 재난 발생 시 다음과 같은 기능 체계를 기준으로 조직을 재편해야 한다.

- 운영 기능(현장 대응)
- 기획 기능(상황 분석 및 계획 수립)
- 지원 기능(인력·장비·물자)
- 재정·행정 기능(예산·계약·보상)
- 공보 기능(언론·주민 대응)

중요한 점은 각 기능이 독립적으로 움직이지 않고, 단일 지휘 라인 아래에서 유기적으로 연결되어야 한다는 것이다. 부서 간 협의는 유지하되, 최종 판단은 지휘 라인에서 결정된다.

보고 체계의 단순화

지자체 행정의 특징 중 하나는 다층적 보고 구조다. 그러나 재난 상황에서는 다층적 보고가 정보 왜곡과 지연을 초래한다. 따라서 다음 원칙을 적용한다.

- 단일 상황 보고서 양식 사용
- 보고 경로 일원화
- 동일한 정보가 중복 보고되지 않도록 조정

보고는 정확하고 일관될수록 효과적이다. 정보는 신속하게 지휘로 연결되어야 하며, 보고 자체가 대응을 지연시켜서는 안 된다.

단계별 확장 및 축소 기준 설정

재난은 고정된 규모로 진행되지 않는다. 따라서 대응 조직 역시 단계별로 확장·축소될 수 있어야 한다.

- 1단계: 부서 중심 대응
- 2단계: 재난안전대책본부 전면 가동
- 3단계: 중앙정부·지자체 협력 체계 확대

확장 기준이 명확하지 않으면 과소 대응 또는 과잉 대응이 발생한다. 반대로 축소 기준이 없으면 행정 피로가 누적된다. 유연성은 즉흥성이 아니라 기준의 존재에서 나온다.

현장 자율성과 책임의 균형

지휘는 방향과 우선순위를 제시하되, 모든 세부 행동을 통제하지 않는다. 현장은 목표 범위 안에서 가장 효율적인 방법을 선택할 수 있어야 한다. 이를 위해 현장 책임자에게 일정 범위의 재량권을 부여하고, 사후 기록을 통해 책임을 명확히 한다.

재난 상황에서 과도한 승인 절차는 대응을 지연시킨다. 행정 절차의 일부는 재난 단계에서 간소화되어야 하며, 이는 사전에 규정으로 명문화되어야 한다.

행정 문화의 전환

재난 안전 대응 전략의 지자체 적용은 매뉴얼 작성으로 완성되지 않는다. 평시의 협의 중심 행정 문화가 재난 시에는 지휘 중심 구조로 전환되어야 한다. 또한 부서 간 경쟁이 아니라 기능 간 협력이 작동해야 한다. 이를 위해 필요한 것은 다음과 같다.

- 정기적인 통합 훈련
- 기능 단위 모의 대응 훈련
- 지휘권 행사에 대한 내부 합의 형성

훈련되지 않은 구조는 위기 상황에서 작동하지 않는다. 재난 안전 대응 전략을 지자체 행정 조직에 적용하는 일은 기존 행정 체계를 상황 중심 구조로 전환하는 작업이다. 지휘 권한의 명확화, 기능 중심 재배치, 보고 체계의 단순화, 단계별 확장 기준 설정, 현장 자율성 보장. 이 다섯 요소가 작동할 때 재난 대응은 분산된 노력의 집합이 아니라 통합된 행정 역량으로 전환된다.

재난 대응은 현장의 문제보다 구조의 문제다. 그리고 그 구조를 설계하는 책임은 지자체 행정에 있다.

언론·주민·상급기관 대응의 행정 전략

정보 공개의 타이밍과 기준

통합지휘체계는 개념적으로는 명확하지만, 지자체 현장에서는 현실과 맞지 않는다는 평가를 자주 받는다. 이는 통합지휘체계가 지자체 행정 조직의 작동 방식에 맞게 번역되지 않았기 때문이다. 통합지휘체계를 그대로 도입하려 할수록 조직은 낯설어지고, 결과적으로 형식만 남는다.

❶ 기존 행정 조직 재배치

통합지휘체계는 기존 조직의 역할을 재난 상황에 맞게 재배치하는 구조다. 평시 부서 체계와 직제는 유지하되, 재난 상황에서는 기능 중심으로 역할을 묶어 운영해야 한다. 중요한 것은 '누가 어느 부서에 속해 있는가'가 아니라 '지금 상황에서 어떤 기능을 수행해야 하는가'이다.

❷ 지휘 권한의 명확한 위임

지자체 조직은 본래 합의와 협의를 중시한다. 그러나 재난 상황에서 이러한 방식은 지휘의 공백을 만든다. 통합지휘체계를 적용하려면 단체장, 부단체장, 현장 지휘 책임자의 역할이 사전에 명확히 정리되어 있어야 한다. 누가 지휘를 맡고, 어느 범위까지 판단할 수 있는지가 분명하지 않으면 통합지휘체계는 문서 속 구조에 머문다. 지휘 권한의 위임은 책임을 명확히 하는 행정적 선택이다.

❸ 기능 단위 운영

지자체에서 통합지휘체계가 작동하지 않는 가장 큰 이유는 평시에 기능 단위로 일하지 않기 때문이다. 재난이 발생한 뒤에 갑자기 기능 중심 조직으로 전환하려 하면 혼란이 커진다. 따라서 평시 훈련과 모의 훈련에서부터 구조, 의료, 통제, 정보, 지원과 같은 기능 단위를 기준으로 역할을 익숙하게 만들어야 한다. 통합지휘체계는 재난 시에 갑자기 꺼내 쓰는 도구가 아니라 평시 행정에 스며들어 있어야 한다.

적용 원칙	핵심 내용	주의 사항
기존 조직 유지	역할 재배치	'누가'가 아닌 '어떤 기능' 중심
지휘 권한 위임	단체장-부단체장-현장 책임자 역할 명확화	사전 합의 필수
기능 단위 운영	평시 훈련부터 기능 중심 연습	재난 시에만 적용

통합지휘체계를 핵심은 정보가 지휘로 빠르게 연결되는 구조다. 지자체 행정에서는 보고가 여러 경로로 분산되기 쉽다. 이 상태에서 통합지휘체계를 적용하면 보고는 더 복

잡해진다. 따라서 재난 상황에서는 보고 경로를 과감히 줄이고, 지휘 책임자에게 직접 연결되는 통로를 확보해야 한다. 보고의 목적은 기록이 아니라 판단이라는 점을 조직 전체가 공유해야 한다.

또한 통합지휘체계를 매뉴얼로만 이해하면 현장은 그 틀에 맞추려다 움직이지 못한다. 반대로 지휘와 협업의 원칙으로 이해하면 조직은 상황에 맞게 구조를 조정할 수 있다. 지자체에 맞는 통합지휘체계란 계속 수정되고 조정되는 적용 과정이다.

지자체에서 통합지휘체계가 성공적으로 작동하는 순간은 조직이 "이건 우리 방식이 아니다"라고 말하지 않을 때다. 통합지휘체계는 외부에서 들여온 제도가 아니라 지자체 행정이 재난 상황에서 스스로를 정리하기 위한 언어다. 이 언어를 조직의 현실에 맞게 번역할 수 있을 때 통합지휘체계는 비로소 현장에서 살아 움직이기 시작한다. "이건 우리 방식이 아니다"가 아니라 "이걸 우리 방식으로 만들자"가 출발점이다.

통합지휘체계 적용의 핵심

- 기존 조직 유지 + 역할 재배치
- 평시부터 기능 단위 운영 익숙화
- 규정이 아닌 원칙으로 이해
- 지휘 권한의 사전 명확화
- 보고 경로의 단순화와 일원화

통합지휘체계는 완벽한 시스템이 아니다. 그것은 혼란을 줄이고, 역할을 명확히 하며, 협력을 가능하게 만드는 최소한의 틀이다. 이 틀을 지자체의 언어로 번역하고, 현장의 경험 속에서 다듬어갈 때 통합지휘체계는 문서가 아니라 실제 대응 능력으로 전환된다. 중요한 것은 완벽한 적용이 아니라 계속해서 조정하고 개선하려는 의지다.

주민 불안 관리와 커뮤니케이션

재난 상황에서 주민의 불안은 피해 그 자체만큼이나 빠르게 확산된다. 불안은 정보 부족에서 시작되지만 정보 과잉 속에서도 증폭된다. 지자체 행정이 직면하는 과제는 단순히 정보를 전달하는 것이 아니라 불안이 어떤 방향으로 확산되고 있는지를 관리하는 일이다.

주민 불안을 관리하는 데 있어 가장 위험한 선택은 침묵이다. 아무 말도 하지 않는 행정은 상황을 통제하고 있다는 인상을 주지 못한다. 반대로 지나치게 안심시키는 메시지도 문제다. "문제없다", "걱정할 필요 없다"라는 표현은 이후 상황이 악화될 경우 행정의 신뢰를 한순간에 무너뜨린다. 재난 커뮤니케이션에서 중요한 것은 낙관도 비관도 아닌 현실 인식의 공유다.

효과적인 주민 커뮤니케이션의 출발점은 솔직함이다. 무엇이 확인되었고, 무엇이 아직 불확실한지, 어떤 조치를 취하고 있으며 무엇을 준비 중인지를 구분해 설명해야 한다. 불확실성을 숨길수록 주민은 더 큰 불안을 느낀다. 불안은 정보의 부족보다 정보에 대한 불신에서 커지기 때문이다.

재난 상황에서 정보 공개는 행정이 상황을 어떻게 인식하고 있는지를 보여주는 신호다. 무엇을 언제 공개하느냐에 따라 행정의 신뢰도는 크게 달라진다. 정보 공개가 늦어지면 불신이 커지고, 너무 빠르면 혼란이 확산된다.

재난 초기에 행정이 자주 범하는 오류는 '완전히 확인된 정보만 공개해야 한다'라는 원칙을 그대로 적용하는 것이다. 평시 행정에서는 이 원칙이 타당하다. 그러나 재난 상황에서는 완전히 확인된 정보가 나오기까지 기다리는 순간 이미 정보 공백은 다른 경로로 채워진다. 추측과 소문, 단편적 영상과 개인 경험이 그 자리를 대신한다. 이때 행정의 침묵은 신중함이 아니라 무대응으로 해석된다.

위험한 대응	효과적인 대응
침묵	솔직한 현실 공유
과도한 안심	확인된 것과 불확실한 것 구분
완결된 정보 대기	선제적 정보 제공
일관성 없는 메시지	통일된 메시지 관리

정보 공개의 타이밍에서 중요한 것은 완결성이 아니라 선점성이다. 행정이 먼저 상황을 설명하고, 현재까지 확인된 사실과 불확실한 부분을 함께 공개할 때 정보의 주도권은

행정에 남는다. 반대로 언론이나 SNS를 통해 정보가 먼저 확산되면 행정은 해명과 정정의 위치로 밀려난다. 이 구조가 만들어지는 순간 행정의 메시지는 방어적으로 변하고, 신뢰는 회복하기 어려워진다.

주민에게 요구되는 행동이 있다면 그 이유를 함께 설명해야 한다. 대피, 이동 제한, 시설 이용 중단과 같은 조치는 주민의 일상에 직접적인 영향을 미친다. 단순한 명령형 전달은 반발을 낳고, 이는 다시 행정의 부담으로 돌아온다. 왜 지금 이 조치가 필요한지, 언제까지 유지될 것인지, 어떤 변화가 예상되는지를 설명할 때 주민의 협조가 원활해진다.

또 하나 중요한 점은 커뮤니케이션의 일관성이다. 부서마다, 창구마다 다른 메시지가 전달되면 주민은 어느 정보를 믿어야 할지 혼란스러워진다. 재난 상황에서는 메시지의 다양성보다 일관성이 우선되어야 한다. 이를 위해 지자체 내부에서는 메시지 관리 책임자를 명확히 하고, 전달 창구를 단순화할 필요가 있다.

정보 공개의 기준 역시 중요하다. 모든 정보를 한꺼번에 공개하는 것이 투명성은 아니다. 재난 대응에서 공개의 기준은 알려야 할 권리가 아니라 '판단에 필요한 정보'다. 주민의 안전에 직접 영향을 미치는 정보, 행동 변화를 요구하는 정보는 우선적으로 공개되어야 한다. 반면 내부 검토 단계의 가설이나 확인되지 않은 수치는 신중하게 다뤄야 한다. 기준 없는 공개는 혼란을 키울 뿐이다.

주민 커뮤니케이션의 핵심 원칙

- 솔직함: 확인된 것과 불확실한 것을 구분해 설명
- 선점성: 행정이 먼저 상황을 설명
- 이유 설명: 조치의 필요성과 기간을 함께 전달
- 일관성: 단일한 메시지 관리 체계 확립
- 기준: 안전과 행동 변화 관련 정보 우선 공개

재난 대응에서 주민과의 커뮤니케이션은 부수적인 업무가 아니다. 그것은 대응의 일부이며, 때로는 대응 그 자체다. 주민이 상황을 이해하고 협조할수록 행정의 선택지는 넓어진다. 반대로 불안이 통제되지 않으면 행정은 불안을 관리하느라 본래의 대응 역량을 소모하게 된다.

재난은 물리적 피해와 함께 사회적 긴장을 남긴다. 지자체 행정의 역할은 이 긴장을 최소화하는 데 있다. 주민과의 커뮤니케이션은 기술이 아니라 신뢰의 문제이며, 그 신뢰는 위기 속에서 행정이 어떤 태도를 보였는지에 의해 결정된다. 침묵도, 과도한 안심도 아닌 현실에 기반한 솔직한 소통이 주민 불안을 관리하는 가장 효과적인 방법이다.

CHAPTER 08

재난 이후 행정과 수습·복구·책임의 문제

응급 대응 이후 행정의 전환 시점

수습 단계로 넘어가는 기준

재난 대응은 언제나 '대응'으로 시작되지만, 결코 대응으로 끝나지 않는다. 응급 대응이 일정 수준에서 마무리되면 행정은 반드시 수습 단계로의 전환을 고민해야 한다. 이 전환이 늦어질수록 조직은 피로해지고, 자원은 비효율적으로 소모되며, 이후 복구와 회복을 위한 준비는 뒤로 밀린다. 그럼에도 많은 지자체에서 이 전환은 명확한 기준 없이 이루어진다.

수습 단계로 넘어간다는 것은 재난이 끝났다는 선언이 아니다. 그것은 행정의 중심 과제가 바뀌는 순간을 의미한다. 인명 구조와 긴급 통제가 우선이던 단계에서 피해 파악과 생활 안정, 행정 절차의 정상화로 초점이 이동하는 것이다. 이 전환을 판단하는 기준은 피해의 완전한 해소가 아니라 추가 피해를 막기 위한 긴급 조치가 더 이상 핵심이 아닌 상태에 도달했는지 여부다.

현장에서 전환 판단을 어렵게 만드는 이유는 재난이 명확한 끝을 갖지 않기 때문이다. 상황은 점진적으로 안정되고 위험은 줄어들지만 완전히 사라지지는 않는다. 이때 행정은 종종 '조금 더 지켜보자'라는 선택을 반복한다. 그러나 응급 대응 체제를 오래 유지할수록 조직은 경직되고, 새로운 단계에 필요한 행정적 판단은 지연된다. 수습 단계로의 전환은 상황이 완벽해졌을 때가 아니라 대응의 성격이 달라졌을 때 이루어져야 한다.

또 하나의 기준은 행정 조직의 지속 가능성이다. 응급 대응 단계는 단기간의 집중 투입을 전제로 설계된 체제다. 이 상태가 장기화되면 인력 피로와 판단 오류가 누적된다. 수습 단계로의 전환은 상황 판단의 문제보다 조직을 보호하기 위한 행정적 선택이기도 하다. 대응을 '계속해야 하는가'를 묻는 순간이 전환 시점이다.

응급 대응 단계	수습 단계
중심 과제	인명 구조, 긴급 통제
조직 체제	비상 체제, 집중 투입
판단 기준	추가 피해 방지 긴급성
위험	대응 지연 시 피해 확대

수습 단계 전환의 기준은 수치나 매뉴얼로 완전히 규정하기 어렵다. 대신 필요한 것은 판단의 공감대다. 현장, 행정, 단체장이 모두 "이제 대응의 중심을 바꿔야 한다"라고 인식할 때 전환은 비교적 안정적으로 이루어진다. 이 공감대가 없으면 전환은 선언으로만 존재하고, 실제 행정은 여전히 응급 대응에 머무르게 된다.

전환 시점을 판단할 때 확인해야 할 구체적 신호들이 있다.

- 긴급구조 활동이 종료되었는가. 인명 구조와 같은 즉각적 조치가 더 이상 주된 업무가 아닌가.
- 추가 확산 가능성이 통제되었는가. 상황이 더 이상 악화되지 않을 것이라는 판단이 가능한가.
- 행정 조직이 정상 업무를 병행할 여력이 생겼는가. 모든 인력이 비상대응에만 집중해야 하는 상태를 벗어났는가.

이러한 신호들이 모두 확인되지 않더라도 조직의 한계가 명확해지는 시점 역시 전환의 신호다. 인력 피로도가 위험 수준에 도달하거나 장기 대응으로 인한 판단력 저하가 감지되면 전환을 고려해야 한다. 완벽한 상황을 기다리다 조직이 무너지는 것보다 불완전하더라도 지속 가능한 체제로 전환하는 것이 더 현실적인 선택일 수 있다.

수습 단계 전환의 핵심

· 전환의 의미: 재난 종료 X → 대응 방식 전환
· 전환 시점 신호: 긴급구조 활동 종료, 추가 확산 가능성 통제, 행정 조직의 정상 업무 병행 가능
· 판단의 기준: 수치·매뉴얼 X → 공감대 형성

수습 단계로의 전환은 대응의 성격이 달라졌을 때 이루어져야 한다. 전환을 선언하지 못한 조직은 언제까지나 응급 대응에 머무르며, 재난 이후를 설계할 기회를 잃는다. 또한 수습 단계 전환은 기술적 판단이 아니라 행정적 결단이다.

불완전한 상황에서도 다음 단계로 넘어가는 선택을 할 수 있을 때 조직은 재난의 전 과정을 관리할 수 있는 능력을 갖추게 된다. 전환을 두려워하지 말고, 전환을 통해 무엇을 준비할 것인지에 집중해야 한다. 수습 단계로의 전환은 회복을 향한 새로운 시작이다.

대응 종료 선언이 어려운 이유

많은 지자체가 '대응 종료 선언'을 재난 대응 과정 중 가장 부담스러운 결정으로 인식한다. 대응을 시작하는 선언보다 대응을 끝내는 선언이 더 어려운 이유는 그 선언이 곧 책임의 전환점이 되기 때문이다. 대응 중에는 상황 악화가 외부 요인으로 설명될 수 있지만, 종료 이후의 문제는 행정의 판단으로 돌아온다.

❶ 재난이 언제든 재발할 수 있다는 불안

상황이 안정되었다고 판단했는데 다시 문제가 발생하면 행정은 '성급한 종료'라는 비판에 직면한다. 이 가능성은 종료 판단을 계속 미루게 만든다. 그러나 재난 대응에서 종

료 선언을 하지 않는 선택 역시 하나의 판단이며, 그 판단은 행정의 부담을 계속 현재형으로 유지시킨다.

❷ 대응 종료가 곧 평가의 시작으로 인식

종료 선언과 동시에 대응 과정에 대한 평가, 감사, 언론의 검증이 본격화된다. 이 과정에서 행정은 방어적 태도를 취하게 되고, 종료 선언을 늦추는 것이 시간을 버는 전략처럼 보이기도 한다. 그러나 종료를 미룬다고 평가가 사라지지는 않는다. 오히려 대응과 수습, 복구의 경계가 흐려지면서 책임의 범위는 더 넓어진다.

❸ 조직 내부의 관성

응급 대응 체제가 오래 유지될수록 조직은 그 상태에 익숙해진다. 역할은 고정되고, 의사결정 구조도 굳어진다. 이 상태에서 종료 선언은 또 다른 전환을 요구한다. 행정은 다시 정상 체제로 돌아가야 하고, 새로운 업무가 시작된다. 이 변화에 대한 부담 역시 종료를 어렵게 만드는 요인이다.

종료 선언의 장애 요인	내용	결과
재발 불안	상황 재발 시 '성급한 종료' 비판 우려	종료 판단 계속 미룸
평가 시작 인식	종료 = 감사·평가·검증 본격화	종료를 시간 버는 전략으로 인식
조직 관성	응급 대응 체제에 익숙해짐	정상 체제로의 전환 부담

중요한 것은 대응 종료 선언이 재난의 끝을 의미하지 않는다는 점이다. 그것은 행정이 다음 단계로 넘어가겠다는 선언이다. 대응 종료는 수습과 복구 그리고 이후의 회복을 본격적으로 시작하기 위한 조건이다. 종료를 선언하지 못한 조직은 언제까지나 응급 대응에 머무르며, 재난 이후를 설계할 기회를 잃는다.

대응 종료 선언을 가능하게 하는 조건은 몇 가지로 정리할 수 있다.

• 종료가 완벽한 상황을 전제하지 않는다는 인식이다. 모든 위험이 사라진 뒤에 종료하는 것이 아니라 위험의 성격이 바뀌었을 때 종료한다.

- 종료 이후에도 관리는 계속된다는 신뢰다. 종료는 방치가 아니라 방식의 전환이라는 점을 조직과 주민이 함께 이해해야 한다.
- 종료 판단에 대한 책임을 명확히 하는 구조다. 종료를 선언한 사람이 무조건 비난받는 구조에서는 누구도 종료를 선언하지 않는다.

재난 행정에서 가장 성숙한 판단 중 하나는 끝을 정하는 능력이다. 대응 종료 선언은 위험을 다른 방식으로 관리하겠다는 것이다. 이 선언이 가능할 때 행정은 비로소 재난 이후를 준비할 수 있다.

종료를 가능하게 하는 조건

- 완벽한 상황 전제 X → 위험 성격 변화 인식
- 종료 = 방치 X → 방식 전환
- 종료 판단 책임의 명확화

대응 종료 선언은 용기가 필요한 결정이다. 그러나 그 용기는 무책임한 낙관이 아니라 재난 전 과정을 관리하겠다는 행정의 의지에서 나온다. 종료를 두려워하는 조직은 결국 재난에 갇히고, 종료를 선언할 수 있는 조직은 회복을 향해 나아간다. 재난 대응의 끝은 종료 선언으로 완성된다.

피해 조사와 행정적 판단

피해 산정의 기준과 갈등

응급 대응이 마무리되고 수습 단계로 접어들면 재난 행정의 중심은 자연스럽게 피해 조사와 산정으로 이동한다. 이 단계에서 행정은 더 이상 '지금 무엇을 할 것인가'보다 '무엇이 얼마나 피해를 입었는가'를 판단해야 한다. 피해 산정은 복구와 지원, 보상과 책임의 출발점이기 때문에 그 중요성은 매우 크다. 동시에 이 과정은 재난 행정에서 가장 많은 갈등이 발생하는 지점이기도 하다.

피해 산정의 기준은 법령과 지침에 따라 비교적 명확하게 정리되어 있다. 인명과 시설, 재산 피해는 각기 다른 방식으로 조사되고, 정해진 절차와 서식을 통해 수치화된다. 그러나 실제 재난 현장은 이러한 기준에 정확히 맞아떨어지지 않는다.

피해는 연속적이고 복합적으로 발생하지만, 행정의 기준은 이를 구분하고 분절해 기록하도록 요구한다. 이 과정에서 현장의 체감 피해와 행정이 산정한 피해 사이에는 불가피한 간극이 형성된다.

또한 피해 산정은 단순한 사실 확인이 아니라 행정적 판단의 과정이다. 같은 상황을 두고도 어떤 피해는 공식 피해로 인정되고, 어떤 피해는 제외된다. 이 결정은 이후 지원 여부와 규모를 좌우한다. 행정의 입장에서는 기준에 따른 합리적 판단이지만, 피해를 입은 주민에게는 삶의 경험이 배제된 결과로 받아들여질 수 있다.

특히 피해 산정은 시간성과도 긴밀히 연결되어 있다. 재난 직후에는 피해가 충분히 드러나지 않거나 과소평가되기도 하고, 시간이 지나면서 2차 피해나 간접 피해가 나타나기도 한다. 그러나 행정의 산정은 특정 시점을 기준으로 고정되는 경향이 있다. 이로 인해 사후에 드러난 피해는 제도 안에서 충분히 반영되지 못하는 영역으로 남게 된다.

피해 산정이 본격화되면 지자체 행정은 곧바로 주민 민원의 중심에 놓이게 된다. 민원은 단순한 불만 제기가 아니라 주민이 느끼는 피해와 행정 판단 사이의 간극이 표출되는 방식이다. 이 시기의 민원은 감정적일 수밖에 없으며, 때로는 행정을 향한 불신과 분노를 동반한다.

구분	행정 기준	현장 현실
피해 형태	구분·분절	연속적·복합적
판단 성격	사실 확인	행정적 판단
시간성	특정 시점 기준 고정	시간에 따라 변화·확대
결과	기준에 따른 합리성	체감 피해와의 간극

주민 민원과 행정 판단의 충돌

주민 민원과 행정 판단이 충돌하는 가장 큰 이유는 두 주체가 피해를 바라보는 기준이 다르기 때문이다. 주민은 자신의 생활과 경험을 기준으로 피해를 인식한다. 집의 붕괴, 생업의 중단, 일상의 파괴는 그 자체로 피해의 전부다. 반면 행정은 법령과 지침, 형평성과 예산의 범위 안에서 판단한다. 법에 규정된 피해 유형과 산정 기준, 지원 범위가 판단의 근거가 된다. 주민에게는 명백한 피해가 행정 기준에서는 '비해당'으로 분류되는 순간 갈등은 구조적으로 발생한다.

이러한 충돌은 행정의 오류라기보다 제도의 구조적 한계에서 비롯된다. 기준을 엄격히 적용하면 형평성과 일관성은 확보되지만 개별 사례의 특수성을 충분히 반영하기 어렵다. 반대로 기준을 유연하게 적용하면 현실과의 괴리는 줄어들 수 있으나 형평성과 공정성에 대한 새로운 문제 제기가 발생한다. 피해 산정 과정에서 행정이 직면하는 딜레마는 바로 이 지점에 있다.

주민 관점	행정 관점
생활·경험 기준 피해 인식	제도·기준·형평성 기준 판단
체감하는 모든 손실	법령에 규정된 피해 유형
개별 사례의 특수성	전체 일관성 확보
즉각적 회복 필요성	절차와 검증 과정

이때 행정이 경계해야 할 것은 민원을 단순히 '관리해야 할 문제'나 '설득해야 할 대상'으로 인식하는 태도다. 재난 이후의 민원은 피해 회복 과정의 일부이며, 행정 판단이 사회적으로 검증받는 과정이기도 하다. 주민의 문제 제기는 기준의 사각지대를 드러내고 제도의 한계를 보여주는 신호이다. 이를 방어적으로 대응하거나 억압할 경우 갈등은 장기화된다.

민원 대응의 핵심은 결론을 통보하는 것이 아니라 판단의 과정을 설명하는 데 있다. 왜 해당 피해가 인정되었는지, 왜 제외되었는지, 어떤 기준이 적용되었는지를 반복적으로 설명해야 한다. 주민이 판단에 동의하지 않더라도 판단의 논리를 이해할 수 있을 때 갈등은 관리 가능한 수준에 머문다.

설명의 대상은 결과가 아니라 과정이다. 예컨대 "지원 대상이 아닙니다"라는 단정적 통보는 이해를 남기지 못한다. 반면 적용 법령, 조사 절차, 판단 기준 그리고 가능한 대안 경로를 함께 안내하면 최소한의 납득 가능성을 확보할 수 있다. 완전한 합의는 어렵더라도 이해 가능성은 행정이 확보해야 할 목표다.

민원 대응의 원칙

- 설득·관리 대상 X → 피해 회복 과정의 일부
- 동의 X → 이해 가능성
- 판단의 투명한 설명이 핵심

피해 산정은 단순히 숫자를 정리하는 행정 절차가 아니다. 그것은 행정이 재난을 어떻게 해석하고 있는지를 보여주는 과정이며, 동시에 주민과 행정이 현실을 재구성하는 접점이다. 재난 이후 민원은 회복 과정에서 자연스럽게 발생하는 사회적 반응이다.

갈등을 완전히 제거하는 것은 불가능할 수 있다. 그러나 판단의 기준과 논리를 투명하게 설명하고, 충돌을 관리하는 체계를 갖추는 것은 가능하다. 재난 이후 행정의 역량은 불가피한 충돌을 책임 있게 다루는 방식에 달려 있다.

주민에게 설명할 때 중요한 것은 과정을 공유하는 것이다. "이 피해는 인정되지 않습니다"로 끝나는 답변은 주민에게 아무런 이해를 제공하지 못한다. 반면 "귀하의 피해는 ○○법 제○조에 따라 조사되었으며, △△ 기준에 따르면 지원 대상에 해당하지 않습니다. 그러나 이러한 사례는 ××을 통해 별도 검토가 가능합니다"와 같은 설명은 주민에게 최소한의 이해 가능성을 제공한다.

완전한 합의는 불가능할 수 있지만 최소한의 납득 가능성은 확보할 수 있다. 이것이 민원 대응의 현실적 목표다.

재난 이후 행정에서 민원은 예외적 상황이 아니다. 그것은 재난이 남긴 사회적 흔적이며, 행정이 이를 어떻게 다루느냐에 따라 회복의 속도와 방향이 달라진다. 주민 민원과 행정 판단의 충돌을 피하려 하기보다 충돌을 관리하는 방식을 갖추는 것, 그것이 재난 이후 행정의 중요한 역량이다. 완벽한 해결은 불가능할 수 있지만 최선의 관리는 가능하다.

복구 사업과 예산 집행의 구조

국비·지방비·특별재난지역의 행정 논리

재난 이후 행정이 본격적으로 마주하는 현실은 복구 사업과 예산 집행이다. 응급 대응과 수습 단계에서는 판단과 속도가 중요했다면, 복구 단계에서는 제도와 절차 그리고 재정 구조가 행정의 중심으로 등장한다. 이 지점에서 많은 지자체는 또 다른 어려움에 직면한다. 재난 대응은 현장에서 끝났지만, 행정은 이제 예산이라는 제도적 언어로 재난을 다시 해석해야 하기 때문이다.

복구 사업에서 가장 먼저 등장하는 구분은 국비와 지방비다. 국비는 중앙정부의 재정 지원을 의미하고, 지방비는 지자체가 자체적으로 부담해야 하는 예산이다. 이 구분은 책임과 통제의 범위를 나누는 기준으로 작동한다. 국비가 투입되는 순간 중앙정부의 관리와 기준이 강화되고, 지방비 중심의 복구는 지자체의 재량이 상대적으로 커진다. 이 구조는 복구 속도와 방식에 직접적인 영향을 미친다.

특별재난지역 지정은 이러한 구조를 더욱 복잡하게 만든다. 특별재난지역으로 지정되면 국비 지원 비율이 높아지고 주민 지원 범위도 확대된다. 그러나 이 지정은 자동적으로 이루어지지 않는다. 피해 규모에 대한 엄격한 기준 충족, 중앙정부의 판단, 정치적·사회적 고려가 복합적으로 작용한다. 이 과정에서 지자체는 피해를 '증명해야 하는 주체'가 되고, 복구는 행정 절차의 결과로 미뤄진다.

행정 입장에서 국비 확보는 재정 부담을 줄이기 위한 합리적 선택이다. 그러나 국비 중심의 복구는 필연적으로 절차를 늘리고, 중앙 기준에 맞추는 과정을 요구한다. 반대로 지방비 중심의 복구는 신속할 수 있지만 재정 여력이 부족한 지자체에는 큰 부담이 된다. 복구 사업은 돈의 문제가 아니라 어떤 '행정 논리'를 선택할 것인가의 문제다.

구분	국비 중심 복구	지방비 중심 복구
재정 부담	지자체 부담 감소	지자체 전액 부담
절차	중앙 기준 충족, 절차 증가	상대적으로 간소
속도	승인·검토 단계로 지연 가능	신속 추진 가능
재량	중앙 관리 강화	지자체 재량 확대
적합성	대규모 피해, 재정 취약 지자체	소규모 피해, 재정 여력 있는 지자체

문제는 이 행정 논리가 현장의 시간 감각과 다르다는 점이다. 주민에게 복구는 하루라도 빨리 시작되어야 할 문제지만, 예산 집행은 연도와 절차, 승인 단계를 따라 움직인다. 국비와 지방비, 특별재난지역 여부에 따라 복구의 속도와 범위가 달라지는 현실은 주민에게 쉽게 이해되지 않는다. 이 간극이 복구 과정에서 또 다른 불신을 낳는다.

특별재난지역 지정을 둘러싼 과정은 이 시간차를 더욱 극명하게 보여준다. 지정을 받기 위해서는 피해 규모를 조사하고, 중앙에 보고하고, 검토를 받고, 승인을 기다려야 한다.

이 과정이 수주에서 수개월까지 소요될 수 있다. 그 사이 주민은 "왜 복구가 시작되지 않는가"를 묻고, 행정은 "절차를 진행 중"이라고 답한다. 행정의 '진행 중'과 주민의 '아무것도 안 하는 것'은 같은 상황에 대한 다른 해석이다.

이러한 구조적 시간차를 줄이기 위해서는 몇 가지 전략이 필요하다.

첫째, 예산 확보 과정을 주민에게 투명하게 설명해야 한다. 왜 지금 복구가 시작되지 않는지, 어떤 단계를 거치고 있는지, 언제쯤 시작될 것으로 예상되는지를 주민에게 구체적으로 알려야 한다.

둘째, 지방비로 먼저 시작할 수 있는 부분은 선제적으로 추진하는 것이다. 모든 복구를 국비 확보 후로 미루기보다 긴급성이 필요한 부분은 지방비로 먼저 시작하고 추후 정산하는 방식도 고려할 수 있다.

복구 사업 예산 구조의 현실

- 예산 구조의 특성
  - 국비 ↑ → 절차 ↑, 속도 ↓
  - 지방비 ↑ → 부담 ↑, 속도 ↑
  - 특별재난지역 지정 → 지원 ↑, 시간 소요 ↑

- 관리 전략
  - 예산 확보 과정의 투명한 설명
  - 단계별 진행 상황의 정기적 공유

- 현장과의 시간차
  - 주민: 하루라도 빨리
  - 행정: 연도별 절차에 따라

- 선제적 지방비 투입 후 추후 정산 고려

국비와 지방비, 특별재난지역 지정은 복구 재원을 확보하는 제도적 장치다. 그러나 이 장치들이 작동하는 시간과 주민이 체감하는 시간 사이에는 언제나 간극이 존재한다. 이 간극을 완전히 없앨 수는 없지만 설명하고 관리할 수는 있다. 설명되지 않는 지연은 무능으로 받아들여지고, 설명된 지연은 과정으로 이해된다. 복구 사업의 성공은 예산 확보뿐만 아니라 그 과정을 얼마나 투명하게 관리하느냐에 달려 있다.

복구 사업이 지연되는 구조적 원인

복구 사업이 지연되는 이유는 흔히 행정의 무능이나 소극성으로 설명된다. 그러나 실제로는 복구 지연의 상당 부분이 구조적으로 설계된 행정 절차 과정에서 발생한다. 복구는 대응과 달리 긴급 예외가 아닌 정상적인 행정 절차의 적용을 받는다. 이 전환 자체가 이미 속도를 늦추는 요인이다.

첫 번째 원인은 복구 사업이 여러 단계의 행정 판단을 거쳐야 한다는 점이다. 피해 조사 결과를 토대로 복구 계획을 수립하고, 예산을 편성하며, 중앙과 협의하고, 사업을 발주하는 과정은 각각 독립적인 절차로 존재한다. 이 단계들은 서로 병렬적으로 진행되기 어렵고, 하나가 지연되면 전체 일정이 뒤로 밀린다. 재난 대응 단계에서 가능했던 신속한 결정은 복구 단계에서는 더 이상 허용되지 않는다.

두 번째 원인은 책임 회피의 구조다. 복구 사업은 장기화될수록 감사와 평가의 대상이 된다. 이 때문에 행정은 결정에 신중해지고, 책임을 분산시키려는 경향을 보인다. 계획은 여러 차례 수정되고, 검토는 반복된다. 이러한 과정은 행정의 안전장치로는 기능하지만, 복구 속도라는 측면에서는 명확한 한계를 드러낸다.

세 번째 원인은 기술적 문제와 행정적 문제를 동시에 안고 있다는 점이다. 복구는 공사와 설계, 안전 검토와 환경 영향 등 기술적 판단이 필요하다. 동시에 예산 집행과 계약, 행정 절차를 동반한다. 이 두 영역이 분리되어 움직일 경우 기술은 준비되었지만 행정이 따라오지 못하거나, 행정은 승인되었지만 기술적 검토가 끝나지 않는 상황이 반복된다.

네 번째 원인은 복구 지연은 재난이 '지금의 문제'에서 '과거의 사건'으로 인식되는 순간 가속화된다는 점이다. 언론의 관심이 줄고 주민의 요구가 분산되면 복구는 우선순위에서 밀려난다. 이때 행정은 다른 현안에 밀려 복구를 후순위로 두게 된다. 그러나 복구가 늦어질수록 피해는 고착화되고, 그 비용은 결국 사회 전체가 떠안게 된다.

지연 원인	내용	결과
다단계 절차	조사→계획→예산→협의→발주 순차 진행	하나 지연 시 전체 지연
책임 회피 구조	감사·평가 우려로 신중한 결정	계획 수정·검토 반복
기술과 행정 분리	두 영역이 따로 움직임	상호 대기 상황 발생
관심도 하락	재난이 과거 사건으로 인식	우선순위에서 밀림

복구 지연의 문제는 단순한 실행력 부족이 아니라 재난 이후 행정이 갖는 구조적 한계의 결과다. 이 한계를 인식하지 못한 채 속도만을 요구할 경우 복구는 다시 갈등의 대상이 된다. 중요한 것은 왜 지연되는지를 설명하고 관리할 수 있는 행정을 만드는 일이다.

복구 지연을 최소화하기 위한 전략은 다음과 같다.

첫째, 절차 간 병렬 진행 가능성을 사전에 검토한다. 모든 단계를 순차적으로 진행해야 한다는 관성에서 벗어나 동시 진행 가능한 부분을 찾는다.

둘째, 책임 구조를 명확히 하되, 합리적 판단에 대한 보호 장치를 마련한다. 사후 책임 추궁이 복구를 위축시키지 않도록 제도적 안전망을 구축한다.

셋째, 복구 진행 상황을 정기적으로 공개한다. 지연이 발생하더라도 그 이유와 예상 일정을 투명하게 공유할 때 주민의 이해는 높아진다.

복구 지연의 구조적 원인과 대응

- 주요 원인
  - 다단계 순차 절차 → 전체 지연 연쇄 효과
  - 책임 회피 구조 → 신중함이 지연으로
  - 기술과 행정 분리 → 상호 대기 상황
  - 우선순위 하락 → 관심 감소와 함께 지연

- 관리 전략
  - 절차 간 병렬 진행 가능성 검토
  - 합리적 판단에 대한 보호 장치 마련
  - 진행 상황의 정기적·투명한 공개

구조적 한계를 인식하고, 최소화하려는 노력과 함께 불가피한 지연을 투명하게 관리하는 것이 현실적인 접근이다. 완벽한 속도는 불가능할 수 있지만, 설명 가능한 과정은 만들 수 있다. 그것이 재난 이후 행정이 주민과의 신뢰를 유지하는 방법이다.

감사·책임·사후 평가의 현실

사후 책임 추궁이 재난 대응을 위축시키는 방식

재난이 지나간 뒤 행정이 가장 먼저 마주하는 것은 감사와 책임의 문제다. 대응이 끝나면 곧바로 "무엇이 잘못되었는가"라는 질문이 제기되고, 그 질문은 빠르게 "누가 책임져야 하는가"로 옮겨간다. 감사와 책임 추궁은 공공 행정에서 피할 수 없는 절차지만, 재난 대응의 맥락에서는 이 과정이 다음 재난 대응을 위축시키는 방향으로 작동하는 경우가 적지 않다.

사후 책임 추궁이 재난 대응을 위축시키는 가장 큰 이유는 평가 기준이 결과에 집중되기 때문이다. 재난 당시의 불완전한 정보, 시간 압박, 선택지의 제한은 충분히 고려되지 않고 결과만 놓고 판단이 이루어진다.

이때 대응 과정에서의 판단은 '당시로서는 합리적이었는가'가 아니라 '결과적으로 문제가 있었는가'라는 질문에 의해 평가된다. 이러한 구조에서는 적극적 판단보다 소극적 선택이 더 안전해진다.

이 경험은 조직에 빠르게 학습된다. 한 번의 재난 이후 강한 책임 추궁을 겪은 조직일수록 다음 재난에서는 판단을 미루고, 보고를 늘리며, 결정 권한을 위로 밀어 올리는 경향을 보인다. 이는 개인의 태도 문제가 아니라 조직이 위험을 회피하도록 학습된 결과다. 책임이 집중될수록 판단은 분산되고, 판단이 분산될수록 대응은 늦어진다.

사후 감사가 재난 대응을 위축시키는 또 다른 이유는 책임의 범위가 불명확해지는 데 있다. 재난 대응은 다수의 기관과 개인이 동시에 관여하는 과정이다. 그럼에도 감사 과정에서는 복잡한 구조보다 특정 판단과 시점이 문제로 지목되기 쉽다. 이 과정에서 재난 대응은 집단적 행정 행위가 아니라 개인의 선택 문제로 축소된다. 이러한 경험은 조직 전체에 강한 위축 효과를 남긴다.

결과 중심 평가	과정 중심 평가
결과적 문제 유무	당시 상황에서의 합리성
개인 책임 집중	구조적 조건 고려
처벌적 접근	학습적 접근
소극적 선택 학습	적극적 판단 유지
다음 대응 위축	다음 대응 개선

중요한 것은 책임을 묻는 방식이다. 재난 대응에서의 책임은 처벌을 위한 것이 아니라 설계와 구조를 개선하기 위한 것이어야 한다. 그렇지 않으면 책임 추궁은 과거를 설명하는 도구가 아니라 미래의 판단을 막는 장치로 기능하게 된다.

재난 이후 이루어지는 사후 평가(AAR, After Action Review)는 제도적으로 '개선'을 목표로 한다. 그러나 실제 현장에서는 많은 평가가 형식적 절차에 머문다. 보고서는 작성되지만 그 내용은 다음 재난 대응에 실질적으로 반영되지 않는다. 평가가 끝나면 문서는 보관되고, 조직은 다시 평시로 돌아간다. 이 반복은 재난이 '기록되는 사건'으로만 남고, 학습되지 않는 경험으로 사라지게 만든다.

형식적 평가의 가장 큰 특징은 정답을 찾으려는 태도다. 무엇이 잘못되었는지, 어느 지점에서 실패했는지를 명확히 규정하려 한다. 그러나 재난 대응은 정답이 없는 상황의 연속이다. 하나의 판단이 다른 선택지보다 나았는지를 사후에 단정하는 것은 쉽지만, 그 판단이 내려질 당시의 조건을 완전히 재현하는 것은 불가능하다. 이 간극을 무시한 평가는 학습이 아니라 비난의 정리로 끝난다.

학습 중심의 사후 평가는 질문의 방향이 다르다. "누가 잘못했는가"가 아니라 "왜 그런 선택을 할 수밖에 없었는가"를 묻는다. 어떤 정보가 부족했는지, 어떤 구조가 판단을 어렵게 만들었는지, 어떤 제도가 작동하지 않았는지를 분석한다. 이 과정에서 개인의 실수는 구조적 조건 속에서 이해되고, 개선의 대상은 사람이 아니라 시스템이 된다.

책임 추궁과 평가의 재정의	
• 현재 구조의 문제	• 학습 중심 평가로의 전환
- 결과 중심 평가 → 과정 무시	- 누구 잘못인가 X → 왜 그런 선택을 했는가
- 개인 책임 집중 → 구조 은폐	- 개인의 실수 X → 구조적 조건 분석
- 처벌적 접근 → 위축 효과	- 처벌 X → 시스템 개선

학습 중심의 사후 평가는 즉각적 성과를 보여주지 않는다. 그러나 시간이 지날수록 조직의 대응 방식은 달라진다. 판단은 빨라지고, 보고는 간결해지며, 책임은 명확해진다. 재난 이후 행정의 성숙함은 얼마나 완벽하게 대응했는가보다 그 경험을 어떻게 다음 대응으로 연결했는가로 판단된다.

형식적 평가에서 학습으로 전환하기

형식적 평가가 학습으로 이어지지 못하는 또 다른 이유는 책임 회피를 위한 도구로 사용되기 때문이다. 평가 보고서는 "매뉴얼을 준수했다", "절차를 따랐다"라는 기록으로 채워진다. 무엇을 했는지는 상세히 기록되지만 왜 그렇게 판단했는지, 어떤 어려움이 있었는지는 생략된다. 이러한 평가는 조직을 보호하는 것처럼 보이지만, 실제로는 같은 실수를 반복할 구조를 그대로 유지시킨다.

형식적 평가는 또한 개인의 책임으로 문제를 축소하는 경향이 있다. 재난 대응의 복잡한 구조와 조건은 사라지고, 특정 판단이나 인물이 문제의 원인으로 지목된다. 이는 평가를 단순화하고 책임을 명확히 하는 것처럼 보이지만, 실제로는 구조적 문제를 은폐하는 결과를 낳는다.

형식적 평가	학습 중심 평가
정답 찾기	조건 이해하기
잘못 규정	선택의 배경 분석
책임 회피용 기록	솔직한 성찰
개인 책임 집중	구조적 원인 파악
문서보관	실제 개선 반영

학습 중심 평가를 실천하기 위한 구체적 방법은 다음과 같다.

- 평가의 목적을 명확히 한다. 평가는 처벌이 아니라 개선을 위한 것이라는 점을 조직 전체가 공유해야 한다. 이 목적이 불명확하면 평가는 다시 방어와 책임 회피의 장이 된다.
- 당시 상황의 재현에 집중하고, 결과를 기준으로 판단하지 않는다. 그 판단이 내려질 당시 어떤 정보가 있었고, 어떤 압박이 있었으며, 어떤 선택지가 가능했는지를 구체적으로 복원한다.

- 개인이 아닌 과정에 초점을 맞춘다. "왜 그 사람이 그렇게 판단했는가"보다 "왜 조직이 그런 판단을 하게 만들었는가"를 묻는다.
- 솔직함을 보호하는 구조를 만든다. 평가 과정에서 나온 솔직한 성찰이 사후 책임 추궁의 근거로 사용되지 않는다는 신뢰가 있어야 한다. 이 신뢰 없이는 누구도 진실을 말하지 않는다.
- 구체적인 개선 과제를 도출하고 추적한다. 평가가 보고서 작성으로 끝나지 않고, 실제 개선으로 이어지는지를 확인하는 체계가 필요하다. 평가 결과가 다음 훈련, 매뉴얼 개정, 조직 개편에 어떻게 반영되었는지를 정기적으로 점검해야 한다.

학습으로 전환된 평가는 불편하다. 조직의 취약점이 드러나고 기존의 관행이 도전받기 때문이다. 그러나 이 불편함을 회피한 채 형식적 평가에 머무를 경우 다음 재난에서도 같은 문제가 반복된다. 재난 대응에서 진정한 실패는 잘못된 판단이 아니라 잘못된 판단을 다시 반복하게 만드는 구조다.

재난 대응에서 필요한 보고

- 핵심 질문 전환

  - 누가 잘못했는가 → 왜 그런 선택을 할 수밖에 없었는가

  - 무엇이 문제였는가 → 어떤 구조가 문제를 만들었는가

  - 어떻게 처벌할 것인가 → 무엇을 개선할 것인가

- 실천 방법

  - 평가 목적 명확화　　　　　　　- 당시 상황의 구체적 재현

  - 개인이 아닌 과정 분석　　　　　- 솔직함을 보호하는 구조

  - 개선 과제 도출 및 추적　　　　　- 개선 과제 도출 및 추적

학습 중심의 사후 평가는 조직에 부담을 준다. 취약점을 드러내고 기존 방식을 바꿔야

하기 때문이다. 그러나 이 부담을 감수할 때 조직은 재난을 통해 성장할 수 있다. 사후 평가가 학습의 장이 될 때 재난은 비극으로만 남지 않고 행정을 성장시키는 계기가 된다. 재난 이후 행정의 성숙함은 얼마나 완벽하게 대응했는가가 아니라 그 경험을 어떻게 다음 대응으로 연결했는가로 판단된다.

같은 재난이 반복되는 이유

제도는 바뀌지만 현장은 바뀌지 않는 구조

재난이 발생할 때마다 제도는 분명히 변화한다. 법령이 개정되고, 매뉴얼은 보완되며, 조직도는 조금씩 달라진다. 그럼에도 현장에서는 익숙한 장면이 반복된다. 초기 판단은 늦어지고, 보고는 길어지며, 책임은 흐려진다. "이번에는 달라질 것"이라는 기대는 다시 실망으로 바뀐다. 같은 재난이 반복되는 이유는 현장이 변하지 않아서가 아니라 변화가 현장에 도달하지 않기 때문이다.

제도 개편이 현장을 바꾸지 못하는 가장 큰 이유는 변화의 초점이 항상 '형식'에 맞춰지기 때문이다. 재난 이후 논의는 주로 조직을 어떻게 바꿀 것인지, 매뉴얼을 어떻게 수정할 것인지에 집중된다. 그러나 현장에서 작동하는 것은 문서가 아니라 판단과 관계, 의사결정의 관성이다. 이 영역이 바뀌지 않는 한 아무리 많은 제도 개선도 현장에서는 이전과 다르지 않게 작동한다.

또 다른 구조적 문제는 제도가 실패의 원인을 개인에게 귀속시키는 방식으로 작동한다는 점이다. 재난 이후의 분석은 종종 특정 판단과 시점, 인물에 집중된다. 이 과정에서 재난 대응을 둘러싼 복잡한 조건과 구조는 사라지고, 문제는 개인의 실수로 정리된다. 이 방식은 책임을 명확히 하는 것처럼 보이지만, 실제로는 구조를 보호하고 반복을 허용하는 장치가 된다.

현장이 바뀌지 않는 이유는 현장이 저항해서가 아니다. 현장은 제도와 평가, 감사의 신호에 가장 민감하게 반응한다. 적극적으로 판단한 조직이 더 큰 부담을 떠안는 경험을 반복하면 조직은 자연스럽게 위험을 피하는 방향으로 학습된다. 이 학습의 결과가 바로

“이번에는 기다려보자”, “조금 더 확인하자”라는 반복이다. 같은 재난이 반복되는 이유는 학습된 회피에 가깝다.

제도 변화	현장 현실
법령 개정, 매뉴얼 보완	판단과 관계의 관성 유지
조직도 변경	의사결정 구조 불변
형식적 개선	실질적 작동 방식 동일
개인 책임 규명	구조적 원인 은폐
“이번엔 다르다”	“또 같은 문제다”

결국 제도는 바뀌었지만 제도가 요구하는 행동은 바뀌지 않았다. 판단은 여전히 위험하고, 책임은 여전히 개인에게 집중되며, 안전한 선택은 아무것도 하지 않는 것으로 남아 있다. 이 구조가 유지되는 한 재난은 다른 모습으로 다시 나타날 뿐이다.

현장이 학습한 것은 “적극적으로 대응하면 위험하다”라는 경험이다. 재난 대응에서 빠르게 판단하고 자원을 동원한 조직이 사후 평가에서 ‘과잉 대응’, ‘절차 미준수’, ‘예산 낭비’로 지적받는 경험이 반복되면 다음 재난에서는 누구도 먼저 나서지 않는다. 반대로 관망하고 보고하며 기다린 조직은 “신중했다”라고 평가받거나 최소한 직접적인 책임에서는 벗어난다.

이러한 학습 구조는 조직 전체의 적응 결과다. 조직은 처벌받지 않는 방향으로 움직이도록 진화하고, 그 과정에서 재난 대응의 본질적 목적인 ‘신속한 판단과 즉각적 조치’는 후순위로 밀려난다. 제도가 아무리 바뀌어도 이 학습 구조가 유지되는 한 현장의 행동은 바뀌지 않는다.

구조의 보호는 또 다른 방식으로도 작동한다. 재난 이후 개선 방안이 논의될 때 ‘개인의 역량 강화’, ‘교육 확대’, ‘매뉴얼 보완’과 같은 해법이 주로 제시된다. 이러한 접근은 문제를 개인 차원으로 축소하고, 구조는 그대로 유지시킨다. 교육을 받고 매뉴얼을 암기한 공무원이 다음 재난에서도 같은 방식으로 행동한다면, 그것은 개인의 문제가 아니라 구조가 그렇게 행동하도록 강제하기 때문이다.

반복의 구조

- 제도 변화의 한계
  - 형식 변화 X → 실질 변화
  - 개인 책임 규명 X → 구조 보호
  - 문서 개선 X → 판단 관성 유지

- 현장의 학습
  - 적극 대응 = 위험
  - 관망과 보고 = 안전
  - 신속 판단 < 절차 준수

같은 재난이 반복되는 것은 기억력의 문제가 아니다. 그것은 조직이 어떤 행동을 학습하고, 어떤 행동을 회피하도록 설계되어 있는가의 문제다. 제도 개선이 현장에 도달하려면 제도 자체보다 제도가 만드는 학습 구조를 바꿔야 한다. 그렇지 않으면 계속해서 "이번에는 다르다"라고 말하면서 같은 문제를 반복하게 될 것이다.

지자체 차원의 개선 전략

같은 재난이 반복되지 않기 위해 필요한 변화는 거창한 제도 개편이 아니다. 오히려 지자체 차원에서 현실적으로 바꿀 수 있는 지점에 집중할 필요가 있다. 중앙 차원의 법과 제도를 기다리는 동안 지자체는 이미 충분히 많은 선택지를 갖고 있다. 문제는 그 선택지를 인식하고 실행하느냐에 달려 있다.

❶ 판단 기준의 명문화

무엇을 재난으로 볼 것인지, 어느 시점에서 대응 단계를 전환할 것인지에 대한 기준을 사전에 조직 내부에 공유해야 한다. 이 기준은 완벽할 필요가 없다. 중요한 것은 판단이 개인의 결단이 아니라 조직의 합의된 기준에 따라 이루어진다는 인식을 만드는 것이다. 이 인식이 있을 때 판단은 빨라진다. "언제 격상할 것인가", "어떤 신호가 나타나면 비상 조직을 가동할 것인가"에 대한 구체적 기준을 문서화하고 공유하는 것만으로도 조직의 반응 속도는 달라진다.

❷ 책임의 재정의

재난 대응에서 책임은 처벌의 대상이 아니라 역할의 명확화여야 한다. 누가 어떤 판단을 맡는지, 그 판단의 범위는 어디까지인지 사전에 정리되어야 한다. 책임이 명확할수록 판단은 위축되지 않는다. 모호한 책임 구조가 가장 위험한 구조다. "이 상황에서 초기 판단은 ○○과장이 한다", "대응 단계 격상은 부단체장이 판단한다", "최종 종료 선언은 단체장이 한다"와 같은 명확한 역할 분담이 사전에 합의되어 있을 때 재난 상황에서 판단은 지연되지 않는다.

❸ 사후 평가의 방식 전환

앞서 재난에서 무엇이 잘못되었는지를 찾는 것보다 왜 그 판단이 나올 수밖에 없었는지를 분석해야 한다. 이를 위해 지자체 차원에서 학습 중심의 사후 평가를 제도화할 필요가 있다. 개인을 보호하고 구조를 드러내는 평가가 가능할 때 조직은 경험을 자산으로 축적할 수 있다. 평가 결과가 개선으로 이어진다는 신뢰가 쌓일 때 다음 재난에서 조직은 솔직해질 수 있다.

❹ 평시 행정과 재난 행정의 분리 인식

재난 대응은 다른 논리가 작동하는 별도의 행정 모드라는 인식이 조직 전체에 공유되어야 한다. 이 인식이 없을 때 재난은 언제나 평시의 기준으로 평가되고, 그 결과는 다시 위축으로 돌아온다. "재난 상황에서는 보고보다 판단이 우선이다", "완결된 정보보다 즉각적 조치가 중요하다", "절차 준수보다 피해 최소화가 목표다"와 같은 원칙을 명문화하고 조직 문화로 정착시켜야 한다.

개선 전략	핵심 내용	기대 효과
판단 기준 명문화	재난 인식, 단계 전환 기준 사전 공유	판단 속도 향상, 개인 부담 감소
책임의 재정의	역할별 판단 범위 명확화	위축 방지, 신속한 결정
평가 방식 전환	처벌 중심 → 학습 중심	경험 축적, 솔직한 성찰
행정 모드 분리	평시와 재난 시 논리 구분 인식	적절한 행정 전환

지자체 차원의 개선은 느리고 작아 보일 수 있다. 그러나 재난 대응에서 진짜 변화는 현장에서의 판단 방식이 달라지는 순간에 나타난다. 같은 재난이 반복되지 않는다는 것은 재난이 사라진다는 의미가 아니다. 그것은 재난을 대하는 행정의 태도와 구조가 달라졌다는 의미다.

이러한 변화를 위해서는 몇 가지 조건이 필요하다.

첫째, 단체장의 의지다. 지자체 차원의 변화는 제도 개선보다 조직 문화의 전환에 가깝기 때문에 단체장이 "이번에는 다르게 하겠다"라는 명확한 신호를 보내야 한다.

둘째, 실무자의 참여다. 현장에서 실제로 판단하고 대응하는 실무자들이 개선 과정에 참여할 때 변화는 현실적이 된다.

셋째, 지속적인 점검이다. 한 번의 개선으로 끝나지 않고 정기적으로 작동 여부를 확인하고 조정하는 체계가 필요하다.

재난은 반복될 수 있다. 그러나 실패가 반복될 필요는 없다. 그 차이를 만드는 주체는 언제나 가장 가까운 곳, 바로 지자체 행정이다. 중앙의 제도 개선을 기다리기보다 지금 할 수 있는 것부터 시작하는 것이 현실적인 접근이다. 작은 변화가 쌓일 때 조직은 다음 재난을 다르게 맞이할 수 있다.

지자체 차원 개선의 핵심	
• 개선 전략	• 변화의 조건
- 판단 기준 명문화 X → 개인 결단, 조직 기준	- 단체장의 명확한 의지
- 책임 재정의 X → 처벌 대상, 역할 명확화	- 실무자의 실질적 참여
- 평가 방식 전환 X → 비난, 학습	- 지속적인 점검과 조정
- 행정 모드 분리 인식 X → 평시 연장, 별도 논리	

지자체 차원의 개선은 즉각적인 성과를 보장하지 않는다. 그러나 시간이 지날수록 이

러한 변화를 실천한 조직과 그렇지 않은 조직의 차이는 명확해진다. 판단 기준이 명확한 조직은 더 빠르게 반응하고, 책임이 분명한 조직은 더 적극적으로 대응하며, 학습하는 조직은 같은 실수를 반복하지 않는다. 같은 재난이 반복되지 않는 조직은 하루아침에 만들어지지 않는다. 그것은 작은 개선을 쌓아가는 과정의 결과다.

대형 산불 초동 의사결정 핵심 리스트

- **통합지휘체계(ICS) 가동 여부**: 산림청, 소방, 경찰과의 유기적 공조를 위해 지자체 중심의 '현장 통합지휘본부'가 즉시 설치되었는가?

- **선제적 주민 대피령**: 풍향과 확산 속도를 고려하여 산불 진행 방향의 민가 및 요양 시설 등 취약 계층에 대한 대피 안내가 적시에 이루어졌는가?

- **자원 투입 우선순위**: 민가 방어선 구축과 산림 진화 인력 배분 사이에서 인명 보호를 최우선으로 한 자원 할당이 결정되었는가?

- **현장 언어의 통일**: 기관별로 다른 무선 약어를 배제하고, 혼선을 막기 위한 공통된 표준 용어를 사용하고 있는가?

PART 3

소방·경찰의
재난 안전 현장 대응

Fire and Police Response to Disaster Safety Scenes

CHAPTER 09

재난을 현장 언어로 다시 정의하기

현장형 재난 정의와 유형별 대응 특성

'통제 가능성'으로 재난 판단하기

현장대응기관의 재난 판단 기준은 피해의 크기가 아니다. 현장에서 중요한 질문은 "얼마나 큰 사고인가"가 아니라 "지금 이 상황을 우리가 통제할 수 있는가"이다. 같은 유형의 사고라도 통제가 가능한 상태라면 사고로 남지만, 통제 가능성이 급격히 낮아지는 순간 그 사건은 재난으로 전환된다. 이 판단이 늦어질수록 대응의 선택지는 빠르게 줄어든다.

현장에서 처음 접하는 정보는 언제나 불완전하다. 신고 내용은 단편적이고, 상황은 도착하는 동안에도 변한다. 이때 피해 규모를 기준으로 판단하려 하면 재난 판단은 필연적으로 늦어진다. 인명 피해 수, 화재 면적, 붕괴 범위와 같은 수치는 시간이 지나야 드러나기 때문이다. 반면 통제 가능성은 초기 몇 분 안에 감지할 수 있는 신호를 통해 판단할 수 있다.

통제 가능성을 판단하는 핵심 요소는 네 가지로 압축된다.

- 위험이 확산되고 있는가. 현재 상태로 머물러 있는지, 아니면 점점 커지고 있는지의 판단이다.

- 현장 자원으로 차단이 가능한가. 지금 가용한 인력과 장비로 상황을 통제할 수 있는지 여부다.
- 추가 노출 가능성이 존재하는가. 더 많은 사람이나 시설이 위험에 노출될 가능성이 있는지를 본다.
- 주변 환경이 불안정한가. 구조물, 기상, 지형 등 예측하기 어려운 변수가 존재하는지 파악한다.

예를 들어 화재 현장에서는 불길의 크기보다 연소 확산 속도와 주변 위험물이 더 중요하다. 작은 불이라도 주변에 유류 저장시설이 있거나 바람이 강하게 불면 통제 가능성은 급격히 낮아진다. 반대로 큰 화재라도 주변이 비어 있고 확산 경로가 차단되어 있다면 통제는 가능하다.

교통사고 역시 마찬가지다. 사고 차량 수보다 2차 추돌 가능성과 교통 흐름 붕괴 여부가 판단 기준이 된다. 차량 한 대가 전복되었더라도 고속도로 본선을 막고 있고 후속 차량의 시야가 제한된 상태라면 이는 재난으로 전환될 가능성이 크다. 통제 가능성 판단은 현재 상황만이 아니라 앞으로 몇 분, 몇십 분 안에 벌어질 일을 예측하는 작업이다.

통제 가능성 판단 요소	구체적 질문	현장 적용 예시
위험 확산 여부	현재 상태 유지 또는 확대 중인가	화재 시 연소 속도, 바람 방향
자원 차단 가능성	현장 자원으로 통제 가능한가	인력·장비로 진압·차단 가능 여부
추가 노출 가능성	더 많은 피해 대상이 존재하는가	주변 건물, 대피 미완료 인원
환경 불안정성	예측 불가능한 변수가 존재하는가	구조물 상태, 기상, 유해물질

이 기준을 놓치면 현장은 흔히 "조금 더 지켜보자"라는 선택을 한다. 그러나 재난 대응에서 관망은 중립적 판단이 아니다. 통제 가능성이 떨어지는 상황에서의 관망은 위험을 키우는 결정이다. 재난으로 판단했다가 통제에 성공하는 경우는 실패가 아니지만, 재난 판단을 미뤄 통제를 잃는 경우는 되돌릴 수 없는 결과를 낳는다.

현장대응기관이 재난 판단을 주저하는 이유는 명확하다. 재난으로 선언하는 순간 더 큰 책임이 따라오고, 판단이 과도했다는 평가를 받을 가능성도 있다. 그러나 통제 가능성이 낮아지는 상황에서 재난 판단을 미루는 것은 신중함이 아니라 방치다. 현장 대응의 전문성은 상황을 정확히 읽고, 필요한 순간에 판단을 전환할 수 있는 능력에서 드러난다.

현장형 재난 정의에서 중요한 점은 재난 판단이 선언이 아니라 전환이라는 사실이다. 재난으로 판단하는 순간 대응 단계가 바뀌고, 지휘 구조가 재편되며, 자원 동원 방식이 달라진다. 소방서 단독 대응에서 통합지휘체계로 전환되고, 추가 인력과 장비가 투입되며, 상급기관과의 보고·협조 체계가 가동된다. 이는 통제력을 유지하기 위한 전략적 선택이다.

재난 판단의 전환은 되돌릴 수 없는 결정이 아니다. 상황이 안정되면 다시 일반 대응으로 하향할 수 있고, 통제가 회복되면 지휘 구조도 축소할 수 있다. 중요한 것은 통제 가능성이 낮아지는 순간을 놓치지 않는 것이다. 그 순간을 놓치면 이후의 모든 대응은 재난을 뒤쫓는 형태가 된다.

> **통제 가능성 기반 재난 판단의 핵심**
>
> - 판단 기준
>   - 규모(피해 크기, 수치) X → 통제 가능성(확산, 차단, 노출, 환경)
>   - 완전한 정보 대기 X → 초기 신호 기반 판단   - 관망 X → 조기 전환
>
> - 판단의 의미
>   - 선언 X → 전환   - 책임 확대 X → 통제력 유지
>   - 비가역적 결정 X → 상황에 따라 조정 가능

현장대응기관의 재난 판단은 책임을 떠안는 결정이 아니라 통제를 유지하려는 결정이다. 결국 현장 대응에서 재난이란 이미 발생한 피해가 아니라 지금 통제가 무너질 위험이다. 이 위험을 얼마나 빨리 인식하고 전환하느냐가 현장 대응의 성패를 좌우한다. 재난을 통제 가능성을 기준으로 판단할 때 현장은 재난을 뒤쫓는 위치가 아니라 관리하는 위치

에 서게 된다.

자연재난 vs 사회재난의 대응 포인트

자연재난과 사회재난은 발생 원인만 다른 것이 아니라 현장에서 요구되는 대응 논리 자체가 다르다. 이 차이를 구분하지 못하면 현장 대응은 구조적으로 엇박자를 낼 수밖에 없다. 특히 초기 대응 단계에서 이 구분은 지휘 체계와 자원 운용 방식에 직접적인 영향을 미친다.

자연재난의 가장 큰 특징은 광범위성과 지속성이다. 태풍, 홍수, 폭설, 산불과 같은 자연재난은 특정 지점을 넘어 지역 전체에 영향을 미치며, 단기간에 끝나지 않는다. 이 유형의 재난에서는 개별 현장의 완결보다 장기 대응을 전제로 한 통합 관리가 중요하다. 초기부터 다수의 현장이 동시에 발생할 가능성을 염두에 두고, 자원 분산과 우선순위 설정이 핵심 대응 과제가 된다.

자연재난 대응에서 현장 판단의 초점은 '지금 해결할 수 있는가'보다 '어디를 먼저 관리할 것인가'에 맞춰진다. 모든 현장을 동시에 완벽하게 대응하는 것은 불가능하기 때문이다.

예를 들어 집중호우로 인한 침수 상황에서는 A지역 침수, B지역 산사태, C지역 하천 범람이 동시에 발생할 수 있다. 이때 소방력을 어디에 먼저 배치할 것인지, 어떤 현장을 일단 대기시킬 것인지에 대한 판단이 필요하다. 지휘의 역할은 개별 현장의 완결이 아니라 피해 확산을 최소화하는 방향으로 자원을 배치하는 것이다. 인명 피해 위험이 큰 지역을 우선하되, 한 곳에 모든 자원을 집중하면 다른 지역의 상황이 악화될 수 있다. 자연재난에서 현장은 단독으로 완결되지 않으며, 항상 전체 흐름 속에 놓인다.

또한 자연재난은 예측 가능성이 상대적으로 높다. 기상청 예보, 하천 수위, 적설량 등을 통해 어느 정도 사전 준비가 가능하다. 이 예측 가능성을 활용한 선제적 대응(대피, 장비 사전 배치, 취약 지역 점검)이 자연재난 대응의 중요한 전략이 된다. 재난이 발생하기 전에 이미 대응이 시작되어야 한다.

자연재난에서 가장 위험한 오류는 초기에 모든 자원을 투입해 버리는 것이다. 재난이 며칠씩 지속되면 인력은 소진되고 장비는 고장 나며, 이후 단계 대응이 불가능해진다. 자연재난 대응은 단거리 달리기가 아니라 마라톤이다. 지속 가능한 대응 체계를 유지하면서 자원을 전략적으로 배분하는 능력이 요구된다.

자연재난의 특성	대응 포인트
광범위성	다수 현장 동시 발생 → 우선순위 설정 필수
지속성	장기 대응 전제 → 자원 분산 배치, 교대 체계
예측 가능성	사전 정보 활용 → 선제적 대응, 대피
판단 초점	어디를 먼저 관리할 것인가
자원 운용	전략적 배분, 지속 가능성 확보
위험	자원 고갈, 인력 소진

반면 사회재난은 국지적이지만 급격히 확산하는 특성을 갖는다. 화재, 붕괴, 폭발, 대형 교통사고, 유해물질 누출과 같은 사회재난은 초기 몇 분, 몇십 분의 판단이 결과를 결정한다. 이 유형의 재난에서는 장기적 분산보다 즉각적 집중이 요구된다. 초기 대응이 늦어질수록 피해는 기하급수적으로 증가한다.

사회재난의 핵심은 골든타임이다. 화재는 5분 안에 초기 진화를 하지 못하면 전소로 이어지고, 붕괴 현장은 72시간이 지나면 생존 가능성이 급격히 낮아진다. 대형 교통사고에서 2차 추돌을 막지 못하면 피해는 배가 된다. 이 시간 안에 통제력을 확보하지 못하면 이후의 모든 대응은 피해를 줄이는 것이 아니라 피해를 수습하는 단계로 전락한다.

사회재난 대응에서 가장 위험한 오류는 자연재난과 같은 방식으로 접근하는 것이다. "상황을 파악한 뒤 대응하자"라는 논리는 사회재난에서 통하지 않는다. 초기에는 정보가 불완전하더라도 최악의 가능성을 기준으로 판단하고 대응을 격상해야 한다. 건물 화재 신고를 받았을 때 "먼저 규모를 확인하고 출동하자"라는 판단은 있을 수 없다. 일단 최대 역량으로 출동하고, 현장에서 축소하는 것이 사회재난의 원칙이다.

사회재난에서 자원 운용의 핵심은 집중이다. 한 지점에 가용한 모든 자원을 투입해 빠르게 통제를 확보하는 것이 우선이다. 이는 자연재난에서 자원을 분산 배치하는 것과 정반대의 논리다. 화재 현장에서 '일부는 여기, 일부는 대기'라는 식의 분산은 초기 진화 실패로 이어질 가능성이 크다.

또한 사회재난은 예측이 거의 불가능하다. 언제, 어디서 발생할지 알 수 없기 때문에 사전 준비보다는 즉각 대응 능력이 핵심이 된다. 이를 위해 평시 훈련, 장비 점검, 출동 동선 숙지와 같은 준비가 중요하다. 사회재난에서는 신고를 받는 순간부터 이미 시간과의 싸움이 시작된다.

사회재난에서 통제 실패는 짧은 시간 안에 되돌릴 수 없는 상태로 이어진다. 화재가 전층으로 확산되고, 유해물질이 광범위하게 누출되며, 구조물이 완전히 붕괴되는 순간 대응의 목표는 구조에서 '수습'으로 바뀐다. 사회재난 대응의 성패는 골든타임 내에 통제력을 확보했는가로 결정된다.

사회재난의 특성	대응 포인트
광범위성	특정 지점 집중 → 가용 자원 총동원
지속성	골든타임 존재 → 초기 몇 분이 결정적
예측 가능성	사전 준비 한계 → 즉각 대응 능력 중시
판단 초점	지금 차단 가능한가
자원 운용	즉각적 집중, 최대 역량 투입
위험	골든타임 상실 → 피해 기하급수 증가

재난 유형별 대응 논리의 차이

- 자연재난 = 관리의 재난
  - 어디를 먼저 → 우선순위 설정
  - 얼마나 오래 → 지속 가능성
  - 마라톤 전략 → 자원 배분

- 사회재난 = 통제의 재난
  - 지금 차단 가능 → 즉각 판단
  - 얼마나 빨리 → 골든타임
  - 단거리 전략 → 자원 집중

현장대응기관에 중요한 것은 두 재난 유형을 구분하는 능력이다. 이 차이를 인식하지 못하면 자연재난에서는 자원이 고갈되고, 사회재난에서는 골든타임을 놓친다.

재난 유형에 따른 대응 포인트의 차이는 현장 판단의 방향을 결정한다. 같은 '재난'이라는 단어 아래 놓여 있지만, 요구되는 대응 논리는 전혀 다르다. 이 차이를 이해하는 것이 현장대응기관이 재난을 관리 가능한 사건으로 붙잡을 수 있는 첫 번째 조건이다.

'위험요인-노출-취약성' 기반 현장 위험평가와 2차 사고 예방

출동 직후 5~10분, 위험평가·통제선·안전구역 설정의 핵심 논리

현장 대응에서 가장 중요한 시간은 구조 활동이 본격화되기 전, 출동 직후 5~10분이다. 이 짧은 시간 동안 이루어지는 판단이 이후 모든 대응의 방향을 결정한다. 이 구간은 흔히 '아직 아무것도 하지 않은 시간'처럼 인식되지만, 실제로는 가장 많은 결정이 내려지는 시간이다.

출동 직후 현장에 도착했을 때 가장 먼저 해야 할 일은 구조가 아니다. 그것은 위험평가다. '위험요인-노출-취약성'의 관점에서 현장을 빠르게 훑어보는 작업이 선행되지 않으면 구조 활동은 곧바로 또 다른 사고의 출발점이 된다. 이 단계에서 현장대응기관은 '누구를 먼저 구할 것인가'보다 '지금 이 현장이 우리에게 얼마나 위험한가'를 먼저 판단해야 한다.

❶ 위험요인(Hazard)

현장에 존재하는 모든 잠재적 위협 요소다. 화재 현장의 열과 연기, 붕괴 위험 구조물, 가스·유해물질, 교통 흐름, 전기 설비 등이 이에 해당한다. 위험요인은 고정되어 있지 않다. 시간이 지나면서 새로운 위험요인이 나타나거나 기존 위험요인이 심화될 수 있다. 따라서 위험평가는 대응 과정 내내 반복적으로 이루어져야 한다.

❷ 노출(Exposure)

위험요인에 얼마나 많은 사람이 어떤 방식으로 노출되어 있는지를 의미한다. 피해자뿐 아니라 대응 인력 역시 노출 대상이다. 현장에 진입하는 순간 소방관과 구조대원은 위험요인에 직접 노출된다. 이 노출을 관리하지 못하면 구조 활동은 2차 사고로 이어진다. 노출 판단에서는 '누가 위험에 노출되어 있는가'뿐 아니라 '얼마나 오래 노출될 것인가'도 중요하다.

❸ 취약성(Vulnerability)

노출이 실제 피해로 이어질 가능성이다. 구조물의 상태, 날씨, 시간대, 주변 환경은 취약성을 급격히 높일 수 있다. 같은 위험요인, 같은 노출이라도 취약성이 높은 상황에서는 피해가 훨씬 커진다. 예를 들어 노후 건물에서의 화재는 신축 건물보다 붕괴 위험이 높고, 야간 사고는 가시성 제한으로 인해 2차 사고 가능성이 크다.

이 세 가지 요소는 독립적으로 존재하지 않는다. 위험요인이 있어도 노출이 없으면 피해는 발생하지 않고, 노출이 있어도 취약성이 낮으면 피해는 제한적이다. 반대로 세 요소가 모두 높은 수준으로 존재할 때 현장은 극도로 위험한 상태가 된다. 출동 직후 5~10분 동안 이 세 가지를 빠르게 판단하는 것이 현장 위험평가의 핵심이다.

위험평가 요소	정의	현장 판단 질문	예시
위험요인	잠재적 위협 요소	어떤 위험이 존재하는가	열·연기, 붕괴, 가스, 전기, 교통
노출	위험에 노출된 대상	누가 얼마나 노출되어 있는가	피해자, 대응 인력, 노출 시간
취약성	피해 발생 가능성	피해로 이어질 가능성이 있는가	구조물 상태, 날씨, 시간대

위험평가를 빠르게 마친 뒤 이어져야 할 조치는 통제선 설정이다. 통제선은 단순히 사람을 막는 선이 아니라 위험을 관리 가능한 범위 안에 가두는 행위다. 통제선이 명확하지 않으면 현장은 빠르게 혼란에 빠지고, 구조 인력과 일반 시민이 뒤섞이게 된다.

1차 통제선은 즉각적인 위험 구역이다. 화재 현장, 붕괴 구역, 유해물질 누출 지점 등 직접적 위험이 존재하는 범위를 설정한다. 이 구역에는 대응 인력만 진입하며, 진입하는 인력 역시 적절한 보호 장비와 안전 조치를 갖춰야 한다. 1차 통제선이 느슨하면 대응 인력조차 위험에 노출된다.

2차 통제선은 확산 가능성을 고려한 구역이다. 위험이 확대될 경우를 대비해 여유 공간을 확보하는 개념이다. 이 구역에서는 교통 통제, 군중 관리, 접근 차단이 핵심 과제가 된다. 경찰의 역할이 본격적으로 중요해지는 지점이며, 소방 작전을 보호하는 방패 역할을 한다. 2차 통제선이 느슨해질수록 일반 시민과 언론, 비필수 인력이 현장으로 유입되고, 이는 작전의 집중도를 크게 떨어뜨린다.

필요하다면 3차 통제선을 설정할 수 있다. 이는 장기 대응 범위를 고려한 관리 구역으로, 지자체 행정, 의료기관, 복구 지원 조직과의 연계가 이루어지는 공간이다. 대규모 재난이나 장기간 대응이 예상되는 경우에 설정한다.

통제선 설정에서 중요한 것은 명확성과 가시성이다. 통제선이 눈에 보이지 않거나 어디까지가 통제 구역인지 모호하면 통제선은 작동하지 않는다. 차량, 테이프, 인력 배치 등을 통해 통제선을 명확히 표시해야 한다. 또한 통제선은 상황이 악화되면 확대하고, 안정되면 축소하는 유연한 조정이 필요하다.

안전구역 설정 역시 이 시점에 이루어져야 한다. 안전구역은 대기 장소가 아니라 대응 인력이 재정비하고 판단을 갱신하는 공간이다. 이 구역이 확보되지 않으면 현장 대응은 끊임없이 위험 속에서 즉흥적으로 이루어진다. 안전구역에서는 장비 점검, 인력 교대, 상황 공유, 다음 단계 계획이 이루어진다.

안전구역은 1차 통제선 밖에 위치하되, 현장과 너무 멀리 떨어지지 않아야 한다. 너무 가까우면 위험에 노출되고, 너무 멀면 신속한 투입이 어렵다. 적절한 거리 확보와 함께 통신이 원활하고, 차량 접근이 가능하며, 추가 위험요인이 없는 장소를 선택해야 한다.

출동 직후 5~10분의 핵심 과제

- 위험평가(구조보다 먼저)
  - 어떤 위험요인이 존재하는가
  - 누가 얼마나 노출되어 있는가
  - 피해로 이어질 취약성이 있는가
- 통제선 설정(공간의 질서화)
  - 1차 통제선: 즉각적 위험 구역(대응 인력만)
  - 2차 통제선: 확산 관리 구역(교통·군중 통제)
  - 3차 통제선: 장기 대응 구역(지원·연계)

출동 직후 몇 분을 투자해 통제선과 안전구역을 설정하는 것은 시간을 낭비하는 것이 아니라 이후 수십 분을 벌어주는 결정이다. 현장 대응에서 가장 흔한 실패는 '지금 당장 해야 할 것'에 쫓겨 '지금 반드시 판단해야 할 것'을 놓치는 것이다.

출동 직후 5~10분은 구조의 시간이 아니라 현장을 통제 가능한 상태로 만드는 시간이다. 이 시간을 어떻게 쓰느냐에 따라 현장은 관리 가능한 공간이 되고 연쇄 사고의 무대가 된다. 위험평가와 통제선, 안전구역 설정은 대응의 안전성과 지속성을 확보하는 기반이다.

2차 사고(붕괴·가스 누출·추돌·감전 등)를 막는 '멈출 줄 아는 판단'의 기준

재난 현장에서 가장 위험한 순간은 사고가 발생한 직후가 아니라 구조와 수습이 동시에 진행되는 시점이다. 최초 피해를 줄이기 위해 신속한 대응이 이루어지지만, 그 과정에서 또 다른 위험이 축적된다. 붕괴 위험이 남아 있는 건물, 차단되지 않은 가스와 전기, 통제되지 않은 교통 흐름은 2차 사고로 이어질 가능성을 항상 내포하고 있다.

2차 사고는 대개 '조금만 더 빨리' 혹은 '지금이 기회'라는 판단에서 시작된다. 구조의 긴박함, 현장의 압박, 외부의 시선은 대응을 멈추지 못하게 만든다. 그러나 재난 행정에서 가장 어려운 결정은 '더 투입할 것인가'가 아니라 '여기서 멈출 것인가'이다.

멈출 줄 아는 판단은 소극적 태도가 아니다. 그것은 위험을 재평가하고 추가 피해를 차단하기 위한 전략적 선택이다.

2차 사고의 구조적 특징

2차 사고는 우연이 아니라 구조에서 발생한다.

· 불안정한 물리적 환경: 추가 붕괴 가능성, 잔류 화재, 지반 침하
· 차단되지 않은 에너지 요인: 가스 누출, 전기 통전, 유류 확산

- 통제되지 않은 이동 흐름: 2차 교통사고, 군중 밀집
- 피로 누적과 판단 저하: 장시간 대응에 따른 인적 오류

특히 초기 구조 성공 경험은 현장에 "위험이 통제되었다"라는 착시를 만들 수 있다. 그러나 재난 환경은 시간이 지날수록 더 불안정해지는 경우도 많다.

'멈출 줄 아는 판단'이 필요한 순간

멈출 줄 아는 판단은 다음과 같은 상황에서 요구된다.

- 구조 활동이 추가 위험을 증폭시킬 가능성이 있을 때: 잔존 붕괴 위험이 높거나 내부 진입이 구조대원의 안전을 심각하게 위협하는 경우 무조건적 진입은 오히려 피해를 확대할 수 있다.
- 위험요인이 완전히 차단되지 않았을 때: 가스·전기·유해물질이 통제되지 않은 상태에서 구조를 지속하는 것은 2차 폭발이나 감전 사고를 유발할 수 있다.
- 현장 통제가 확보되지 않았을 때: 교통 통제가 이루어지지 않은 도로 사고 현장, 군중 관리가 미흡한 장소에서는 구조 활동 자체가 새로운 사고의 원인이 될 수 있다.
- 정보가 충분히 확보되지 않았을 때: 정확한 구조물 상태, 잔존 인원과 위험물 존재 여부가 확인되지 않은 상황에서의 무리한 진입은 예측 불가능한 결과를 초래한다.

'멈출 줄 아는 판단'의 기준

멈출 줄 아는 판단은 감각이 아니라 기준에 의해 이루어져야 한다. 다음 네 가지는 실무적 판단 기준이 된다.

- 인명 보호의 우선성 재확인: 구조 대상자의 생존 가능성과 구조대원의 위험 수준을 동시에 비교해야 한다. 구조 활동이 구조자의 생명을 중대하게 위협하는 경우 무조건적 투입은 정당화되기 어렵다.
- 위험 통제 가능성 평가: 위험요인이 통제 가능한 범위 안에 있는지, 아니면 확산 단

계에 있는지를 판단해야 한다. 통제가 불가능한 상태에서는 일시적 철수가 오히려 최선의 대응이 될 수 있다.

- 대체 수단 존재 여부: 직접 진입 외에 원격 장비 및 중장비 투입, 추가 인력 확보 등 다른 방법이 존재하는지를 검토해야 한다. 멈춤은 포기가 아니라 방식의 전환일 수 있다.
- 법적·행정적 책임의 범위 인식: 재난 현장은 영웅적 결단이 아니라 공적 책임의 영역이다. 무리한 판단으로 발생한 2차 피해는 조직 전체의 책임이 된다. 따라서 판단은 제도적 기준 안에서 이루어져야 한다.

재난 대응은 신속성을 요구하지만 모든 신속성이 정당한 것은 아니다. 적극적 투입과 신중한 중단 사이의 균형이 필요하다. 현장에서 "지금은 멈춰야 한다"라는 결정을 내리는 것은 용기가 필요하다. 특히 외부의 압박과 여론, 현장의 긴박함 속에서 멈춤을 선택하는 것은 결코 쉬운 일이 아니다.

2차 사고는 최초 사고보다 더 큰 사회적 충격을 남긴다. 이미 발생한 피해 위에 추가 피해가 더해질 경우 행정의 신뢰는 급격히 약화된다. 따라서 멈출 줄 아는 판단은 위험을 총체적으로 관리하는 적극적 행정의 일부다.

멈출 줄 아는 판단이 개인의 직관에 의존해서는 안 된다. 이를 위해서는 다음과 같은 제도적 장치가 필요하다.

- 위험 재평가를 의무화하는 단계별 점검 절차
- 일정 시간마다 구조 안전성 재확인 프로토콜
- 현장지휘관의 중단 결정 권한 명확화
- 중단 결정에 대한 사후 책임 추궁 완화 장치

중단을 선택한 현장지휘관이 과도한 책임을 지는 구조에서는 누구도 멈추려 하지 않는다. 제도는 적극성을 요구하는 동시에 합리적 중단을 보호해야 한다.

재난 현장에서 중요한 것은 얼마나 빨리 움직였는가만이 아니다. 언제 멈추었는가도 중요하다. 2차 사고를 막는 판단은 속도의 문제가 아니라 위험의 재평가 문제다. 멈출 줄 아는 판단은 소극성이 아니라 책임의 표현이며, 재난 대응에서 가장 어려우면서도 가장 필요한 결정이다.

재난은 행동을 요구하지만, 때로는 멈춤이 가장 적극적인 선택이 된다.

CHAPTER 10

초동 의사결정과 통합지휘체계 운용

초동 30분 의사결정: 인명 우선·골든타임·즉시 작전 개시

인명 보호를 최상위로 두는 판단 원칙과 초기 행동 기준

재난 대응의 초동 30분은 언제나 선택의 시간이다. 이 시간 동안 현장은 수많은 정보를 마주하지만 그 정보를 모두 분석할 여유는 없다. 그럼에도 하나만은 분명해야 한다. 인명 보호가 모든 판단의 최상위 기준이라는 점이다. 이 원칙이 흔들리면 현장의 의사결정은 방향을 잃는다.

초기 현장에서 가장 흔히 발생하는 오류는 인명 보호와 상황 통제를 동시에 완벽히 달성하려는 시도다. 구조, 진압, 통제, 수습을 모두 한 번에 하려는 판단은 결과적으로 어느 것도 제대로 하지 못하게 만든다. 초동 단계에서의 판단은 최선이 아니라 '우선'을 정하는 일이다. 무엇을 나중으로 미룰 것인가를 결정하는 것이 곧 무엇을 가장 먼저 할 것인가를 결정하는 일이다.

인명 보호를 최상위로 두는 판단은 단순히 구조 활동을 의미하지 않는다. 그것은 구조 대상뿐 아니라 대응 인력의 생명까지 포함하는 개념이다. 대응 인력이 위험에 노출된 상태에서의 구조는 또 다른 피해를 낳는다. 따라서 초기 행동 기준에는 반드시 대응 인력의 안전 확보가 포함되어야 한다. 안전이 확보되지 않은 구조는 지속될 수 없고, 그 결과는 언제나 2차 사고로 이어진다.

현장에서 인명 보호 원칙이 도전받는 순간은 재산 보호나 증거 보존과 충돌할 때다. 화재 현장에서 귀중품을 꺼내달라는 요청, 범죄 현장의 증거 보존 필요성, 중요 시설의 피해 최소화 요구 등이 동시에 제기될 수 있다. 이때 현장지휘관은 명확해야 한다. 인명이 위험한 상황에서 재산이나 증거는 후순위다. 이 원칙이 흔들리면 대응 조직은 서로 다른 목표를 추구하며 분산된다.

초동 단계에서 인명 보호 원칙은 행동 기준을 단순화한다. 대피가 필요한지, 통제가 필요한지, 접근을 제한해야 하는지에 대한 판단은 모두 "지금 이 선택이 인명을 더 보호하는가"라는 질문으로 수렴된다. 이 기준이 명확할수록 현장은 빠르게 움직일 수 있다. 반대로 기준이 불명확하면 현장은 각자의 가치 판단으로 흩어진다.

특히 사회재난은 초동 단계에서 인명 보호를 최우선으로 설정하지 않으면 이후 단계에서 이를 되돌리기 어렵다. 화재, 붕괴, 폭발과 같은 상황에서는 초기 몇 분의 판단이 생존 가능성을 좌우한다. 이때 재산 보호나 교통 흐름, 현장 보존을 먼저 고려하는 것은 판단의 순서를 거꾸로 두는 일이다.

우선순위 충돌 상황	인명 우선 원칙 적용
인명 vs 재산	인명 구조 최우선, 재산은 후순위
구조 대상 vs 대응 인력 안전	대응 인력 안전 확보 후 구조 진행
긴급구조 vs 증거 보존	인명 위험 해소 후 증거 고려
즉각 진입 vs 위험평가	위험평가 후 안전한 진입

초동 30분은 완벽한 대응을 요구하는 시간이 아니다. 이 시간에 필요한 것은 분명한 우선순위와 일관된 행동 기준이다. 인명 보호를 최상위로 두는 원칙은 현장의 혼란을 줄이고 대응 조직을 하나의 방향으로 묶는다.

초기 행동 기준은 구체적이어야 한다. "인명을 보호한다"라는 추상적 목표가 아니라 "누구를 먼저 대피시킬 것인가", "어느 구역부터 수색할 것인가", "어떤 조건에서 진입을 중단할 것인가"와 같은 구체적 기준이 필요하다. 이러한 기준은 평시 훈련과 표준작전절차(SOP, Standard Operating Procedures)를 통해 조직에 내재화되어 있어야 한다.

골든타임은 단순한 시간 개념이 아니다. 그것은 통제 가능성이 유지되는 시간의 한계다. 화재는 초기 5~10분 안에 진화하지 못하면 전소로 이어지고, 심정지 환자는 4분 안에 심폐소생술을 시작하지 않으면 뇌손상이 시작되며, 붕괴 현장은 72시간이 지나면 생존 가능성이 급격히 낮아진다. 이 시간 안에 핵심 조치를 완료하지 못하면 이후의 모든 노력은 피해 최소화가 아니라 피해 수습이 된다.

골든타임 관리에서 중요한 것은 시간을 정확히 인지하는 것이다. 신고 접수 시각, 출동 시각, 현장 도착 시각, 작전 개시 시각을 명확히 기록하고 공유해야 한다. 시간 감각이 없으면 골든타임은 그저 추상적 개념으로 남는다. 현장지휘관은 "지금 몇 분이 지났는가", "남은 시간은 얼마인가"를 끊임없이 확인해야 한다.

골든타임을 놓치지 않기 위한 전략은 즉시 작전 개시다. 즉 불완전한 정보 속에서도 우선 행동을 시작하는 것이다. 화재 신고를 받으면 일단 출동하고, 현장에 도착하면 위험평가와 동시에 초기 조치를 시작한다. 완벽한 계획을 세운 뒤 실행하는 것이 아니라 실행하면서 계획을 보완하는 방식이다.

초동 30분 의사결정의 핵심 원칙

- 인명 우선
  - 인명 보호가 모든 판단의 최상위 기준
  - 구조 대상 + 대응 인력 안전 포함
  - 재산·증거·시설은 후순위

- 골든타임 관리
  - 통제 가능성이 유지되는 시간의 한계
  - 신고-출동-도착-작전 개시 시간 인지
  - 골든타임 내 핵심 조치 완료 필수

- 우선순위 설정
  - 최선 X → 우선
  - 동시 달성 X → 순차 진행
  - 무엇을 할 것인가 + 무엇을 미룰 것인가

- 즉시 작전 개시
  - 완전한 정보 대기 X → 불완전해도 행동 시작
  - 계획 후 실행 X → 실행하며 계획 보완

초동 30분의 의사결정은 기술이 아니라 원칙의 문제다. 인명 보호를 최우선으로 두고 골든타임을 인지하며 즉각 행동을 시작하는 것. 이 원칙이 조직에 내재화되어 있을 때 현장은 혼란 속에서도 방향을 유지할 수 있다. 완벽한 판단은 불가능하지만 원칙에 기반한 판단은 가능하다. 그것이 초동 30분을 관통하는 핵심이다.

'분석보다 결정'이 먼저인 구간에서 무엇을 확정해야 하는가

초동 30분의 가장 큰 특징은 정보보다 상황이 빠르다는 점이다. 현장은 끊임없이 변하고 보고가 뒤따른다. 이때 흔히 발생하는 오류는 충분한 분석이 끝날 때까지 결정을 미루는 것이다. 그러나 재난 대응의 초기 구간에서는 분석보다 결정이 먼저다. 결정이 없으면 분석도 방향을 잃는다.

❶ 지휘 체계

누가 현장을 지휘하는지, 그 지휘가 어디까지 유효한지 명확하지 않으면 모든 판단은 분산된다. 지휘가 확정되지 않은 상태에서는 누구도 최종 결정을 내리지 못하고, 현장은 개별 판단의 집합이 된다. 초동 단계에서 지휘 체계 확정은 대응의 출발점이다.

현장에 가장 먼저 도착한 소방대장이 초기 현장지휘관(IC)을 맡는 것이 일반적이다. 이후 상급자가 도착하면 지휘권을 인계하거나 통합지휘체계로 전환할 수 있다. 중요한 것은 지금 누가 지휘하고 있는가가 모든 대응 인력에게 분명해야 한다는 점이다. 지휘자가 불명확하면 각 팀은 독자적으로 움직이거나 아무도 움직이지 않게 된다.

❷ 대응 단계와 작전 목표

지금이 단순 대응 단계인지, 재난 대응 단계인지에 대한 판단이 이루어져야 한다. 이 판단에 따라 자원 동원, 통제 범위, 외부 지원 요청 여부가 달라진다. '통제 가능성'을 기준으로 빠르게 판단하고, 필요하다면 주저 없이 대응 단계를 격상해야 한다.

작전 목표 역시 단순해야 한다. '구조', '확산 차단', '대피 완료'와 같이 명확한 목표가 설정되지 않으면 현장은 각자의 해석으로 움직인다. 초동 단계에서는 복잡한 다단계 목표보다 지금 당장 달성해야 할 하나의 명확한 목표가 필요하다. 모든 대응 인력이 같은 목표를 향해 움직일 때 현장은 비로소 조직화된다.

❸ 위험 관리 기준

어디까지 접근할 것인지, 어떤 조건에서 중단할 것인지에 대한 기준이 초기에 정해져야 한다. 이 기준이 없으면 현장은 점점 위험한 선택을 반복하게 된다. 특히 2차 사고 가능성이 있는 상황에서는 '어디서 멈출 것인가'를 정하는 것이 '어디까지 갈 것인가'를 정하는 것보다 중요하다.

위험 관리 기준은 구체적이어야 한다. '구조물 균열이 확대되면 즉시 철수', '연기 색상이 검게 변하면 진입 중단', '가스 농도가 기준치를 초과하면 대기'와 같이 관찰 가능한 신호를 기준으로 설정해야 한다. 추상적인 기준은 현장에서 작동하지 않는다.

확정 사항	핵심 내용	효과
지휘 체계	누가 지금 지휘하는가 명확화	판단 분산 방지, 일관성 확보
대응 단계	재난 대응 구분, 격상 판단	자원 동원 범위 결정
작전 목표	지금 달성할 하나의 명확한 목표	현장 조직화, 집중도 향상
위험 관리 기준	접근 한계, 중단 조건	2차 사고 예방, 안전 확보

초동 단계에서는 모든 정보를 수집하려 하기보다 판단에 필요한 핵심 정보만을 빠르게 공유하는 체계를 만들어야 한다. 초동 단계에서의 정보는 완결성을 갖지 않아도 된다. 중요한 것은 정보가 결정으로 연결되는 구조를 갖추는 일이다.

현장에서 정보는 여러 경로로 들어온다. 신고 내용, 현장 관찰, 대응 인력의 보고, 주민 진술, 관계기관 통보 등이 동시다발적으로 쏟아진다. 이 정보를 모두 수용하려 하면 현장 지휘관은 정보에 압도된다. 따라서 핵심 정보만을 선별하는 필터가 필요하다.

판단에 필요한 핵심 정보는 세 가지로 압축된다.

첫째, (위험 상황)무엇이 위험한가, 위험이 확산되고 있는가.

둘째, (인명 상황)얼마나 많은 사람이 위험에 노출되어 있는가, 대피가 완료되었는가.

셋째, (자원 상황)현재 가용한 인력과 장비는 얼마인가, 추가 지원이 필요한가.

이 세 가지 정보가 현장지휘관에게 빠르게 전달되면 대부분의 초기 판단이 가능하다.

정보 흐름을 단순화하는 구체적 방법은 단일 보고 체계 확립이다. 모든 정보는 현장지휘관에게 집중되어야 하며, 중복 보고와 다중 경로 보고는 최소화해야 한다. 현장지휘관이 직접 모든 정보를 수집할 필요는 없다. 대신 정보를 종합하는 역할을 맡은 인력(기획 기능 또는 정보 담당)을 지정하고, 이들이 필터링한 정보를 받는 구조가 효율적이다.

또한 정보는 확정된 것과 불확실한 것을 구분해 전달해야 한다. '건물 3층에서 연기 목격(확정), 인명 피해 가능성 있음(불확실)'과 같은 방식이다. 모든 것을 확정된 사실처럼 보고하면 잘못된 판단을 유발하고, 반대로 모든 것을 불확실하다고 보고하면 판단이 지연된다. 확실성의 수준을 명확히 하는 것이 정보의 질을 높인다.

'분석보다 결정'이라는 말은 무모함을 의미하지 않는다. 그것은 불완전한 상황에서도 통제력을 유지하기 위한 전략적 선택이다. 초동 30분에 내려진 결정은 이후 언제든 수정될 수 있다. 그러나 결정 자체를 미루는 선택은 수정의 기회조차 만들지 못한다.

초동 단계 확정 체크리스트

- 반드시 확정할 세 가지
  - 지휘 체계: 지금 누가 지휘하는가
  - 대응 단계 & 작전 목표: 무엇을 달성할 것인가
  - 위험 관리 기준: 어디서 멈출 것인가

- 핵심 정보 세 가지
  - 위험 상황: 무엇이 위험한가
  - 인명 상황: 누가 노출되어 있는가
  - 자원 상황: 무엇이 가용한가

- 정보 전달 원칙
  - 단일 보고 체계(중복 최소화)
  - 판단에 필요한 정보 우선
  - 확정과 불확실 구분

재난 대응의 초기 구간에서 완벽한 결정은 존재하지 않는다. 대신 필요한 것은 책임 있는 결정이다. 지휘 체계, 작전 목표, 위험 기준을 확정하는 것과 정보 흐름을 단순화하는

것은 모든 불확실성을 제거하는 행위가 아니다. 그것은 불확실성 속에서도 조직이 움직일 수 있는 최소한의 틀을 만드는 일이다. 무엇을 확정하고, 무엇을 나중으로 미룰 것인지에 대한 판단이 내려질 때 현장은 비로소 움직이기 시작한다.

통합지휘체계의 구조·역할·현장 지휘통제 절차

현장지휘관의 작전·기획·지원 기능과 안전담당관 운용 핵심

통합지휘체계의 목적은 조직을 복잡하게 만드는 데 있지 않다. 오히려 그 반대다. 재난 현장에서 발생하는 혼란을 줄이기 위해 지휘와 기능을 단순화하는 것이 통합지휘체계의 핵심이다. 이 체계가 제대로 작동하려면 각 역할이 무엇을 해야 하고 무엇을 하지 말아야 하는지가 분명해야 한다.

통합지휘체계의 중심에는 현장지휘관(IC, Incident Commander)이 있다. 현장지휘관은 모든 것을 직접 통제하는 사람이 아니라 대응의 방향과 우선순위를 결정하는 책임자다. 현장에서는 종종 현장지휘관이 세부 전술까지 개입하려는 오류가 발생한다. 그러나 현장지휘관의 역할은 개별 작전의 수행이 아니라 작전이 같은 목표를 향해 움직이고 있는지를 확인하는 데 있다. 지휘의 본질은 통제가 아니라 일관성이다.

현장지휘관이 해야 할 핵심 업무는 명확하다.

첫째, 상황 평가와 대응 단계 결정이다. 현장이 통제 가능한 상태인지, 재난으로 격상해야 하는지를 판단한다.

둘째, 작전 목표 설정이다. '구조 완료', '확산 차단', '대피 완료'와 같이 명확한 목표를 정한다.

셋째, 자원 배분과 우선순위 조정이다. 제한된 인력과 장비를 어디에 먼저 투입할 것인지 결정한다.

넷째, 외부 지원 요청과 기관 협조다. 추가 자원이 필요한지, 어떤 기관과 협력해야 하는지 판단한다.

작전(Operations) 기능은 현장에서 실제로 움직이는 영역이다. 구조, 진압, 통제, 구급과 같은 모든 실행 활동이 여기에 포함된다. 작전 기능의 핵심은 속도와 집중이다. 현장지휘관이 설정한 목표를 달성하기 위해 현장에서 직접 행동한다. 그러나 작전이 독주하기 시작하면 위험은 급격히 증가한다. 이 때문에 작전은 항상 현장지휘관이 설정한 목표와 위험 관리 기준 안에서 이루어져야 한다.

작전 기능에서 흔히 발생하는 오류는 현장 상황에 압도되어 현장지휘관의 지시를 무시하거나 독자적 판단으로 움직이는 것이다. 특히 구조 대상이 눈앞에 보일 때 "일단 들어가고 보자"라는 판단을 하기 쉽다. 그러나 현장지휘관의 승인 없는 진입은 전체 작전 구조를 무너뜨릴 수 있다. 작전의 전문성은 빠른 실행에만 있는 것이 아니라 지휘 체계 안에서 움직이는 능력에도 있다.

기획(Planning) 기능은 종종 현장에서 과소평가된다. "지금은 기획할 때가 아니다"라는 인식 때문이다. 그러나 기획 기능은 장기 계획을 세우는 것이 아니라 다음 단계를 예측하는 역할이다. 상황이 30분 뒤, 1시간 뒤 어떻게 변할지를 가정하고, 자원과 작전의 방향을 조정하는 것이 기획 기능의 핵심이다. 기획이 부재한 현장은 항상 현재에만 매달린다.

기획 기능의 구체적 역할은 상황 문서화, 자원 추적, 다음 작전 준비다. 현재 어떤 자원이 투입되었고, 언제 교대가 필요한지, 추가 지원이 언제 도착하는지를 정리한다. 또한 현장이 장기화될 경우를 대비해 다음 단계 작전을 준비한다. 이 정보가 현장지휘관에게 전달될 때 현재만이 아니라 미래를 고려한 판단을 할 수 있다.

지원(Logistics) 기능은 보이지 않는 영역에서 현장을 지탱한다. 장비, 인력, 통신, 보급이 제대로 작동하지 않으면 어떤 작전도 지속될 수 없다. 지원 기능이 늦어질수록 현장은 위험한 선택을 하게 된다. "있는 것으로 버텨보자"라는 판단이 반복될수록 사고는 커진다.

지원 기능의 역할은 크게 세 가지다. 첫째, 자원 조달이다. 필요한 장비와 물자를 확보하고 현장으로 운반한다. 둘째, 통신 유지다. 현장 내부, 현장과 본부, 기관 간 통신이 끊기지 않도록 관리한다. 셋째, 인력 지원이다. 교대 인력 준비, 식사·휴식 공간 확보 등 대응 인력의 지속성을 보장한다. 지원이 원활할수록 작전은 안정적으로 진행된다.

통합지휘체계	핵심 역할	주요 업무	주의사항
현장지휘관(IC)	방향과 우선순위 결정	상황 평가, 목표 설정, 자원 배분, 외부 협조	세부 전술 개입
작전(Operations)	실제 행동 실행	구조, 진압, 통제, 구급	독자 판단 독주
기획(Planning)	다음 단계 예측	상황 문서화, 자원 추적, 다음 작전 준비	장기 계획 집착
지원(Logistics)	현장 지탱	자원 조달, 통신 유지, 인력 지원	지연 시 위험 증가

안전담당관(Safety Officer)의 역할은 특히 중요하다. 안전담당관은 작전을 방해하는 사람이 아니라 작전이 지속 가능하도록 만드는 역할이다. 위험 신호를 감지하고, 중단을 권고하며, 안전 기준을 재확인하는 기능은 대응의 속도를 늦추는 것이 아니라 대응의 실패를 막는 장치다. 안전담당관이 형식적 역할에 머무를 때 2차 사고는 거의 예외 없이 발생한다.

현장에서 안전담당관이 종종 무시되는 이유는 명확하다. "지금은 안전을 따질 때가 아니다", "일단 구조부터 하고 보자"라는 압박이 크기 때문이다. 그러나 이러한 논리는 단기적 성과와 장기적 안전을 혼동하는 것이다. 2차 사고로 대응 인력이 다치거나 사망하면 구조 작전은 즉시 중단되고 피해는 오히려 커진다. 안전담당관의 경고를 무시하는 것은 용기가 아니라 무모함이다.

안전담당관의 핵심 업무는 다음과 같다.

- 현장 위험 요소 지속 감시다. 구조물 상태, 기상 변화, 가스 농도, 화재 확산 등을 계속 관찰한다.
- 대응 인력 안전 확인이다. 개인보호장비 착용 여부, 피로도, 위험 구역 진입 시간 등을 점검한다.
- 위험 발생 시 즉각 권고다. 위험이 감지되면 현장지휘관에게 즉시 보고하고, 필요하면 작전 중단을 권고한다.

안전담당관이 제대로 기능하려면 몇 가지 조건이 필요하다.

- 현장지휘관의 전폭적인 지지다. 안전담당관의 권고를 현장지휘관이 존중하지 않으면 안전담당관은 형식적 존재로 전락한다.
- 작전 기능과 독립적 위치다. 안전담당관이 작전 팀에 소속되면 압박에 의해 안전을 양보하기 쉽다.
- 명확한 중단 기준이다. '위험하다'라는 주관적 판단이 아니라 측정 가능한 기준이 있어야 한다.

안전담당관의 권한은 명확해야 한다. 긴급 상황에서는 현장지휘관의 승인 없이도 즉시 작전 중단을 명령할 수 있는 권한이 부여되어야 한다. 구조물이 붕괴 직전이거나 폭발 위험이 임박한 상황에서 현장지휘관의 승인을 기다릴 시간은 없다. 물론 중단 명령 후에는 즉시 현장지휘관에게 보고하고, 현장지휘관이 최종 판단을 내린다. 그러나 일단 멈추는 권한은 안전담당관에게 있어야 한다.

> **통합지휘체계 운용의 핵심 원칙**
>
> - 역할 명확성
>   - 현장지휘관: 세부 통제 X → 방향 제시
>   - 작전: 독자 판단 X → 실행
>   - 기획: 장기 계획 집착 X → 다음 예측
>   - 지원: 지연 방치 X → 지속성 확보
> - 안전담당관의 중요성
>   - 작전 방해 X → 작전 지속 가능성 확보
>   - 형식적 역할 X → 실질적 감시와 권고
>   - 현장지휘관의 전폭적 지지 필수
>   - 긴급 시 즉각 중단 권한

통합지휘체계가 작동하는 현장은 기능이 많아서가 아니라 역할이 명확해서 안정된다. 각 기능이 자신의 역할을 이해하고 다른 기능의 영역을 존중할 때 현장은 질서가 유지된다. 특히 안전담당관을 형식이 아닌 실체로 운용하는 조직은 단기적으로는 느려 보일 수 있지만 장기적으로는 가장 안전하고 효율적으로 움직인다.

통합지휘 전환 기준과 지휘권 인계

재난 현장은 단일 기관의 영역으로 남아 있는 경우가 드물다. 대응이 진행될수록 여러 기관이 동시에 개입하게 되고, 이때 중요한 판단이 바로 통합지휘(Unified Command)로의 전환 여부다. 통합지휘는 권한을 나누는 구조가 아니라 지휘를 공유하는 구조다. 이 차이를 이해하지 못하면 통합지휘는 오히려 혼란을 키운다.

통합지휘로 전환해야 하는 기준

❶ 법적·기능적 권한이 중첩되는 순간

화재 진압과 교통 통제가 동시에 요구되거나 재난 현장이 치안·구조·보건 영역을 함께 포함할 때 단일 기관 지휘는 한계를 드러낸다. 예를 들어 대형 교통사고 현장에서는 소방(구조·구급), 경찰(교통 통제·현장 보존), 지자체(주민 대피·행정 지원)의 역할이 동시에 필요하다. 이때 각 기관이 독립적으로 움직이면 현장은 빠르게 분절된다. 통합지휘는 이 분절을 막기 위한 선택이다.

❷ 대응 목표의 복수화

초기에는 인명 구조가 최우선이지만 시간이 지나면서 치안 유지, 교통 관리, 주민 보호와 같은 목표가 동시에 요구된다. 이 목표들이 충돌하기 시작할 때 통합지휘를 통해 우선순위를 조정하지 않으면 각 기관은 자신의 목표만을 추구하게 된다. 소방은 화재 진압에 집중하고, 경찰은 현장 보존을 우선하며, 지자체는 주민 민원에 대응하는 식이다. 통합지휘는 이러한 목표를 하나의 우선순위 안에 정렬하는 구조다.

❸ 현장 규모와 복잡도

현장이 광범위하거나, 여러 지점에서 동시다발적으로 사건이 발생하거나, 대응이 장기화될 것으로 예상되면 통합지휘가 필요하다. 단일 현장지휘관이 모든 것을 파악하고 판단하기 어려운 상황이 될 때 각 기관의 전문성을 결합해 상황을 관리하는 것이 효율적이다.

통합지휘로의 전환은 가능한 한 빠르게 그러나 명확하게 이루어져야 한다. 현장이 이미 혼란에 빠진 뒤에 통합지휘를 시도하면 전환 과정 자체가 또 다른 혼란을 만든다. 반면 너무 이른 시점에 통합지휘를 구성하면 단순한 현장에 불필요한 복잡성을 추가하게 된다. 전환 시점을 판단하는 능력이 중요하다.

통합지휘 전환 기준	구체적 상황	예시
권한 중첩	법적·기능적 권한이 겹침	화재 + 교통통제, 구조 + 치안 + 보건
목표 복수화	여러 목표가 동시 요구	인명 구조 + 교통 관리 + 주민 보호
규모·복잡도	광범위, 동시다발, 장기화	대규모 재난, 다수 현장 동시 발생

지휘권 인계는 통합지휘 전환만큼 중요한 절차다. 인계가 명확하지 않으면 현장은 잠시 동안 지휘 공백 상태에 놓인다. 이 공백 시점이 가장 위험한 순간이다. 지휘권 인계에서는 '누가 지휘를 넘긴다'보다 '누가 지금 지휘하고 있는가'를 분명히 해야 한다.

지휘권 인계 시 반드시 명확히 해야 할 사항은 세 가지다.

첫째, 인계 시점이다. "지금부터 소방서장이 현장지휘관을 맡는다"와 같이 정확한 시점을 선언한다.

둘째, 인계 범위다. 전체 현장을 인계하는지, 특정 영역만 인계하는지 명확히 한다.

셋째, 유지되는 권한이다. 이전 현장지휘관이나 다른 기관이 계속 보유하는 권한이 무엇인지 정리한다.

인계 절차는 가능한 한 공식적이어야 한다. 무전이나 확성기를 통해 모든 대응 인력에게 "현재부터 ○○이 현장지휘관이다"라고 선언하고, 기존 현장지휘관은 "지휘권을 인계했다"라고 명확히 말한다. 이 과정이 생략되면 일부 인력은 여전히 이전 현장지휘관의 지시를 따르고, 다른 일부는 새 현장지휘관을 따르는 혼선이 발생한다.

통합지휘의 오해 중 하나는 모든 결정을 합의로 해야 한다는 생각이다. 통합지휘의 목적은 결정을 빠르게 하기 위한 구조를 만드는 것이다. 각 기관은 자신의 전문 영역에서 판단을 제공하지만, 최종 결정은 공동의 지휘 틀 안에서 내려진다. 합의가 목적이 되는 순간 지휘는 마비된다.

통합지휘 운용의 실제는 다음과 같다. 각 기관의 대표가 공동 현장지휘관을 구성한다. 이들은 정기적으로(10~30분 간격) 짧은 회의를 갖고, 상황을 공유하며, 우선순위를 조정한다. 그러나 일상적인 작전 지시는 각 기관이 독자적으로 내린다. 소방 작전은 소방 현장지휘관이, 교통 통제는 경찰 현장지휘관이 담당한다. 공동 현장지휘관이 개입하는 것은 기관 간 조정이 필요하거나 우선순위 충돌이 발생할 때뿐이다.

통합지휘는 '언제까지 유지되어야 하는가'에 대한 판단도 중요하다. 상황이 안정되고 주요 위험이 통제되면 다시 단일 지휘로 전환하는 것이 바람직하다. 통합지휘를 과도하게 유지하면 의사결정은 느려지고 책임은 흐려진다. 통합지휘는 필요한 동안만 유지되는 임시 구조다.

전환 시점을 판단하는 기준은 명확하다. 권한 중첩이 해소되었는가, 단일 목표로 정리되었는가, 한 기관이 주도할 수 있는 규모로 축소되었는가. 이 조건이 충족되면 통합지휘에서 단일 지휘로 전환한다. 이때도 인계와 마찬가지로 명확한 선언이 필요하다.

통합지휘 전환과 인계의 핵심

- 전환 시점
  - 권한 중첩 발생 시
  - 목표 복수화 시
  - 규모·복잡도 증가 시
  - 빠르게 그러나 명확하게

- 지휘권 인계 3요소(공식 선언 필수)
  - 인계 시점 명확화
  - 인계 범위 구체화
  - 유지 권한 정리

- 통합지휘 운용
  - 모든 결정 합의 X → 신속한 결정 구조
  - 공동 현장지휘관은 조정·우선순위 담당
  - 각 기관 독자 작전 수행
  - 필요한 동안만 유지 → 안정 시 단일 지휘 복귀

현장 대응에서 통합지휘의 성패는 구조의 완성도가 아니라 전환과 인계의 명확성에 달려 있다. 언제 단일 지휘로 갈 것인지, 언제 통합지휘로 전환할 것인지에 대한 기준이

명확할수록 현장은 흔들리지 않는다.

통합지휘는 완벽한 시스템이 아니다. 그것은 여러 기관이 하나의 목표를 향해 움직이도록 만드는 최소한의 질서다. 이 질서가 명확할 때 재난 현장은 혼란이 아니라 협력의 공간이 된다.

CHAPTER 11

기관 공조·현장 운영 전술·종료와 인계

'소방-경찰-지자체' 공조와 통합 현장 운영

소방과 경찰 역할 분업과 충돌 조정

재난 현장에서 소방과 경찰은 가장 먼저 그리고 가장 오래 함께 움직이는 기관이다. 두 조직은 각기 다른 전문성과 법적 권한을 갖고 있으며, 이 차이는 협업의 자산이 되기도 하고 갈등의 원인이 되기도 한다. 현장 운영의 성패는 각 기관의 역할 분업이 얼마나 명확하게 유지되느냐에 달려 있다.

일반적으로 재난 현장에서 소방은 작전을 주도한다. 구조, 진압, 구급과 같은 직접적 대응은 소방의 전문 영역이다. 화재 진압, 인명 구조, 응급 처치는 소방이 가장 잘할 수 있는 일이며, 현장에서 이 영역의 최종 판단은 소방이 내린다. 소방의 역할은 위험을 직접 제거하고 생명을 구하는 것이다.

반면 경찰은 통제와 질서 유지, 현장 안전 확보를 담당한다. 교통 통제, 접근 차단, 군중 관리, 범죄 가능성 대응은 경찰의 핵심 역할이다. 소방이 작전에 집중할 수 있도록 현장 외곽을 보호하고, 2차 사고를 예방하며, 질서를 유지하는 것이 경찰의 임무다. 경찰의 역할은 현장을 통제 가능한 공간으로 만드는 것이다.

이 분업이 명확할수록 재난 현장은 안정된다. 소방은 1차 통제선 안에서 인명 구조와 위험 진압에 집중하고, 경찰은 2차 통제선에서 군중 접근을 차단하고 교통을 관리한다. 각자의 전문성이 발휘되는 영역이 분리되어 있을 때 두 기관은 서로를 방해하지 않고 협력할 수 있다.

그러나 이 경계가 언제나 명확한 것은 아니다. 현장 상황에 따라 역할이 중첩되거나 우선순위가 충돌하는 지점이 발생한다. 예를 들어 대형 교통사고 현장에서 소방은 "지금 차량에 갇힌 사람을 구조해야 한다"라고 판단하지만, 경찰은 "2차 추돌 위험이 있어 차량 통제가 먼저다"라고 말할 수 있다.

구분	소방	경찰
핵심 역할	작전 주도(구조·진압·구급)	통제·질서 유지
전문 영역	위험 직접 제거, 생명 구조	접근 차단, 교통 관리, 군중 통제
활동 범위	1차 통제선 중심	2차 통제선 중심
판단 기준	구조 대상의 긴급성	현장 전체의 질서와 2차 위험
목표	인명 구조와 피해 차단	현장 안정과 질서 확보

현장에서 흔히 발생하는 충돌은 작전과 통제가 맞물리는 지점에서 나타난다. 소방은 "지금 들어가야 한다"라고 판단하지만, 경찰은 "아직 통제가 되지 않았다"라고 말한다. 이 충돌은 어느 쪽의 판단이 옳고 그름의 문제가 아니라 우선순위와 위험 인식의 차이에서 비롯된다. 소방은 구조 대상의 긴급성을 기준으로 판단하고, 경찰은 현장 전체의 질서와 2차 위험을 기준으로 판단한다.

예를 들어 화재 현장에서 소방은 인명 구조를 위한 신속한 진입과 화재 진압을 우선하지만, 경찰은 주변 도로의 교통 통제와 군중 차단을 먼저 고려한다. 건물 붕괴 현장에서 소방은 즉각적인 인명 구조 작업을 시작하려 하지만, 경찰은 추가 붕괴 위험과 2차 사고 가능성 때문에 진입을 제한하려 한다. 이 차이는 각 기관의 전문성이 다른 방향을 보기 때문에 발생한다.

이때 필요한 것은 역할의 재확인이 아니라 조정의 구조다. 작전이 우선되는 구간인지,

통제가 우선되는 구간인지를 지휘 체계 안에서 명확히 해야 한다. 이 판단이 현장지휘관 또는 통합지휘체계에서 내려지지 않으면 각 기관은 자체 전문 기준에 따라 독자적으로 움직이게 된다. 그 결과 현장은 분절되고, 위험은 커진다.

충돌을 조정하는 핵심은 결정의 명확성이다. 회의를 늘리는 것이 아니라 '지금 이 순간 무엇이 우선인가'를 분명히 선언해야 한다. 작전 주도가 필요한 순간에는 통제가 이를 뒷받침해야 하고, 통제가 필요한 순간에는 작전이 잠시 멈춰야 한다. 이 전환이 명확할수록 갈등은 줄어든다.

구체적인 조정 방법은 다음과 같다.

❶ 사전 역할 합의

재난 유형별로 어느 기관이 주도하고, 어떤 영역에서 협력하는지를 평시에 정리해 둔다. 화재는 소방 주도, 범죄 관련 사건은 경찰 주도와 같은 기본 원칙을 공유한다.

❷ 현장 지휘 체계 명확화

통합지휘체계가 작동하면 소방과 경찰 간 우선순위 조정은 공동 현장지휘관 회의에서 이루어진다. 단일 지휘라면 주도 기관의 현장지휘관이 최종 판단을 내리되, 상대 기관의 의견을 청취한다.

❸ 단계별 주도권 이동

초기에는 작전이 우선되지만 상황이 안정되면 통제로 주도권이 이동할 수 있다. 예를 들어 화재 진압 초기에는 소방이 주도하지만, 진화가 완료된 뒤 현장 보존과 원인 조사 단계에서는 경찰(또는 소방 화재조사팀)이 주도할 수 있다. 이 전환이 명확히 선언되어야 한다.

❹ 연락관 운용

소방과 경찰이 각각 상대 기관에 연락관을 파견하면 실시간 소통과 조정이 가능해진다. 소방 현장지휘소에 경찰 연락관이 있으면 교통 통제나 군중 관리 요청이 즉시 전달된다. 반대로 경찰 지휘소에 소방 연락관이 있으면 작전 진행 상황을 공유하고 통제선 조정을 협의할 수 있다.

소방과 경찰의 협업은 역할을 지키는 데서 시작된다. 각 기관이 자신의 영역을 넘어 상대 기관의 역할까지 떠안으려 할 때 협업은 무너진다. 반대로 서로의 전문성을 존중하고, 조정의 결정을 지휘 체계에 맡길 때 현장은 하나의 조직처럼 움직일 수 있다. 충돌은 피할 수 없지만, 관리 가능한 충돌과 통제 불능의 갈등은 다르다. 명확한 역할 분업과 조정 구조가 그 차이를 만든다.

통제선과 교통 관리, 지자체·의료기관 연계 체계

재난 현장을 안정적으로 운영하기 위한 기본 조건은 공간의 질서화다. 이 질서의 출발점이 바로 통제선 설정이다. 통제선은 위험을 단계별로 관리하고 대응 자원을 효율적으로 배치하기 위한 구조다. 통제선이 무너지면 현장은 혼란의 공간으로 변한다.

1차 통제선은 즉각적인 위험 구역이다. 붕괴, 화재, 폭발, 유해물질 노출 가능성이 있는 영역으로, 대응 인력 외에는 접근이 제한된다. 이 구역에서는 작전이 집중적으로 이루어지며, 안전담당관의 감시가 필수적이다. 1차 통제선이 명확하지 않으면 대응 인력조차 위험에 노출된다. 또한 비필수 인력이 유입되어 작전을 방해하거나 2차 사고의 희생자가 될 수 있다.

1차 통제선 설정 시 고려해야 할 중요한 요소는 위험 확산 가능성이다. 화재는 바람 방향과 연소 속도, 붕괴는 구조물 상태와 진동, 유해물질은 농도와 확산 범위를 고려한다.

초기에는 넉넉하게 설정하고, 상황이 안정되면 점차 축소하는 것이 안전하다. 1차 통제선 안에서는 모든 활동이 현장지휘관의 통제하에 이루어져야 한다.

2차 통제선은 확산 관리 구역이다. 이 구역에서는 교통 통제, 군중 관리, 접근 차단이 핵심 과제가 된다. 경찰의 역할이 본격적으로 중요해지는 지점이며, 소방 작전을 보호하는 방패 역할을 한다. 2차 통제선이 느슨해질수록 일반 시민과 언론, 비필수 인력이 현장으로 유입되고, 이는 작전의 집중도를 크게 떨어뜨린다.

2차 통제선에서는 출입 통제와 동선 관리가 중요하다. 누가 들어올 수 있고, 어디로 이동해야 하는지를 명확히 해야 한다. 응급 차량, 지원 장비, 언론, 일반 시민을 구분해 통제한다. 특히 언론의 경우 취재권을 존중하되, 작전에 방해되지 않는 위치를 지정해야 한다. 2차 통제선은 1차보다 넓게 설정되며, 상황에 따라 유연하게 조정된다.

3차 통제선은 장기 대응과 지원을 고려한 관리 구역이다. 이 구역에서는 지자체 행정, 의료기관, 복구 지원 조직과의 연계가 이루어진다. 임시 대피소, 응급 의료 지원, 현장 보급과 같은 기능이 이 범위에서 작동한다. 3차 통제선이 제대로 설정되지 않으면 행정과 현장 대응은 서로를 방해하는 관계로 전락한다.

대규모 재난이 아니라면 3차 통제선은 설정하지 않을 수 있다. 그러나 재난이 장기화되거나, 대피 주민이 많거나, 광범위한 지원이 필요한 경우에는 3차 통제선을 명확히 설정해 행정 지원과 현장 대응을 분리하는 것이 효율적이다.

교통 관리는 모든 통제선 운영의 기반이다. 접근 차단, 우회 동선 확보, 긴급 차량 이동로 확보가 동시에 이루어져야 한다. 교통이 통제되지 않으면 통제선은 종이에 그린 선에 불과하다. 이 지점에서 경찰의 전문성이 현장 전체의 안정성을 좌우한다.

교통 관리에서 우선되어야 할 것은 긴급 차량 통로 확보다. 소방차, 구급차, 지원 장비가 현장에 신속히 접근할 수 있어야 한다. 이를 위해 주변 도로의 일부를 완전히 차단하고 우회로를 명확히 안내해야 한다. 교통 정체가 발생하면 추가 자원 투입이 지연되고, 구조된 환자의 이송도 막힌다.

또한 현장 진출입 동선을 명확히 해야 한다. 들어오는 차량과 나가는 차량의 동선이 겹치면 현장 내부에서 교통 혼잡이 발생한다. 진입로와 퇴출로를 분리하고, 주차 위치를 지정하며, 불필요한 차량은 일정 거리 밖에 대기시킨다. 이러한 교통 관리는 초기 5~10분 안에 기본 틀을 갖춰야 한다.

통제선	범위	핵심 역할	담당	주요 활동
1차	즉각 위험 구역	위험 차단, 작전 수행	소방 주도	구조, 진압, 구급
2차	확산 관리 구역	접근 차단, 질서 유지	경찰 주도	교통 통제, 군중 관리
3차	지원 관리 구역	행정·의료 연계	지자체·의료	대피소, 응급 의료, 보급

지자체와 의료기관의 연계는 통제선 바깥에서 시작되지만, 그 영향은 현장 안으로 깊숙이 들어온다. 의료기관과의 사전 연계가 부족하면 구조 이후의 대응이 막히고, 지자체와의 소통이 끊기면 주민 관리와 행정 지원이 지연된다. 통합 현장 운영이란 현장 안과 밖을 하나의 흐름으로 연결하는 것이다.

의료기관 연계의 핵심은 구조 후 이송 체계 확립이다. 현장에서 구조가 완료되어도 적절한 의료기관으로 이송되지 못하면 골든타임은 의미가 없다. 사전에 권역 내 응급의료기관 목록을 파악하고, 중증도에 따라 이송 우선순위를 정해야 한다. 대량 환자 발생 시에는 인근 병원에 사전 통보해 수용 가능 여부를 확인한다.

현장과 의료기관 간 정보 공유 체계도 중요하다. 환자 수, 중증도, 예상 이송 시간을 병원에 미리 알리면, 병원은 응급실과 수술실을 준비할 수 있다. 반대로 현장에서는 각 병원의 수용 가능 인원을 파악해 환자를 분산 이송한다. 이 소통이 원활하지 않으면 특정 병원에 환자가 집중되거나 중증 환자가 적절한 치료를 받지 못하는 상황이 발생한다.

지자체 연계는 주민 관리와 행정 지원 영역에서 필수적이다. 대피 주민의 임시 숙소, 식사, 생필품 제공은 소방이나 경찰의 역할이 아니다. 이는 지자체 행정의 몫이다. 그러나 현장대응기관과 지자체 간 소통이 원활하지 않으면 대피는 완료되었지만 주민들이 방치되는 상황이 발생한다.

지자체는 또한 장기 대응을 위한 행정 지원을 담당한다. 현장 보급(식수, 식사, 조명), 장비 지원, 복구 계획 수립 등은 지자체의 역할이다. 특히 재난이 장기화되면 소방과 경찰만으로는 한계가 있으며, 지자체의 행정력과 자원이 반드시 필요하다.

연계 체계를 원활히 하기 위해서는 연락관 파견과 정기 회의가 효과적이다. 지자체와 의료기관 대표가 현장지휘소에 연락관을 파견하면 실시간 소통이 가능해진다. 또한 통합 지휘체계에서 정기적으로 상황을 공유하고 다음 단계 지원을 협의한다. 이 구조가 없으면 각 기관은 서로 무엇을 하고 있는지 모른 채 독자적으로 움직이게 된다.

통합 현장 운영의 핵심

- 통제선 3단계
  - 1차: 즉각 위험 구역(대응 인력만, IC 통제)
  - 2차: 확산 관리 구역(교통·군중 통제)
  - 3차: 지원 관리 구역(행정·의료 연계)

- 의료기관 연계
  - 구조 후 이송 체계 사전 확립
  - 환자 정보 실시간 공유
  - 병원 수용 능력 파악

- 교통 관리 우선순위
  - 긴급 차량 통로 확보
  - 진출입 동선 분리
  - 우회로 안내

- 지자체 연계
  - 주민 관리(대피소, 식사, 생필품)
  - 행정 지원(현장 보급, 장비, 복구 계획)
  - 연락관 파견, 정기 회의

재난 현장은 작전만으로 유지되지 않는다. 통제선과 교통 관리, 기관 연계가 함께 작동할 때 비로소 현장은 관리 가능한 공간이 된다. 이 구조를 얼마나 빠르게 세우느냐가 재난 대응의 지속성을 결정한다. 소방의 작전, 경찰의 통제, 지자체의 지원, 의료기관의 치료가 하나의 흐름으로 연결될 때 재난 현장은 조직화된 대응의 공간으로 기능한다.

피해 최소화 전술과 '종료-인계 사후 평가' 학습 체계

구조 우선순위, 확산 차단, 현장 정보 관리

재난 현장에서 피해를 최소화하는 전술은 기술의 문제가 아니라 우선순위의 문제다.

인력과 장비가 충분한 현장은 거의 없으며, 모든 것을 동시에 할 수 있는 상황도 드물다. 이때 현장을 지탱하는 기준이 바로 구조 우선순위, 즉 '삼각도(Triage)'다. 삼각도는 누구를 먼저 구조할 것인가를 정하는 기술이 아니라 제한된 자원으로 가장 많은 생명을 살리기 위한 판단 체계다.

삼각도의 핵심은 냉정함이다. 즉각적인 구조가 가능한 대상, 구조 지연 시 사망 가능성이 큰 대상 그리고 현 단계에서 구조가 어려운 대상을 구분해야 한다. 이 판단은 감정적으로 가장 어려운 결정이지만, 재난 대응에서 가장 필요한 결정이기도 하다. 삼각도가 명확하지 않으면 현장은 가장 눈에 띄는 대상에게 자원을 집중하고, 그 결과 전체 생존 가능성은 낮아진다.

일반적인 삼각도 분류는 다음과 같다. 적색(즉각 처치)은 생명이 위급하지만 즉시 처치하면 생존 가능성이 높은 환자로, 호흡 곤란, 심한 출혈, 쇼크 상태 등이 해당한다. 황색은 부상은 있지만 당장 생명에 지장이 없는 환자로, 골절, 화상, 경미한 출혈 등이 해당한다. 스스로 이동 가능하고 처치가 급하지 않은 환자, 흑색은 이미 사망했거나 현 상황에서 소생 가능성이 극히 낮은 환자가 해당한다.

삼각도의 어려움은 흑색 판정에 있다. 현장 자원이 제한된 상황에서 소생 가능성이 거의 없는 환자에게 장시간 자원을 투입하면 구조 가능한 다른 환자를 놓치게 된다. 이는 개인적으로는 견디기 힘든 선택이지만 전체 생존율을 높이기 위한 불가피한 판단이다. 이 판단을 내릴 수 있는 훈련과 조직 문화가 필요하다.

삼각도는 한 번으로 끝나지 않는다. 상황이 변하면 재평가가 필요하다. 황색으로 분류된 환자의 상태가 악화되면 적색으로 변경하고, 적색 환자가 안정되면 황색으로 조정한다. 삼각도는 고정된 분류가 아니라 계속 갱신되는 과정이다.

삼각도	의미	조치	예시
적색	즉각 처치 필요	최우선 구조·이송	호흡 곤란, 심한 출혈, 쇼크
황색	지연 가능	적색 처리 후 구조	골절, 중등도 화상
녹색	경상	자가 이동, 후순위	경미한 상처, 보행 가능
흑색	사망/소생 불가	자원 투입 중단	사망 확인, 심정지 장기 지속

구조 우선순위와 함께 확산 차단이 병행되어야 한다. 구조에만 집중하고 위험 확산을 방치하면 현장은 빠르게 통제 불능 상태로 전환된다. 화재 확산, 유해물질 누출, 추가 붕괴 가능성은 구조 활동의 범위를 계속 바꾼다. 확산 차단은 구조를 늦추는 요소가 아니라 구조를 지속 가능하게 만드는 조건이다.

확산 차단의 우선순위는 인명 노출 가능성을 기준으로 정한다. 화재가 확산되는 방향에 사람이 있는지, 유해물질이 주거 지역으로 흘러가는지, 붕괴가 추가로 발생하면 대응 인력이 위험해지는지를 판단한다. 인명 위험이 큰 방향부터 차단하고, 상대적으로 안전한 방향은 감시만 유지한다.

확산 차단 방법은 재난 유형에 따라 다르다. 화재는 방수, 방화벽, 가연물 제거로 차단한다. 유해물질은 차단막, 중화제, 희석으로 확산을 막는다. 붕괴는 위험 구역 접근 제한, 지지 구조물 설치, 진동 최소화로 추가 붕괴를 예방한다. 중요한 것은 확산 차단과 구조를 동시에 진행할 수 있는 자원 배분이다. 한쪽에만 집중하면 다른 쪽이 무너진다.

이 과정에서 현장 정보 관리는 결정적 역할을 한다. 재난 현장에서 정보는 빠르게 쌓이지만 정리되지 않으면 오히려 혼란을 키운다. 이 때문에 단일 보고 체계가 중요하다. 여러 경로로 중복 보고가 이루어지면 지휘는 상황을 정확히 파악하지 못해 판단은 지연된다. 정보는 많을수록 좋은 것이 아니라 판단에 필요한 정보만 명확하게 전달될 때 의미를 지닌다.

단일 보고 체계는 다음과 같이 작동한다.

첫째, 보고 경로 단순화다. 모든 정보는 현장지휘관 또는 기획 기능으로 집중된다. 각 팀이 현장지휘관에게 직접 보고하거나 기획 담당자가 정보를 종합해 현장지휘관에게 전달한다.

둘째, 핵심 정보 우선이다. 현장 상황, 구조 진행 상황, 자원 상태, 위험 변화와 같은 핵심 정보를 우선 보고하고, 세부 사항은 필요시 추가로 전달한다.

셋째, 정기 보고 시간 설정이다. 10~30분 간격으로 정기 보고 시간을 정하면 수시 보고로 인한 혼란이 줄어든다.

중복 보고 최소화는 효율성의 핵심이다. 같은 내용을 여러 경로로 보고하면 시간이 낭비되고, 현장지휘관은 같은 정보를 반복해서 듣게 된다. 또한 보고 내용이 조금씩 다르면 혼선이 발생한다. 따라서 '누가 무엇을 보고하는가'를 사전에 명확히 해야 한다. 작전 상황은 작전 책임자가, 자원 상태는 지원 책임자가, 전체 통합은 기획 담당자가 보고하는 식으로 역할을 분담한다.

정보 관리에서 또 하나 중요한 것은 기록의 유지다. 재난 대응 중에는 모든 것이 빠르게 진행되어 무엇을 했는지 기억하기 어렵다. 사후 평가와 법적 검토를 위해서도 기록은 필수적이다. 주요 결정, 자원 투입, 인계 시점 등을 간단하게라도 기록해 두어야 한다. 이 역할은 기획 담당자나 별도로 기록 담당자를 지정할 수 있다.

피해 최소화 전술의 핵심

- 삼각도(구조 우선순위)
  - 제한된 자원으로 최대 생존율 확보
  - 적색 → 황색 → 녹색 → 흑색
  - 감정 < 냉정한 판단
  - 한 번이 아닌 계속 재평가

- 확산 차단
  - 구조와 동시 진행 필수
  - 인명 노출 가능성 기준 우선순위
  - 화재·유해물질·붕괴 등 유형별 차단

- 현장 정보 관리
  - 단일 보고 체계(경로 단순화)
  - 중복 최소화(역할 분담)
  - 핵심 정보 우선, 정기 보고 시간
  - 주요 사항 기록 유지

피해 최소화 전술의 핵심은 더 많은 행동이 아니라 더 정확한 선택이다. 무엇을 할 것인가보다 무엇을 하지 않을 것인가를 정할 수 있을 때 현장은 비로소 통제력을 유지한다. 현장 정보 관리는 누가 더 많은 정보를 갖고 있는가의 문제가 아니라 누가 정보를 통합해 판단으로 연결하는가의 문제다.

삼각도, 확산 차단, 정보 관리가 서로 충돌하지 않고 함께 작동할 때 재난 현장은 혼란이 아니라 조직화된 대응의 공간이 된다.

현장 종료 기준, 지자체 인계 절차, AAR로 개선 제도화

재난 현장에서 또 하나의 어려운 판단은 언제 현장을 종료할 것인가다. 구조와 대응이 일정 수준에서 마무리되었음에도 현장은 종종 종료를 선언하지 못한 채 관성적으로 유지된다. 그러나 종료 판단을 미루는 것은 안전한 선택이 아니다. 현장 종료는 다음 단계로 넘어가기 위한 필수 판단이다.

현장 종료의 기준은 단순히 구조 대상이 사라졌는가가 아니다. 추가 위험이 통제되었는지, 2차 사고 가능성이 관리 가능한 수준인지, 더 이상의 긴급 작전이 필요하지 않은지를 종합적으로 판단해야 한다. 이 기준이 명확하지 않으면 현장은 응급 대응과 수습 단계 사이에서 모호한 상태로 남게 된다.

구체적인 종료 기준은 다음과 같다.

첫째, 생존 가능성 있는 모든 인명 구조 완료다. 현장 수색이 완료되고, 더 이상 생존자가 없음이 확인되어야 한다.

둘째, 위험 요소의 안정화다. 화재 진압 완료, 구조물 안정화, 유해물질 제거 등 즉각적 위험이 통제되어야 한다.

셋째, 긴급 작전의 종료다. 더 이상 소방·경찰의 긴급 대응이 필요하지 않고, 일반 행정 절차로 전환 가능한 상태여야 한다.

종료 판단이 어려운 이유는 완벽을 기대하기 때문이다. 모든 위험이 완전히 사라질 때까지 기다리면 종료는 영원히 오지 않는다. 중요한 것은 위험의 성격이 바뀌었는가다. 즉각적·급박한 위험에서 장기적·관리 가능한 위험으로 전환되었다면 이는 종료 시점이다. 종료는 재난의 끝이 아니라 대응 방식의 전환이다.

종료 판단과 함께 중요한 절차가 지자체로의 인계다. 현장대응기관의 역할이 끝났다고 해서 재난이 끝나는 것은 아니다. 이후에는 행정적 수습, 주민 지원, 복구와 같은 과정이 이어진다. 이 전환이 매끄럽게 이루어지려면 현장 상황에 대한 정보와 판단이 지자체에 명확히 전달되어야 한다. 인계는 단순한 보고가 아니라 책임과 역할의 이동이다.

인계 시 반드시 포함되어야 할 주요 내용은 다음과 같다.

- (현장 상황 요약) 발생 원인과 현장 대응 및 현재 상태
- (미해결 과제) 아직 해결되지 않은 문제나 계속 관찰이 필요한 사항
- (향후 주의사항) 잔여 위험 요소, 재발 가능성, 주민 안전 관련 권고사항
- (관련 자료) 현장 사진, 위험 지도, 투입 자원 목록

인계는 공식적 절차로 이루어져야 한다. 구두 전달만으로는 부족하다. 인계 문서를 작성하고, 담당자 간 대면 회의를 통해 상세 내용을 공유하며, 필요시 현장을 함께 돌아보며 설명한다. 이 과정에서 인계 내용이 불명확하면 행정은 현장을 다시 확인하려 하고, 그 사이 공백이 발생한다.

인계는 현장대응기관을 보호하는 절차이기도 하다. 명확한 인계가 이루어지면 이후 발생하는 문제에 대한 책임 소재가 분명해진다. 반대로 인계가 모호하면 현장대응기관은 종료 후에도 계속 책임을 떠안게 된다.

단계	핵심 내용	주의사항
종료 기준	인명 구조 완료, 위험 안정화, 긴급 작전 종료	완벽 기대 X → 위험 성격 전환 판단
인계 내용	상황 요약, 미해결 과제, 주의사항, 관련 자료	구두 X → 문서화 + 대면 회의
인계 효과	책임·역할 이동, 대응기관 보호	모호한 인계 X → 지속적 책임 부담

마지막으로 중요한 단계가 사후 평가다. 사후 평가는 재난 대응을 평가하는 회의이기보다 다음 대응을 준비하는 학습 과정이다. 누가 잘했는지를 가리는 자리가 아니라 왜 그런 판단이 이루어졌는지, 어떤 구조가 판단을 어렵게 만들었는지를 공유하는 과정이다. 이 단계가 형식적으로 끝나면 같은 문제는 다음 재난에서 반복된다.

사후 평가의 목적은 명확하다. 개인의 경험을 조직의 자산으로 만드는 것이다. 재난 대

응 중에 발생한 문제, 효과적이었던 조치, 개선이 필요한 영역을 정리하고, 이를 다음 훈련과 대응에 반영한다. 이 과정이 제도화될 때 조직은 매 재난을 통해 성장한다.

사후 평가의 핵심 질문은 네 가지다.

첫째, 무엇을 계획했고, 초기에 설정한 목표와 작전 계획이 무엇이었는가.

둘째, 실제로 무엇이 일어났고, 계획과 달리 현장에서 어떤 일이 벌어졌는가.

셋째, 왜 그렇게 되었고, 계획과 실제가 달라진 이유, 잘된 점과 문제점의 원인은 무엇인가.

넷째, 다음에는 무엇을 해야 하고, 개선 과제 도출과 실행 계획을 어떻게 수립할 것인가.

사후 평가에서 중요한 것은 이해다. "왜 그렇게 판단했는가"를 물을 때는 책임을 추궁하기 위함이 아니라 당시 상황을 재현하기 위함이다. 어떤 정보가 있었고, 어떤 압박이 있었으며, 어떤 선택지가 가능했는지를 구체적으로 복원한다. 이 과정에서 개인의 실수는 구조적 조건 속에서 이해되고, 개선의 대상은 사람이 아니라 시스템이 된다.

사후 평가를 효과적으로 운영하기 위한 원칙은 다음과 같다.

첫째, 가능한 한 빨리 실시한다. 시간이 지날수록 기억은 흐려지고 당시 상황을 재현하기 어렵다. 재난 종료 직후 또는 며칠 이내에 사후 평가를 실시하는 것이 이상적이다.

둘째, 모든 관련자 참여다. 현장지휘관, 작전 책임자, 안전담당관, 각 팀 대표가 모두 참여해 다양한 관점을 공유한다.

셋째, 솔직함을 보호하는 분위기다. 사후 평가에서 나온 내용이 징계나 책임 추궁의 근거로 사용되지 않는다는 신뢰가 있어야 한다.

넷째, 구체적 개선 과제 도출이다. 추상적인 "더 잘하자"가 아니라 "다음 훈련에서 ○○ 절차를 추가한다", "△△ 장비를 보완한다", "□□ 소통 방식을 개선한다"와 같이 실행 가능한 과제를 정한다.

다섯째, 추적과 실행이다. 사후 평가 결과가 보고서로만 끝나지 않도록 개선 과제의 실행 여부를 정기적으로 점검한다.

사후 평가를 제도화한다는 것은 한 번의 회의로 끝내지 않는다는 의미다. 평가 결과가 다음 훈련, 매뉴얼 개정, 조직 개편, 장비 보완에 어떻게 반영되었는지를 확인하는 체계가 필요하다. 이 순환이 작동할 때 조직은 재난을 통해 학습하고, 다음 재난에서 더 나은 대응을 할 수 있다.

종료-인계-AAR의 완결

- 현장 종료
  - 완벽 기대 X → 위험 성격 전환 판단
  - 재난 끝 X → 대응 방식 전환
  - 기준: 인명 구조 완료, 위험 안정화, 긴급 작전 종료

- 지자체 인계
  - 구두 전달 X → 문서화 + 대면 회의
  - 상황 요약, 미해결 과제, 주의사항, 자료
  - 책임·역할의 명확한 이동

- 사후 평가(학습 중심 평가)
  - 비난 X → 이해
  - 원칙: 신속 실시, 전원 참여, 솔직함 보호
  - 4대 질문: 계획 → 실제 → 원인 → 개선
  - 구체적 과제 도출 + 실행 추적

재난 대응의 성숙함은 현장에서의 용기만이 아니라 현장을 끝내는 방식과 그 경험을 남기는 태도에서 완성된다. 판단의 맥락이 기록되고 공유될 때 현장은 다음 재난에서 더 빠르고 안정적으로 움직일 수 있다.

종료 판단을 명확히 하고, 책임을 분명히 인계하며, 경험을 학습으로 전환하는 조직은 재난을 통해 강해진다. 반대로 종료를 미루고, 인계를 모호하게 하며, 평가를 형식으로 끝내는 조직은 같은 실수를 반복한다.

사후 평가를 통해 개인의 경험을 조직의 자산으로 만드는 것, 그것이 재난 대응 조직이 계속 성장하는 방법이다.

PART 4

산업현장과 조직에서 작동하는 재난 대응과 회복

Disaster Response and Recovery at Industrial Sites and Organizations

CHAPTER 12

산업재난은 어떻게 발생하는가

산업재난의 발생 메커니즘

'위험요인-노출-취약성' 구조로 보는 산업재난

산업재난은 갑작스럽게 발생하는 것처럼 보이지만, 실제로는 오랜 시간에 걸쳐 구조적으로 형성된 결과다. 현장에서 흔히 '불가항력적 사고'라고 표현되지만, 산업재난을 분석해 보면 대부분 일정한 메커니즘을 따른다. 그 핵심 구조가 바로 '위험요인-노출-취약성'의 결합이다.

❶ 위험요인(Hazard)

산업현장에 상존하는 잠재적 위협 요소다. 고온·고압 설비, 가연성 물질, 중량 구조물, 반복 작업, 자동화 설비 등은 그 자체로 위험을 내포하고 있다. 문제는 이러한 위험요인이 특별한 상황에서만 등장하는 것이 아니라 일상적인 생산 과정 속에 포함되어 있다는 점이다. 산업재난은 위험요인이 새로 생겨서 발생하는 경우보다 이미 존재하던 위험요인이 통제되지 않은 채 누적되어 발생하는 경우가 훨씬 많다.

위험요인은 제거할 수 없는 경우가 많다. 화학공장에서 고압 반응기를 없앨 수 없고, 건설현장에서 중장비를 사용하지 않을 수 없다. 따라서 위험요인의 존재 자체가 문제가 아니라 그것을 어떻게 관리하느냐가 핵심이다. 위험요인을 인식하지 못하거나 알면서도 방치할 때 산업재난의 첫 번째 조건이 만들어진다.

❷ 노출(Exposure)

위험요인이 실제 사람과 접촉하는 방식과 빈도를 의미한다. 같은 위험요인이라도 노출이 제한되어 있다면 사고로 이어질 가능성은 적다. 그러나 작업 공정이 촉박해지고, 인력이 부족해지며, 작업 시간이 늘어날수록 노출은 자연스럽게 증가한다. 산업현장에서 "잠깐이면 된다", "이번 한 번만"이라는 판단이 반복되는 이유도 바로 이 노출 관리가 느슨해지기 때문이다.

노출은 시간적 요소와 공간적 요소를 모두 포함한다. 위험한 작업에 얼마나 오래 종사하는지(시간적 노출), 위험 지역에 얼마나 가까이 접근하는지(공간적 노출)가 모두 중요하다. 또한 노출 대상은 작업자만이 아니다. 설비, 공정, 주변 환경도 위험요인에 노출될 수 있으며, 이 노출이 연쇄 사고로 이어지는 경우가 많다.

❸ 취약성(Vulnerability)

위험요인과 노출이 실제 피해로 전환될 가능성을 결정하는 요소다. 설비의 노후화, 안전장치의 임시 해제, 숙련되지 않은 인력 투입, 야간·악천후 작업, 관리자의 부재 등은 모두 취약성을 높인다. 취약성은 눈에 잘 띄지 않기 때문에 사고 이후에야 '이미 위험한 상태였다'라는 사실이 드러나는 경우가 많다.

취약성은 물리적 취약성과 관리적 취약성으로 나뉜다. 물리적 취약성은 설비 상태, 작업 환경, 보호 장비의 성능 등이 포함되며, 관리적 취약성은 의사결정 구조, 안전 문화, 교육 수준, 점검 빈도 등을 포함한다. 두 가지 취약성이 모두 높은 상태에서는 작은 위험요

요소	정의	예시	관리 방향
위험요인	잠재적 위협 요소	고온·고압 설비, 가연성 물질, 중량물, 반복 작업	인식, 격리, 대체
노출	위험요인과의 접촉	작업 시간·빈도 증가, 인력 부족, 안전거리 미확보	시간 제한, 차단, 자동화
취약성	피해 전환 가능성	설비 노후화, 안전장치 해제, 미숙련 인력, 관리 부재	점검, 교육, 절차 준수

인도 큰 사고로 이어질 수 있다.

산업재난은 이 세 요소가 동시에 겹치는 순간 발생한다. 위험요인이 존재하고, 노출이 증가하며, 취약성이 방치될 때 사고는 필연적으로 재난으로 확대된다. 중요한 것은 세 요소 중 하나만 차단해도 재난은 예방될 수 있다는 점이다. 위험요인을 제거하거나, 노출을 줄이거나, 취약성을 낮추면 사고는 발생하지 않거나 피해가 제한된다.

예를 들어 화학공장의 폭발 사고를 분석해 보면 위험요인(고압 가스 저장 탱크), 노출(정기 점검 중 작업자 접근), 취약성(노후 배관, 안전 절차 미준수)이 동시에 존재했음을 알 수 있다. 이 중 하나라도 관리되었다면, 즉 배관을 교체했거나, 작업 시 안전거리를 확보했거나, 점검 절차를 철저히 따랐다면 사고는 막을 수 있었다.

산업재난을 구조적으로 바라보는 관점은 사고를 개인의 실수로 환원시키지 않는다. 그것은 산업현장이 어떤 조건에서 위험해지는지를 설명하는 언어다. '작업자가 조심하지 않아서'라는 설명은 표면적일 뿐이다. 왜 조심할 수 없는 상황이었는지, 왜 위험요인이 제거되지 않았는지, 왜 노출이 증가했는지를 질문할 때 진짜 원인이 드러난다.

따라서 산업재난을 예방한다는 것은 이 구조를 얼마나 일찍 인식하고 차단하느냐의 문제다. 위험요인-노출-취약성 구조는 평가 도구이자 동시에 예방 전략이다. 어느 지점에서 개입할 것인가를 결정하는 틀이 된다.

현장에서 이 구조를 적용하는 방법은 명확하다. 첫째, 위험요인 목록 작성과 정기 검토다. 어떤 위험요인이 존재하는지 명확히 파악하고, 신규 공정이나 설비 도입 시 추가되는 위험요인을 확인한다. 둘째, 노출 최소화 전략이다. 작업 시간 단축, 안전거리 확보, 자동화·원격 조작 도입으로 노출을 줄인다. 셋째, 취약성 지속 점검이다. 설비 상태, 안전장치 작동 여부, 작업자 숙련도, 관리 체계를 정기적으로 평가한다.

위험요인-노출-취약성 구조의 핵심

- 삼각 구조
  - 위험요인: 잠재적 위협(고압, 가연물, 중량물 등)
  - 노출: 위험과의 접촉(시간, 빈도, 거리)

- 취약성: 피해 전환 가능성(노후화, 미숙련, 관리 부재)

• 재난 발생 조건
  - 세 요소가 동시에 겹칠 때 재난 발생   - 하나만 차단해도 예방 가능

• 예방 전략
  - 위험요인: 인식, 격리, 대체   - 노출: 시간 제한, 차단, 자동화
  - 취약성: 점검, 교육, 절차 준수

산업재난은 새로운 위험이 생겨서가 아니라 이미 존재하던 위험이 방치되어 발생한다. 이 구조를 이해할 때 산업재난은 관리 가능한 위험으로 인식되기 시작한다. 사고 이후 "예상하지 못했다"라고 말하는 대신 "어느 지점에서 관리가 느슨해졌는가"를 질문하게 된다. 그 질문이 다음 재난을 막는 출발점이다.

'예상하지 못한 사고'라는 착각의 문제

산업재난 이후 가장 자주 등장하는 표현 중 하나가 "예상하지 못했다"라는 말이다. 이 표현은 사고의 충격을 설명하는 데는 유용하지만, 재난의 원인을 설명하는 데는 거의 도움이 되지 않는다. 실제로 많은 산업재난은 전혀 예상할 수 없어서 발생한 것이 아니라 예상했지만 중요하게 다루지 않았기 때문에 발생한다.

산업현장에는 이미 수많은 경고 신호가 존재한다. 작은 설비 이상, 반복되는 경미한 사고, 작업자의 불안 제기, 안전 점검에서의 지적 사항은 모두 재난의 전조다. 그러나 이러한 신호는 "아직 사고는 아니다"라는 이유로 쉽게 무시된다. 생산 일정, 비용 부담, 작업 효율이라는 논리가 이 신호들을 덮어버린다.

예를 들어 설비에서 비정상적인 소음이 들리거나, 압력계 수치가 평소와 다르거나, 작업자가 뭔가 이상하다고 느꼈을 때 이는 분명한 경고다. 그러나 현장에서는 "아직 작동은 하고 있다", "일단 오늘은 마무리하고 내일 점검하자", "이 정도는 괜찮다"라는 판단

이 반복된다. 경고를 무시하는 것은 의도적 선택이 아니라 일상적 압박 속에서 자연스럽게 이루어지는 선택이다.

경고 신호가 무시되는 구조적 이유는 명확하다.

❶ 즉각적 결과의 부재

경고를 무시해도 당장은 사고가 나지 않는다. 오늘 점검을 미뤄도 생산은 계속되고, 안전장치를 잠시 해제해도 작업은 끝난다. 이 '문제없음'의 경험이 쌓일수록 경고는 점점 더 가볍게 받아들여진다.

❷ 대응의 부담

경고를 심각하게 받아들이면 공정을 멈춰야 하고, 점검을 해야 하며, 일정이 지연된다. 이 부담이 클수록 경고는 '과민 반응'으로 치부된다.

❸ 책임의 분산

경고를 제기한 사람이 명확한 증거를 제시하지 못하면 "확실하지 않은데 왜 생산을 멈추냐"라는 반박에 부딪힌다. 결국 아무도 책임지고 싶지 않은 상황에서 경고는 묻힌다.

경고 신호	흔한 무시 이유	실제 의미
설비 이상 소음	아직 작동 중	부품 마모, 파손 임박
반복되는 경미한 사고	큰 사고는 아니다	구조적 위험 존재
작업자 불안 제기	주관적 느낌일 뿐	현장 경험의 직관적 경고
점검 지적 사항	예산·일정 문제	취약성 증가
안전 절차 미준수	효율 저하	통제력 상실

"예상하지 못했다"라는 말은 종종 책임을 분산시키는 역할을 한다. 누구도 일부러 위험을 방치한 것은 아니며, 사고는 우연히 발생했다는 서사가 만들어진다. 그러나 이 서사는 중요한 질문을 지워버린다. 왜 위험요인이 제거되지 않았는지, 왜 노출이 줄어들지 않았는지, 왜 취약성이 관리되지 않았는지에 대한 질문이다.

산업재난의 특징은 작은 선택의 반복에서 발생한다는 점이다. 안전장치를 잠시 해제한 결정, 점검을 다음으로 미룬 판단, 인력 교육을 생략한 선택이 각각은 사소해 보이지만, 누적될수록 재난의 조건은 완성된다. 이 과정에서 누구도 "재난을 만들자"라고 결정하지 않는다. 다만 재난을 막을 기회를 반복해서 놓친다.

한 화학공장에서 밸브 교체를 3개월째 미루고 있었다고 가정하자. 1개월 차에는 "다음 달 예산에 반영하자", 2개월 차에는 "일단 이번 생산 마감 후에", 3개월 차에는 "아직 작동하고 있다"라는 이유로 미뤄졌다. 결과적으로 노후 밸브는 3개월 동안 방치되었고, 그 사이 취약성은 계속 증가했다. 사고가 발생하면 "예상하지 못했다"라고 말하지만, 실제로는 예상할 수 있는 정보가 있었음에도 행동하지 않은 것이다.

'예상하지 못한 사고'라는 표현이 위험한 이유는 다음 사고 역시 예상하지 못할 것이라는 태도를 정당화하기 때문이다. "어쩔 수 없었다"라는 서사는 변화를 가로막는다. 반대로 산업재난을 '충분히 예측 가능했으나 관리되지 않은 결과'로 인식하면 대응의 방향은 달라진다. 사고 이후의 책임 추궁이 아니라 사고 이전의 판단 구조를 점검하게 된다. 산업재난 예방의 출발점은 예측 능력이 아니라 경고를 심각하게 받아들이는 태도다.

산업재난 예방을 위한 구체적 실천은 다음과 같다.

첫째, 경고 신호를 기록하고 추적하는 체계를 만든다. 작은 이상이라도 보고하고, 그 이후 조치 여부를 확인한다.

둘째, "아직 괜찮다"라는 판단을 경계한다. 이 말은 대부분 "지금은 문제가 없다"라는 의미지, "앞으로도 문제없다"라는 보장이 아니다.

셋째, 경고 제기를 보호하는 문화를 만든다. 불안을 제기한 사람이 불이익을 받지 않도록 하고, 오히려 그 목소리가 존중받는 조직을 만든다.

'예상하지 못한 사고' 착각의 본질

- 경고는 이미 존재
  - 설비 이상, 경미한 사고, 작업자 점검 지적　　　- 아직 사고는 아니다 → 무시의 논리

- 생산·비용·일정 압박이 경고를 덮음

• 무시의 구조
  - 즉각적 결과 부재(당장은 문제없음)   - 대응의 부담(공정 중단, 일정 지연)
  - 책임의 분산(누구도 결정 안 함)

• 작은 선택의 누적
  - 안전장치 임시 해제, 점검 미룸, 교육 생략   - 각각은 사소해 보이지만 누적되면 재난
  - 재난 방지 기회를 놓침

• 예방의 출발점
  - 경고를 심각히 받아들이는 태도   - 경고 기록·추적 체계
  - '아직 괜찮다' 경계   - 경고 제기 보호 문화

재난은 갑자기 나타나지 않는다. 다만 그것을 재난으로 인식하는 시점이 너무 늦을 뿐이다. 이 착각을 버리면 산업재난은 더 이상 불가피한 사건이 아니라 관리 가능한 위험으로 전환된다. "예상하지 못했다"라는 말 대신 "어느 지점에서 예상을 행동으로 연결하지 못했는가"를 질문할 때 진짜 예방이 시작된다.

위험요인 분석의 실제 'HAZOP과 JSA'

공정을 보는 HAZOP, 작업을 보는 JSA

산업현장에서 위험요인을 체계적으로 분석하기 위해 가장 널리 활용되는 도구가 HAZOP과 JSA다. 두 기법은 모두 위험요인을 사전에 파악하기 위한 목적을 갖지만, 접근 방식과 분석 대상은 분명히 다르다. 이 차이를 이해하지 못하면 위험 분석은 형식적인 절차로 전락하고, 재난 예방이라는 본래 목적을 달성하지 못한다.

HAZOP(Hazard and Operability Study)은 공정을 중심으로 위험을 바라보는 기법이다. 설비와 공정 흐름을 기준으로 '정상 상태에서 벗어날 가능성'을 하나씩 점검한다. 압력이 높아질 경우, 온도가 낮아질 경우, 유량이 차단될 경우와 같이 공정 변수의 변화를 가정하고, 그 결과가 어떤 위험으로 이어질 수 있는지를 분석한다.

HAZOP의 핵심은 가이드 워드(Guide Word) 활용이다. '더(More)', '덜(Less)', '없음(No)', '반대(Reverse)', '다름(Other Than)' 같은 가이드 워드를 공정 변수에 적용해 이탈 시나리오를 체계적으로 도출한다. 예를 들어 '압력'이라는 변수에 '더'를 적용하면 '압력 상승', '없음'을 적용하면 '압력 차단' 시나리오가 만들어진다. 각 시나리오에서 발생 가능한 위험과 결과를 분석한다.

HAZOP의 강점은 공정 전체를 구조적으로 훑어볼 수 있다는 점이다. 개별 설비가 아니라 공정의 흐름, 설비 간 연계, 연쇄 반응을 파악할 수 있다. 화학공장, 정유시설, 발전소처럼 복잡한 공정이 연속적으로 작동하는 현장에서 특히 효과적이다. 그러나 HAZOP은 사람의 행동보다는 설비와 시스템의 기술적 측면에 초점을 맞춘다.

반면 JSA(Job Safety Analysis)는 작업을 중심으로 위험을 분석한다. 작업자를 기준으로 실제 작업 절차를 단계별로 나누고, 각 단계에서 발생할 수 있는 위험요인과 안전 대책을 검토한다. JSA는 작업자의 동선, 자세, 도구 사용, 작업 순서와 같은 현장 행동 수준의 위험을 드러내는 데 효과적이다.

JSA의 절차는 비교적 단순하다. 첫 번째, 작업을 단계별로 세분화한다. 용접 작업이라면 '준비 → 차단 → 용접 → 점검 → 정리'와 같이 나눈다. 두 번째, 각 단계의 위험요인 파악이다. 준비 단계에서는 장비 결함, 용접 단계에서는 화상·화재, 정리 단계에서는 잔열 접촉 등을 확인한다. 세 번째, 안전 대책 수립이다. 각 위험요인에 대한 예방 조치, 보호 장비, 작업 기준을 정한다.

JSA의 강점은 작업자의 실제 행동과 연결된다는 점이다. 설비는 정상이라도 작업 방식이 잘못되면 사고는 발생한다. 작업자가 안전거리를 지키지 않거나, 작업 순서를 바꾸거나, 보호 장비를 착용하지 않는 순간 사고로 이어진다. JSA는 이 지점을 포착한다.

구분	HAZOP	JSA
분석 중심	공정(설비·시스템)	작업(사람·절차)
핵심 질문	공정에서 어떤 사고가 날 수 있는가	작업자가 이 단계에서 무엇이 위험한가
방법	가이드 워드 + 공정 변수	작업 단계별 위험 파악
강점	공정 전체 구조 파악	현장 행동 수준 위험 파악
적용 현장	화학·정유·발전 등 복잡 공정	건설·제조·정비 등 작업 중심
한계	사람 행동 간과	공정 전체 시각 부족

문제는 많은 현장에서 HAZOP과 JSA가 서로 분리된 채 운영된다는 점이다. 공정 분석은 기술 부서에서, 작업 분석은 안전 부서에서 각각 진행되고, 그 결과는 하나의 위험 관리 체계로 통합되지 않는다. 이 경우 공정은 안전하지만 작업이 위험하거나, 작업은 안전하지만 공정 자체가 취약한 상황이 반복된다.

예를 들어 HAZOP에서 압력 상승 위험을 파악하고 안전밸브를 설치했다고 하자. 그러나 JSA에서 안전밸브 점검 작업의 위험을 분석하지 않으면 점검 중 사고가 발생할 수 있다. 반대로 JSA에서 용접 작업의 화재 위험을 파악하고 소화기를 비치했어도, HAZOP에서 주변 가연성 가스 누출 가능성을 놓치면 화재는 폭발로 이어질 수 있다.

HAZOP과 JSA는 대체 관계가 아니라 보완 관계다. HAZOP은 "이 공정에서 어떤 사고가 날 수 있는가"를 묻고, JSA는 "이 작업을 사람이 수행할 때 무엇이 위험한가"를 묻는다. 산업재난은 이 두 질문이 동시에 무시될 때 발생한다. 공정과 작업을 분리해서 바라보는 순간 위험은 분석의 틈새로 빠져나간다.

HAZOP과 JSA의 통합적 운용의 실제는 다음과 같다.

첫째, 분석 시점의 통합이다. 새로운 공정 도입 시 HAZOP과 JSA를 동시에 수행한다. 공정 위험을 파악하면서 그 공정에서 수행될 작업의 위험도 함께 검토한다.

둘째, 참여자의 통합이다. HAZOP에 작업자가 참여하고, JSA에 공정 엔지니어가 참여한다. 각자의 시각이 교차될 때 숨은 위험이 드러난다.

셋째, 결과의 통합이다. HAZOP에서 도출된 위험 시나리오와 JSA에서 파악된 작업 위험을 하나의 위험 관리 체계로 묶는다. 예를 들어 '압력 상승 → 안전밸브 작동 → 점검 필요 → 점검 작업 위험'까지 연결해서 관리한다.

넷째, 정기 재검토 시 통합이다. 공정이 변경되면 작업도 함께 검토하고, 작업 방식이 바뀌면 공정 영향도 평가한다.

HAZOP과 JSA의 통합 운용

- 두 기법의 차이 인식
  - HAZOP: 공정 중심
  - JSA: 작업 중심

- 통합 전략
  - 분석 시점 통합: 동시 수행
  - 결과 통합: 하나의 관리 체계

- 분리 운영의 문제
  - 공정은 안전하나 작업은 위험
  - 작업은 안전하나 공정은 취약

- 참여자 통합: 교차 참여
- 재검토 통합: 변경 시 함께 평가

산업재난을 예방하기 위한 위험요인 분석은 기법의 선택이 아니라 관점의 통합에서 시작된다. HAZOP만으로는 사람의 실수를 막을 수 없고, JSA만으로는 공정의 연쇄 반응을 예측할 수 없다. 공정과 작업을 함께 바라볼 때 위험은 비로소 입체적으로 드러난다. 이 통합이 이루어질 때 위험 분석은 재난을 막는 실질적 도구가 된다.

분석이 문서에 머물 때 재난은 반복된다

많은 산업현장에서 HAZOP과 JSA는 이미 수행되고 있다. 회의도 열리고, 표와 보고서도 작성된다. 그럼에도 사고는 반복된다. 이 모순의 원인은 분석이 부족해서가 아니라 분석이 문서에 머물기 때문이다. 위험요인 분석이 실행으로 연결되지 않을 때 그것은 안전 관리가 아니라 행정 절차에 불과하다.

위험 분석이 문서에 머무는 이유는 다음과 같다.

첫 번째 이유는 분석 결과가 업무 결정에 반영되지 않기 때문이다. 위험요인이 확인되었음에도 공정 변경은 비용 문제로 미뤄지고, 작업 방식 개선은 일정 문제로 보류된다. 분석은 존재하지만 그것이 생산·운영 결정의 기준이 되지 못한다. 이때 위험 분석은 형식적 기록으로 전락한다.

예를 들어 HAZOP에서 특정 배관의 압력 상승 위험이 파악되고 '압력 릴리프 밸브 추가 설치' 권고가 나왔다고 하자. 그러나 예산 부서는 '내년 계획에 반영', 생산 부서는 '현재 문제없이 작동 중'이라는 이유로 실행을 미룬다. 분석 보고서는 작성되었지만 실제 현장은 1년 전과 똑같다. 이 상태에서 사고가 발생하면 "위험은 파악했지만 대응 전이었다"라는 변명만 남는다.

두 번째 이유는 분석 결과가 현장에 전달되지 않기 때문이다. HAZOP과 JSA는 전문가와 관리자 중심으로 작성되는 경우가 많고, 실제 작업자는 그 내용을 충분히 공유하지 못한다. 현장은 여전히 기존 방식대로 작업하고, 분석 결과는 서류함에 남는다. 이 간극이 커질수록 "분석은 했지만 사고는 났다"라는 말이 반복된다.

JSA에서 '용접 전 주변 가연물 제거' 절차가 명시되었어도 작업자가 이를 모르거나 중요하지 않다고 생각하면 실행되지 않는다. 분석 결과를 작업 지시서에 반영하고, 현장 교육에 포함하며, 일일 안전 미팅에서 공유하는 과정이 없으면 분석은 현장과 분리된다.

세 번째 이유는 위험 분석이 한 번의 행사로 끝날 수 있기 때문이다. 설비 도입 시, 사고 발생 후, 점검 기간에만 분석이 이루어지고, 이후 변화된 조건은 반영되지 않는다. 그러나 산업현장은 끊임없이 변한다. 설비는 노후화되고, 작업자는 바뀌며, 공정은 수정된다. 분석이 정적인 문서로 남아 있으면 현실과의 괴리는 커진다.

예를 들어 5년 전 HAZOP 보고서에 기록된 설비 상태와 현재 설비 상태는 다르다. 그 사이 부품이 교체되고, 운전 조건이 바뀌었으며, 새로운 위험요인이 추가되었을 수 있다.

분석이 문서에 머무는 이유	구체적 상황	결과
결정에 미반영	비용·일정 이유로 권고 보류	위험 지속, 형식적 기록화
현장 미전달	작업자가 분석 결과 모름	기존 방식 유지, 간극 확대
일회성 실시	초기만 분석, 갱신 안 함	현실 괴리, 잘못된 안전감

그러나 분석이 갱신되지 않으면 조직은 5년 전 정보를 기준으로 판단한다. 현실과 맞지 않는 분석은 오히려 잘못된 안전감을 준다.

위험요인 분석의 목적은 위험을 정리하는 것이 아니라 행동을 '바꾸는 것'이다. 분석 결과는 작업 중지 기준이 되고, 공정 개선의 근거가 되며, 교육 내용으로 재구성되어야 한다. 문서가 아니라 판단 기준으로 작동할 때 분석은 비로소 의미를 갖는다.

분석을 실행으로 연결하는 방법

❶ 의사결정 구조에 포함

HAZOP과 JSA 결과를 단순 참고가 아니라 필수 검토 사항으로 만든다. 공정 변경, 설비 도입, 작업 계획 수립 시 반드시 위험 분석 결과를 확인하고, 미해결 위험이 있으면 진행을 보류한다. 이를 위해서는 경영진의 명확한 의지와 절차 개정이 필요하다.

❷ 현장 언어로 번역

전문 용어로 가득한 HAZOP 보고서를 작업자가 이해할 수 있는 형태로 바꾼다. 예를 들어 '압력 이탈(Pressure Deviation)'이라는 표현 대신 '압력계가 빨간색 영역에 들어가면', '밸브 역류(Reverse Flow)'보다 '유체가 반대 방향으로 흐르면'처럼 구체적으로 설명한다. JSA 역시 작업 지시서, 체크리스트, 안전 카드로 만들어 현장에서 즉시 활용 가능하게 한다.

❸ 정기 갱신 체계 확립

분석을 한 번의 이벤트가 아니라 지속적인 과정으로 만든다. 설비 변경, 공정 수정, 사고 발생, 일정 기간 경과 시 재분석을 의무화한다. 변경 관리(MOC, Management of Change) 절차와 연계하면 효과적이다. 공정이나 작업이 바뀔 때마다 자동으로 위험 분석이 촉발되는 구조를 만든다.

❹ 책임과 권한의 명확화

분석 결과에 따른 조치를 누가 실행하고, 예산은 누가 승인하며, 완료 여부는 누가 확인하는지를 명확히 한다. 책임이 불명확하면 "누군가 하겠지"라는 기대 속에 아무도 하지 않는다. 각 위험요인에 담당자와 완료 기한을 지정하고 진행 상황을 추적한다.

❺ 성과 지표 연계

안전 분석 실행률을 조직과 개인의 성과 지표에 포함한다. '분석 보고서 작성 건수'가 아니라 '분석 결과 조치 완료율'을 측정한다. 조치가 완료되지 않은 위험요인이 몇 개나 남아 있는지, 얼마나 오래 방치되었는지를 가시화한다.

분석을 실행으로 전환하는 전략

- 문서화의 함정
  - 분석은 하나 실행하지 않음(형식적 절차)
  - 결과: 같은 사고 반복

- 문서에 머무는 이유
  - 의사결정에 미반영(비용·일정 우선)
  - 현장 미전달(작업자가 모름)
  - 일회성 실시(갱신 없음)

- 실행 연결 전략
  - 의사결정 구조 포함(필수 검토 사항)
  - 정기 갱신 체계(변경 시 재분석)
  - 성과 지표 연계(조치 완료율 측정)
  - 현장 언어 번역(작업 지시서, 체크리스트)
  - 책임·권한 명확화(담당자, 기한 지정)

위험요인 분석은 문서가 아니라 판단 기준으로 작동할 때 비로소 의미를 갖는다. 산업 재난이 반복되는 이유는 위험을 몰라서가 아니다. 이미 알고 있는 위험을 결정의 기준으로 사용하지 않기 때문이다.

HAZOP과 JSA는 재난을 예측하기 위한 도구가 아니라 재난을 막기 위한 언어다. 그 언어가 문서에만 머무르는 한 재난은 언제든 다시 발생할 준비를 하고 있다. 위험요인 분석을 행동으로 전환하는 순간 조직은 비로소 재난을 관리할 수 있는 능력을 갖추게 된다.

CHAPTER 13

사고는 초기 대응에서 갈린다

산업사고 초동 단계의 의사결정 구조

초기 30분이 모든 것을 결정하는 이유

산업사고가 재난으로 확대되는지, 통제 가능한 사고로 마무리되는지는 대부분 초기 30분 안에 결정된다. 초기 30분은 사고의 원인을 규명하거나 책임을 따질 시간이 아니다. 오히려 정보가 부족하고, 상황이 빠르게 변하며, 판단의 부담이 가장 큰 구간이다. 역설적으로 바로 이 시점에서의 결정이 이후 수시간, 수일의 대응을 좌우한다.

초동 단계의 특징은 불확실성이다. 정확한 피해 규모는 알 수 없고, 설비의 상태도 완전히 파악되지 않는다. 이때 "조금 더 확인한 뒤 결정하자"라는 선택은 신중해 보이지만, 실제로는 위험을 키우는 방향으로 작동하는 경우가 많다. 산업사고는 시간이 지나면서 자연스럽게 안정되는 경우보다 확산 조건이 충족되며 악화되는 경우가 훨씬 많기 때문이다.

화학공장의 가스 누출, 제조 공정의 화재, 건설현장의 구조물 붕괴는 모두 초기 몇 분 안에 작은 이상으로 시작된다. 그러나 이 시점에 즉각 대응하지 않으면 가스는 확산되고, 화재는 전이되며, 붕괴는 연쇄적으로 발생한다. 초기 30분은 사고를 사고로 마무리할 수 있는 마지막 기회이자 재난으로의 전환을 막을 수 있는 유일한 구간이다.

초기 30분의 판단은 문제를 해결하는 것이 아니라 문제가 커지지 않게 막는 것이다. 생산 정상화, 원인 규명, 손실 최소화는 이 단계의 목표가 아니다. 오히려 "지금 멈추지 않으면 더 큰 피해가 발생하는가", "지금 통제하지 않으면 인명 피해로 이어질 수 있는가"라는 질문이 판단의 중심이 되어야 한다.

그러나 현실에서 이 판단은 쉽지 않다. 사고 초기에는 "아직 괜찮을 수 있다"라는 기대, "과잉 대응일 수 있다"라는 두려움, "손실이 클 것"이라는 부담이 동시에 작동한다. 특히 공정 중단이라는 선택은 생산 손실, 납기 지연, 경영 부담을 수반하기 때문에 관리자의 판단을 위축시킨다.

초기 30분의 특성	내용	위험
불확실성	정보 부족, 상태 불명확	확인 대기 → 대응 지연
빠른 변화	상황 급변, 확산 가능성	관망 → 통제 상실
판단 부담	공정 중단, 손실 우려	위축 → 소극적 대응
비가역성	초기 기회 놓치면 회복 어려움	지연 → 재난 전환

산업현장에서 초기 대응이 늦어지는 가장 큰 이유는 공정 중단에 대한 부담이다. 그러나 많은 중대 사고를 분석해 보면, 초동 단계에서의 지연은 대부분 사고를 재난으로 전환시키는 결정적 계기로 작용한다. 초기 30분을 벌기 위해 공정을 유지한 선택이 이후 수개월의 복구 기간과 막대한 손실로 이어지는 경우가 반복되어 왔다.

2012년 여수 산업단지 폭발 사고, 2018년 평택 LG화학 가스 누출 사고 등 주요 산업재난을 보면 공통점이 있다. 초기에 이상 징후가 감지되었지만 "조금 더 지켜보자", "원인을 파악한 후 조치하자"라는 판단이 이루어졌고, 그 사이 상황은 돌이킬 수 없는 단계로 진행되었다. 초동 30분의 지연이 수십 명의 인명 피해와 수백억 원의 손실로 이어진 것이다.

이 구간에서 중요한 것은 완벽한 정보가 아니라 명확한 우선순위다. 인명 보호가 최상위인지, 설비 보호가 우선인지, 외부 확산 가능성이 있는지에 대한 판단이 내려져야 한다.

이 우선순위가 정해지지 않으면 현장은 각자의 판단으로 움직이게 되고, 대응은 분산된다.

우선순위 확립의 원칙

❶ 인명 보호 우선

소방 현장 대응과 동일한 원칙이지만, 산업현장에서는 종종 생산과 충돌한다. 그러나 인명이 위험한 상황에서 설비나 생산을 먼저 고려하는 것은 판단의 순서가 잘못된 것이다. 작업자의 안전이 확보되지 않으면 이후 어떤 복구도 의미가 없다.

❷ 최악의 가능성 기준 판단

초기 단계에서는 정보가 불완전하므로 최악의 시나리오를 기준으로 대응 수준을 결정해야 한다. "괜찮을 것 같다"라는 기대보다 "최악의 경우 어떻게 될 것인가"를 기준으로 삼는다. 이후 상황이 안정되면 대응을 축소할 수 있지만, 초기에 과소평가하면 만회할 기회가 없다.

❸ 결정의 속도 우선

완벽한 판단을 기다리기보다 불완전하더라도 빠른 결정을 내리고 실행하는 것이 중요하다. 초동 30분에 내린 결정은 이후 수정할 수 있다. 공정을 중단했다가 재개할 수도 있고, 대피 후 복귀할 수도 있다. 그러나 결정을 미룬 시간은 되돌릴 수 없다.

초기 30분 의사결정의 핵심 원칙

- 초기 30분의 본질
  - 문제 해결 X → 확산 방지
  - 원인 규명 X → 피해 차단
  - 정보 수집 X → 즉각 결정

- 판단을 가로막는 요소
  - 불확실성으로 인한 확인 대기 → 지연 초래
  - 공정 중단 부담 → 소극적 대응
  - 과잉 대응 두려움 → 위험 키움

- 우선순위 확립
  - 인명 보호 최우선(생산 X → 안전)
  - 결정 속도 우선(완벽 대기 X → 신속 실행)
  - 최악 가능성 기준(낙관 X → 비관)

초기 30분은 산업사고 대응의 '골든타임'이자 조직의 안전 철학이 가장 적나라하게 드러나는 시간이다. 이 시간을 어떻게 쓰느냐는 기술의 문제가 아니라 판단 구조의 문제다. 초동 지연으로 인한 재난 확대는 반복된 패턴이다.

명확한 우선순위, 최악 기준 판단, 신속한 결정이 확립된 조직은 사고를 사고로 마무리한다. 반대로 확인과 망설임으로 시간을 보내는 조직은 사고를 재난으로 키운다. 초동 30분의 차이가 생명과 재난의 갈림길이다.

공정 중단·대피·외부 신고 판단의 기준

초동 단계에서 관리자가 가장 어려워하는 판단은 세 가지다. 공정을 중단할 것인가, 대피를 지시할 것인가, 외부 기관에 신고할 것인가. 이 판단들은 서로 연결되어 있으며, 하나라도 늦어질 경우 사고는 빠르게 통제 범위를 벗어난다.

공정 중단 판단의 기준은 사고의 크기가 아니라 확산 가능성이다. 설비 이상이 국지적이더라도 연쇄 사고 가능성이 존재한다면 즉각적인 중단이 필요하다. "아직 괜찮아 보인다"라는 감각은 통제의 근거가 될 수 없다. 공정은 멈출 수 있지만, 인명 피해는 되돌릴 수 없다는 점이 판단의 기준이 되어야 한다.

구체적인 공정 중단 기준은 다음과 같다.

첫째, 안전 범위 이탈이다. 압력·온도·유량 등 공정 변수가 설계 범위를 벗어났을 때 이는 즉각 중단 신호다.

둘째, 안전장치 작동 또는 실패다. 릴리프 밸브가 작동했거나 반대로 작동해야 하는데 작동하지 않을 때 공정을 유지하는 것은 위험하다.

셋째, 인명 피해 노출 증가다. 가스 누출, 화재, 폭발 위험으로 작업자가 위험 지역에 있거나 접근해야 하는 상황이면 즉시 중단한다.

대피 판단 역시 피해가 발생했는가가 아니라 발생할 수 있는가를 기준으로 내려져야 한다. 가스 누출, 화재, 폭발 위험, 붕괴 가능성은 대피를 늦출 이유가 되지 않는다. 산업 현장에서 대피는 종종 '과잉 대응'으로 오해되지만, 실제로는 가장 보수적이고 합리적인 안전 조치다. 대피가 늦어질수록 구조 대상은 늘어나고, 대응은 훨씬 어려워진다.

대피 판단의 구체적 기준은 다음과 같다.

첫째, 즉각적 위험 존재다. 독성 가스 누출, 화재 확산, 구조물 균열 등 생명에 직접적 위험이 있으면 즉시 대피한다.

둘째, 통제 불능 징후다. 위험요인을 제어할 수단이 없거나 상황이 예측 불가능하게 변하면 대피를 우선한다.

셋째, 대피 경로 차단 가능성이다. 지금은 대피할 수 있지만 조금 더 지나면 대피로가 막힐 수 있다면 선제적으로 대피한다.

외부 신고 판단은 특히 주저되는 영역이다. 신고는 곧 사고의 공론화를 의미하고, 이는 관리 부담과 책임 문제로 이어진다. 그러나 외부 기관과의 연계는 사고가 재난으로 전환되기 전에 대응 역량을 확장하는 수단이다. 신고를 늦추면 내부 자원만으로 통제해야 하는 시간이 길어지고 위험은 누적된다.

외부 신고의 기준은 명확하다.

첫째, 내부 대응 한계 예상이다. 현재 가용한 인력·장비로 통제가 어렵거나 전문성이 부족하면 즉시 신고한다. 소방, 유해화학물질 전문팀, 구조대 등 외부 전문 인력이 필요한 순간을 놓치지 않아야 한다.

둘째, 외부 확산 가능성이다. 공장 경계를 넘어 주변 지역이나 환경에 영향을 줄 수 있으면 신고는 의무다.

셋째, 법적 신고 기준 충족이다. 산업안전보건법, 화학물질관리법 등에서 정한 신고 기

판단	기준	구체적 신호	주의사항
공정 중단	확산 가능성	안전 범위 이탈, 안전장치 작동/실패, 인명 노출	아직 괜찮다는 감각 경계
대피	발생 가능성	즉각 위험, 통제 불능, 대피로 차단 우려	과잉 아닌 보수적 조치
외부 신고	대응 역량 한계	내부 한계, 외부 확산, 법적 기준 충족	공론화 두려움 극복

준(사망·중상, 일정량 이상 누출 등)을 충족하면 지체 없이 신고한다.

이 세 가지 판단은 순차적으로 이루어지는 것이 아니라 동시에 고려되어야 하는 패키지 판단이다. 공정을 중단하면서 대피를 준비하고, 외부 신고를 병행할 때 사고는 통제 가능한 상태로 유지된다. 하나라도 빠지면 대응은 불완전해진다.

예를 들어 화학공장에서 반응기 압력이 급상승했다고 가정하자. 이상적인 대응은 '1분 이내: 공정 긴급 중단(비상 셧다운) → 2분 이내: 인근 작업자 대피 지시 → 3분 이내: 소방서 신고 및 사내 비상대응팀 소집' 이 세 조치가 거의 동시에 이루어질 때 초기 30분의 골든타임을 효과적으로 활용할 수 있다.

반대로 잘못된 대응은 '일단 압력 관찰(15분 경과) → 상황이 악화되자 공정 중단 논의(5~10분) → 대피 필요성 검토(10~15분) → 외부 신고 여부 회의(15~20분)' 이렇게 순차적으로 진행하면 실제 조치가 시작될 때는 이미 20분이 지나 있고, 상황은 통제 불능 단계로 진입한다.

패키지 판단을 위해서는 사전 기준과 권한 위임이 필수적이다. 현장 관리자가 긴급 상황에서 일일이 상부에 보고하고 승인을 기다릴 시간은 없다. 따라서 평시에 다음을 명확히 해야 한다.

- 비상 중단 권한 위임이다. 현장 관리자, 교대 책임자, 안전 담당자에게 특정 조건(안전 범위 이탈, 인명 위험 등)에서는 승인 없이 즉시 공정을 중단할 수 있는 권한을 부여한다. 이 권한은 명문화되어야 하며, 사후 책임 추궁으로부터 보호되어야 한다.
- 대피 기준의 명확화다. '관리자 판단'이라는 모호한 기준이 아니라 측정 가능한 기준(가스 농도 ○○ppm 초과, 화재 ○○m 이내 접근, 구조물 균열 ○○cm 이상 등)을 정한다. 기준이 명확할수록 대피 결정은 빨라진다.
- 신고 절차의 단순화다. 복잡한 보고 라인을 거치지 않고 현장에서 직접 119, 관할 소방서, 유관 기관에 신고할 수 있는 핫라인을 구축한다. 신고 후 내부 보고 체계를 작동시키는 것이지, 내부 보고 완료 후 신고하는 것이 아니다.

초동 단계의 판단은 나중에 수정할 수 있다. 공정을 재개할 수도 있고, 대피를 해제할 수도 있으며, 외부 기관에 '상황 종료'를 통보할 수도 있다. 그러나 하지 않은 판단은 되돌릴 수 없다. 산업사고 대응에서 가장 큰 실패는 잘못된 결정이 아니라 결정을 미룬 선택이다.

공정 중단·대피·신고 판단의 핵심

- 세 가지 판단 기준
  - 공정 중단: 확산 가능성(크기 X)　　　- 대피: 발생 가능성(피해 발생 X)
  - 외부 신고: 대응 역량 한계(공론화 두려움 X)

- 패키지 판단 원칙
  - 동시 고려　　　- 공정 중단 → 대피 → 신고 병행
  - 1~3분 이내 세 조치 개시

- 사전 준비
  - 비상 중단 권한 위임(승인 불필요)　　　- 대피 기준 명확화(측정 가능)
  - 신고 절차 단순화(직접 핫라인)

- 판단의 가역성
  - 공정 재개, 대피 해제, 상황 종료 가능　　　- 미룬 시간은 되돌릴 수 없음

공정 중단, 대피, 외부 신고는 선택이 아니라 생명 보호의 원칙이다. 이 세 가지 판단이 신속하고 명확하게 이루어지는 조직은 사고를 조기에 통제한다. 반대로 주저하고 망설이는 조직은 사고를 재난으로 키운다. 초동 30분의 세 가지 판단, 그것이 산업사고와 산업재난의 갈림길이다.

공정 중단과 확산 방지 전략

손실이 아닌 '생명 보호'로서의 공정 중단

산업사고 대응에서 공정 중단은 언제나 가장 어려운 결정으로 남는다. 생산 손실, 납기 지연, 계약 문제는 관리자에게 즉각적인 부담으로 다가온다. 이 때문에 공정 중단은 종종 최후의 수단으로 인식된다. 그러나 재난 관점에서 공정 중단은 손실을 키우는 선택이 아니라 피해를 한계 안에 가두는 선택이다. 공정을 중단하지 않는 순간 손실의 크기는 예측 불가능한 방향으로 커진다.

공정 중단을 둘러싼 가장 큰 오해는 "사고가 어느 정도인지 확인한 뒤 결정해도 된다"라는 생각이다. 그러나 공정은 사고의 결과가 아니라 사고의 조건이다. 고온·고압·연속 공정이 유지되는 동안 위험요인은 계속 증폭된다. 이때의 공정 중단은 확산을 차단하는 즉각적 안전장치다.

많은 중대 산업재난 사례에서 공정 중단이 지연된 이유는 기술적 불가능이 아니라 판단의 주저였다. "조금만 더 가동해 보자", "국지적 문제로 보인다"라는 판단은 생산을 지키려는 선택처럼 보이지만, 실제로는 위험을 키우는 선택이 된다. 예를 들어 2012년 구미 불산 누출 사고는 초기 소량 누출 발견 시점에 공정을 즉시 중단했다면 막을 수 있었지만, "일단 상황을 봐야 한다"라는 판단으로 공정을 유지하다가 대규모 누출로 이어졌다.

공정 중단은 사고의 심각성을 인정하는 행위라기보다 생명 보호를 우선하겠다는 선언이다. 이 관점이 명확하지 않으면 공정 중단은 계속 미뤄진다. "중단하면 손실이 크다"라는 계산과 "중단하지 않으면 인명 피해가 발생할 수 있다"라는 판단 사이에서 전자가 우선되는 조직 문화가 문제의 핵심이다.

공정 중단에 대한 또 다른 오해는 '중단은 실패를 의미'한다는 인식이다. 평시 운영에서 공정 중단은 관리와 예방 실패, 기술 부족으로 해석되는 경우가 많다. 그러나 비상상황에서 공정 중단은 가장 전문적이고 책임 있는 판단이다. 위험을 조기에 인식하고 확산을 막기 위해 손실을 감수하는 선택이다. 오히려 중단하지 않고 사고를 키운 것이 진짜 실패다.

오해	실제
확인 후 결정	공정은 사고의 조건, 확산 중
조금만 더 가동	위험 증폭, 통제력 상실
중단 = 손실	중단 = 피해 한계 설정
중단 = 실패	중단 = 전문적 판단

공정 중단 판단의 기준은 단순해야 한다. 복잡한 기준은 현장에서 작동하지 않는다. 명확하고 즉각적으로 판단할 수 있는 기준이 필요하며, 이는 평시에 확립되어 조직에 내재화되어야 한다.

공정 중단 판단의 기준

❶ 인명 노출 가능성

'작업자, 인근 주민, 대응 인력이 위험에 노출될 가능성이 있는가?'

가스 누출, 화재, 폭발, 붕괴 위험이 있다면 공정을 즉시 중단한다. "아직 노출되지 않았다"가 아니라 "노출될 수 있다"가 기준이다.

❷ 연쇄 사고 가능성

'현재 사고가 다른 설비나 공정으로 확산될 가능성이 있는가?'

압력 상승이 인접 배관에 영향을 주거나, 화재가 저장 탱크로 번질 수 있거나, 누출 물질이 다른 화학물질과 반응할 수 있다면 즉시 중단한다. 연쇄 반응은 기하급수적으로 피해를 키운다.

❸ 외부 확산 위험

'사고가 공장 경계를 넘어 주변 지역, 환경, 다른 시설에 영향을 줄 가능성이 있는가?'

대기 중 유해물질 확산, 수질 오염, 폭발 충격파 등이 예상되면 공정을 중단하고 외부 기관에 신고한다.

이 세 가지 기준에 하나라도 해당되면 중단은 선택이 아니라 원칙이 된다. "아직 괜찮다", "조금만 더"라는 판단은 이 기준 앞에서 무효다. 기준이 명확할수록 판단은 빨라지고, 현장은 안정된다.

공정 중단의 실행 원칙도 중요하다.

첫째, 즉각성이다. 중단 결정이 내려지면 지체 없이 실행한다. '준비 후 중단'이 아니라 '중단 후 준비'가 원칙이다. 비상 셧다운(Emergency Shutdown) 절차는 수 초에서 수 분 안에 완료되어야 한다.

둘째, 명확한 선언이다. "공정을 중단한다"라고 명확히 선언하고 모든 관련 인력에게 전달한다. 모호한 지시(상황을 보면서 조정)는 각자의 해석을 낳고, 일부는 계속 가동하게 된다. 중단 명령은 단호하고 명확해야 한다.

셋째, 책임 보호다. 공정 중단 결정을 내린 관리자를 사후 책임 추궁으로부터 보호한다. '과잉 대응', '불필요한 손실'이라는 비난이 두려워 중단을 주저하게 만들면 안 된다. 오히려 신속한 중단 결정을 조직적으로 지지하고, 그 판단이 옳았음을 확인하는 조직 문화를 만든다.

공정 중단은 일시적 조치일 수 있다. 상황이 통제되고 안전이 확인되면 재개 여부를 다시 판단할 수 있다. '중단 → 점검 → 안전 확인 → 재개'의 절차가 가능하다. 그러나 중단하지 않은 선택은 되돌릴 수 없다. 산업사고 대응에서 가장 큰 손실은 공정을 중단하지 않아 발생하는 인명 피해와 장기적 신뢰 붕괴다.

공정 중단의 재정의

• 본질의 전환	• 판단 기준(하나라도 해당 시 즉시 중단)
- 손실 X → 생명 보호	- 인명 노출 가능성
- 최후 수단 X → 최우선 조치	- 연쇄 사고 가능성
- 실패 X → 전문적 판단	- 외부 확산 위험

- 실행 원칙
  - 즉각성: 결정 즉시 실행
  - 명확성: 단호한 선언
  - 책임 보호: 과잉 대응 비난 차단
- 가역성과 비가역성
  - 중단 → 재개 가능
  - 미중단 → 피해 발생 되돌릴 수 없음

공정 중단을 생명 보호의 관점으로 재정의할 때 관리자의 판단은 달라진다. 그것은 비용의 문제가 아니라 조직이 어떤 가치를 우선하는지에 대한 질문이 된다. 이 질문에 대한 답이 분명한 조직일수록 사고는 재난으로 확대되지 않는다. 공정 중단은 생산의 중단이 아니라 재난의 중단이다.

기술적·관리적 확산 방지와 외부 기관 연계

공정을 중단했다고 해서 사고가 자동으로 통제되는 것은 아니다. 그다음 단계에서 중요한 것은 확산 방지 전략이다. 확산은 물리적 현상인 동시에 관리의 실패이기도 하다. 기술적 조치와 관리적 조치가 동시에 작동하지 않으면 사고는 다른 형태로 번져 나간다.

기술적 확산 방지는 설비와 시스템 차원의 대응을 의미한다. 차단 밸브 작동, 전원 차단, 압력 해소, 격리 조치, 환기 시스템 가동 등은 사고의 물리적 확산을 막는 기본 수단이다. 이러한 조치는 사전에 설계되어 있어야 하며, 현장에서 즉시 실행 가능해야 한다. 기술적 조치가 지연되면 관리적 판단은 의미를 잃는다.

구체적인 기술적 조치는 사고 유형에 따라 다르다. 화재의 경우 가연물 차단, 산소 공급 차단, 냉각수 살포가 핵심이다. 스프링클러 자동 작동, 소화 설비 가동, 인접 설비 냉각이 동시에 이루어져야 한다. 가스·화학물질 누출의 경우 누출원 차단(밸브 폐쇄), 희석(물 분무), 중화(중화제 투입), 격리(방제막 설치)가 필요하다. 구조물 붕괴 위험의 경우 하중 제거, 지지대 설치, 진동 최소화, 추가 붕괴 위험 구역 차단이 중요하다.

기술적 조치의 핵심은 사전 준비와 자동화다. 비상상황에서 복잡한 수동 조작을 기대하기 어렵다. 따라서 압력 상승 시 자동으로 작동하는 릴리프 밸브, 화재 감지 시 자동 살수되는 스프링클러, 가스 누출 감지 시 자동 차단되는 밸브처럼 자동 안전 시스템이 필수적이다. 수동 조작이 필요한 경우에도 절차가 단순하고 직관적이어야 한다.

관리적 확산 방지는 사람과 조직의 움직임을 통제하는 영역이다. 출입 제한, 작업 중지 지시, 대피 구역 설정, 정보 접근 통제는 모두 관리적 조치에 해당한다. 이 단계에서 중요한 것은 지시의 명확성이다. 모호한 지시는 각자의 해석을 낳고, 그 결과 위험은 다시 확산된다. 확산 방지는 일관된 명령 체계를 전제로 한다.

관리적 조치의 구체적 예는 다음과 같다. 첫째, 접근 통제다. 사고 지역을 명확히 구획하고 필수 인력만 진입하도록 통제한다. 통제선 설정, 출입 기록, 개인보호장비 착용 확인이 포함된다. 둘째, 작업 전면 중지다. 사고와 직접 관련 없는 인근 작업도 잠정 중단한다. 진동, 화기, 전기 사용 등이 2차 사고를 유발할 수 있기 때문이다. 셋째, 정보 통제다. 잘못된 정보나 소문이 혼란을 키우므로 공식 채널을 통한 정보 전달만 허용한다.

관리적 조치의 성공은 명령 체계의 명확성에 달려 있다. 누가 지시하는지, 그 지시가 누구에게 적용되는지, 어디까지 유효한지가 분명해야 한다. 여러 관리자가 각자의 판단으로 지시를 내리면 현장은 혼란에 빠진다. 단일 지휘 체계 또는 통합지휘체계 안에서 일관된 명령이 전달될 때 관리적 확산 방지가 작동한다.

확산 방지	핵심 조치	사전 준비	주의사항
기술적	차단·격리·냉각·중화	자동 시스템, 단순 절차	지연 시 관리 무의미
관리적	출입 통제·작업 중지·정보 통제	명령 체계, 권한 명확화	모호한 지시 → 혼란

외부 기관과의 연계는 확산 방지 전략의 핵심축이다. 소방, 경찰, 지자체, 의료기관, 환경 당국과의 조기 연계는 내부 자원의 한계를 보완한다. 특히 유해물질 누출, 대형 화재, 구조물 붕괴 가능성이 있는 경우 외부 기관의 개입 시점이 빠를수록 통제 가능성은 커진다. 외부 신고를 늦추는 것은 문제를 숨기는 행위뿐만 아니라 확산 시간을 벌어주는 결정이다.

외부 기관 연계가 어려운 이유는 명확하다.

첫째, 공론화에 대한 두려움이다. 신고는 사고를 공식화하고, 언론 보도, 규제 당국 조사, 책임 추궁으로 이어질 수 있다. 이 부담이 신고를 주저하게 만든다.

둘째, 내부 해결 가능성 과대평가다. "우리 힘으로 해결할 수 있다"라는 판단이 외부 외부 기관과의 연계를 늦춘다.

셋째, 절차와 시간 부담이다. 외부 기관에 상황을 설명하고 협조를 구하는 과정 자체가 부담으로 느껴진다.

그러나 이러한 우려는 대부분 초기 대응 실패로 인한 더 큰 손실과 비교하면 미미하다. 외부 기관은 전문 인력, 장비, 경험을 갖추고 있으며, 이는 내부 자원으로 대체할 수 없는 경우가 많다. 소방의 화재 진압 역량, 유해화학물질 전문팀의 누출 대응 능력, 구조대의 인명 구조 기술은 일반 산업현장에서 갖추기 어렵다.

외부 기관 연계의 실천 전략

❶ 사전 협약과 훈련

평시에 인근 소방서, 지자체, 의료기관과 비상대응 협약을 맺고 합동 훈련을 실시한다. 사고 발생 시 이미 서로를 알고 있는 상태에서 협력하는 것이 효과적이다. 공장 배치도, 위험물질 목록, 비상 연락망을 사전에 공유한다.

❷ 신속한 초기 신고

'상황 파악 후 신고'가 아니라 '일단 신고 후 상황 공유'가 원칙이다. 소방서에 먼저 신고하고, 이동 중에 추가 정보를 전달한다. 초기 신고 시에는 완벽한 정보가 없어도 된다. 위치, 사고 유형(화재/누출/붕괴), 인명 피해 가능성만 전달해도 출동이 가능하다.

❸ 연락관 파견과 정보 공유

외부 기관이 도착하면 공장 내부 상황을 잘 아는 직원을 연락관으로 파견한다. 설비 배치, 위험 물질, 접근 경로, 안전 주의사항을 설명한다. 외부 기관은 현장을 모르므로 정보 공유가 없으면 대응이 지연되거나 2차 사고가 발생할 수 있다.

❹ 지휘 체계 통합

외부 기관이 개입하면 자연스럽게 통합지휘체계로 전환된다. 소방이 화재 진압을 주도하고, 경찰이 교통 통제를 담당하며, 공장 측은 설비 정보와 내부 인력을 제공하는 식으로 역할을 분담한다. 이때 중요한 것은 명령 체계의 명확화다. 누가 최종 결정권을 갖는지, 어떤 영역은 누가 책임지는지를 초기에 정한다.

확산 방지의 3대 축

- 기술적 조치
  - 차단·격리·냉각·중화
  - 자동 시스템 + 단순 절차
  - 사고 유형별 맞춤 대응

- 외부 기관 연계
  - 내부 한계 보완(전문성·장비·인력)
  - 사전 협약 + 신속 신고
  - 연락관 파견 + 지휘 통합

- 관리적 조치
  - 출입 통제·작업 중지·정보 통제
  - 명령 체계 명확화
  - 일관된 지시 전달

- 동시 작동 원칙
  - 기술만 X → 관리 없으면 혼란
  - 관리만 X → 기술 없으면 확산
  - 내부만 X → 외부 없으면 한계

기술적·관리적 조치와 외부 연계가 병행되어야 한다. 기술적 조치만으로는 사람의 행동을 통제할 수 없고, 관리적 조치만으로는 물리적 확산을 막을 수 없다. 이 두 축이 동시에 작동하고 외부 전문 역량이 결합될 때 사고는 재난으로 전환되지 않는다.

확산 방지의 목적은 사고를 '없던 일'로 만드는 것이 아니다. 그것은 피해를 관리 가능한 범위 안에 묶어 두는 것이다. 이 관점이 분명할수록 산업사고 대응은 속도를 잃지 않으면서도 안전을 확보할 수 있다.

CHAPTER 14

복구를 넘어 조직은 어떻게 회복하는가

산업재난 회복 단계의 이해

'단기-중기-장기 회복'의 구조

산업재난 이후 조직이 마주하는 과제는 단순한 복구가 아니다. 설비를 원래 상태로 되돌리고 생산을 재개하는 것만으로 재난은 끝나지 않는다. 재난 이후의 시간은 '단기-중기-장기 회복'이라는 서로 다른 성격의 단계로 나뉘며, 이 구조를 이해하지 못하면 조직은 겉보기 정상화에 머무르게 된다.

단기 회복 단계는 사고 직후부터 시작되며, 안전 확보와 기본 기능의 회복이 핵심이다. 추가 위험을 제거하고, 임시 조치를 통해 최소한의 운영이 가능하도록 만드는 시기다. 이 단계에서 조직은 속도를 중시하며, '정상화'에 대한 압박이 가장 크다. 그러나 단기 회복은 어디까지나 응급 처치에 가까우며, 이 상태를 완성으로 착각하는 순간 문제가 시작된다.

단기 회복 단계의 구체적 과제는 첫째, 잔여 위험 제거다. 붕괴 위험 구조물 철거, 유해 물질 제거, 화재 재발 방지 등 즉각적 위험을 완전히 통제한다. 둘째, 임시 복구다. 파손된 설비를 임시로 수리하거나 우회하여 최소 기능을 유지한다. 완벽한 복구가 아니라 '일단 돌아가게' 만드는 단계다. 셋째, 인력 안정화다. 사고 충격을 받은 작업자에 대한 심리 치료 지원, 안전 확인, 업무 재배치가 이루어진다.

단기 회복 단계에서의 위험은 여기서 멈추는 것이다. 임시 조치로 생산이 재개되면 조직은 '복구 완료'로 인식하기 쉽다. 납기 압박, 비용 부담, 빠른 정상화 요구는 더 깊은 회복을 가로막는다. 그러나 단기 회복만으로는 사고 이전의 취약성이 그대로 남아 있다. 같은 조건, 같은 구조에서 유사한 사고가 재발할 가능성이 크다.

중기 회복 단계에서는 구조적 문제가 드러난다. 임시 조치로 버텨왔던 설비와 공정, 인력 운용 방식의 한계가 나타나고, 사고의 원인에 대한 본격적인 분석이 요구된다. 이 시점에서 조직은 선택의 기로에 선다. 문제를 일부 수정해 기존 방식으로 돌아갈 것인지, 아니면 구조를 바꿀 것인지에 대한 판단이다. 많은 조직이 비용과 일정 압박으로 전자를 선택하고, 그 결과 유사한 사고가 반복된다.

중기 회복 단계의 핵심 과제는 근본 원인 분석과 개선 계획 수립이다. 단순히 '누가 실수했는가'가 아니라 '왜 그런 실수가 가능했는가'를 질문한다. 설비 설계의 문제, 운영 절차의 허점, 안전 교육의 부족, 의사결정 구조의 취약성 등 구조적 원인을 파악한다. 그리고 이를 해결하기 위한 중장기 개선 계획을 수립한다. 설비 교체, 공정 재설계, 교육 강화, 조직 개편 등이 포함된다.

중기 회복 단계의 성패는 경영진의 의지에 달려 있다. 구조적 개선은 시간과 비용이 들며, 단기 성과로 나타나지 않는다. 경영진이 "일단 돌아가니 됐다"라는 태도를 보이면 중기 회복은 형식적 계획 수립으로 끝난다. 반대로 "재발 방지를 최우선으로 한다"라는 명확한 방향을 제시하면 조직은 진짜 변화를 시작한다.

장기 회복 단계에서는 단순한 복구를 넘어 조직의 작동 방식 자체를 재설계한다. 설비 개선, 공정 재구성, 안전 문화와 의사결정 구조의 변화가 포함된다. 이 단계는 시간이 오래 걸리고 가시적 성과가 늦게 나타난다. 그러나 장기 회복이 이루어지지 않은 조직은 다음 재난에 훨씬 취약해진다.

장기 회복 단계의 핵심은 조직 문화와 시스템의 변화다. 안전을 최우선으로 하는 의사결정 문화, 현장의 목소리가 경영에 반영되는 소통 구조, 위험을 조기에 감지하고 대응하는 시스템이 만들어진다. 이는 설비 투자만으로는 불가능하며, 조직 구성원 전체의 인식과 행동 변화를 요구한다.

회복 단계	시기	핵심 과제	목표	위험
단기	사고 직후~수주	안전 확보, 임시 복구	기본 기능 회복	여기서 멈춤
중기	수주~수개월	원인 분석, 개선 계획	구조적 문제 해결	형식적 계획
장기	수개월~수년	조직 문화·시스템 변화	회복탄력성 확보	성과 지연으로 중단

중요한 점은 이 세 단계가 자동으로 이어지지 않는다는 것이다. 단기 회복에서 멈추는 조직도 많고, 중기 회복에서 방향을 잃는 경우도 흔하다. 회복을 단계적으로 인식하고, 각 단계의 목표를 명확히 설정할 때 조직은 재난을 일회성 사건이 아니라 변화의 계기로 전환할 수 있다.

단기 회복 단계에서 정체되는 이유는 생산 재개 압박 때문이다. 고객 납기, 계약 이행, 매출 손실 우려는 빠른 정상화를 요구한다. 임시 조치로 생산이 재개되면 "일단 돌아가니 됐다"라는 안도감이 퍼진다. 구조적 개선은 "나중에", "예산이 확보되면", "여유가 생기면"으로 미뤄진다. 그러나 이 '나중'은 대부분 오지 않는다.

중기 회복 단계에서 정체되는 이유는 개선의 부담 때문이다. 근본 원인을 파악하고 나면 필요한 조치가 광범위하고 비용이 크다는 사실이 드러난다. 설비 전면 교체, 공정 재설계, 인력 재교육은 수억에서 수십억 원이 들 수 있다. 이때 조직은 '최소한의 개선'으로 타협한다. 가장 문제가 된 설비 하나만 교체하고 나머지는 그대로 둔다. 형식적으로 개선 계획을 수립하지만 실행은 예산 부족을 이유로 지연된다.

장기 회복 단계로 전환하지 못하는 이유는 문화 변화의 어려움 때문이다. 사람의 인식과 조직 문화는 쉽게 바뀌지 않는다. '원래 하던 대로'라는 관성, '안전보다 생산'이라는 암묵적 우선순위, '사고는 운이 나빴던 것'이라는 인식은 쉽게 사라지지 않는다. 장기 회복은 이 관성과 싸우는 과정이며, 여기서 대부분의 조직이 지친다.

단계 간 전환을 가능하게 하는 요소는 명확한 목표와 추적이다. 단기 회복 완료 기준을 명확히 하고(잔여 위험 제로, 임시 복구 완료 등), 중기 회복 목표를 설정하며(근본 원인 5개 해결, 개선 계획 실행률 80% 등), 장기 회복 지표를 정한다(안전 문화 설문 점수 향상, 아차사고 보고 건수 증가 등). 이 목표를 정기적으로 점검하여 경영진에게 보고하고, 조직 전체가 현재 어느 단계에 있는지를 공유한다.

또 다른 핵심은 외부 전문가 활용이다. 조직 내부만으로는 관성을 깨기 어렵다. 외부 안전 컨설턴트, 산업안전 전문가, 유사 사고 경험 기업의 조언을 듣는다. 외부 시각은 조직이 보지 못하는 맹점을 지적하고 변화의 동력을 제공한다.

회복 단계의 핵심과 정체 극복

- 세 단계의 본질
  - 단기: 응급 처치(안전 + 임시 복구)
  - 중기: 구조 개선(원인 분석 + 계획)
  - 장기: 문화 변화(시스템 + 인식)

- 정체
  - 단기에서 정체: 생산 재개 압박
  - 중기에서 정체: 개선 부담(비용·시간)
  - 장기 미진입: 문화 변화 어려움

- 전환 촉진 요소
  - 명확한 단계별 목표와 추적
  - 외부 전문가 활용
  - 경영진 의지와 자원 투입
  - 조직 전체 현 단계 공유

회복을 단계적으로 인식하고 각 단계의 목표를 명확히 설정할 때 조직은 재난을 변화의 계기로 전환할 수 있다. 단기 회복에서 멈추는 조직은 다음 재난에 그대로 노출된다. 중기 회복을 형식으로 끝내는 조직은 같은 실수를 반복한다. 장기 회복까지 완수하는 조직만이 진정으로 회복탄력성을 갖춘다.

복구와 회복탄력성의 결정적 차이

산업현장에서 '복구'와 '회복'은 종종 같은 의미로 사용된다. 그러나 이 둘은 본질적으로 다른 개념이다. 복구는 손상된 것을 원래 상태로 되돌리는 행위라면, 회복탄력성은 충격 이후에도 기능을 유지하거나 더 나은 상태로 전환할 수 있는 능력을 의미한다. 이 차이를 이해하지 못하면 조직은 재난 이후에도 같은 취약성을 그대로 유지한다.

복구 중심의 관점에서는 질문이 단순하다. "언제 다시 가동할 수 있는가", "얼마나 빨리 원상 복구할 수 있는가"이다. 이 관점에서는 과거로 돌아가는 것이 목표다. 사고 전 상태를 기준점으로 두고 그 상태에 최대한 빨리 최소 비용으로 도달하려 한다. 설비를 고치고 생산을 재개하면서 표면적 정상화를 달성하면 복구는 완료된다.

회복탄력성의 관점에서는 질문이 달라진다. "왜 이 지점에서 무너졌는가", "다음에는 어떤 방식으로 버틸 수 있는가"를 묻는다. 복구는 과거로 돌아가려 하지만, 회복은 미래를 대비하는 방향을 향한다. 같은 사고가 재발했을 때 더 빨리 감지하고, 더 안전하게 대응하며, 피해를 최소화할 수 있는 능력을 키우는 것이 목표다.

이 차이는 사고 이후의 의사결정에서 분명하게 드러난다. 복구에 집중하는 조직은 최소 비용·최단 시간을 기준으로 판단한다. 파손된 배관을 같은 재질로 교체하고, 고장 난 센서를 똑같은 모델로 교체하며, 사고 전과 동일한 작업 방식으로 돌아간다. '빠른 정상화'가 최우선이므로 구조적 개선은 '다음 기회'로 미뤄진다.

반면 회복탄력성을 중시하는 조직은 일시적 손실을 감수하더라도 구조적 취약성을 제거하는 선택을 한다. 배관을 교체하면서 더 안전한 재질로 업그레이드하고, 센서를 이중화하며, 작업 절차를 재검토한다. 복구 기간이 길어지고 비용이 늘어나지만 '다음에는 같은 사고가 나지 않도록' 하는 데 투자한다. 이 선택의 차이가 장기적으로는 훨씬 큰 비용 차이를 만들어낸다.

2010년대 초반 한 화학공장에서 배관 부식으로 인한 누출 사고가 발생했다. 복구 중심 접근을 택한 공장은 해당 배관만 교체하고 빠르게 재가동했다. 그러나 2년 후 인접 배관에서 같은 이유로 사고가 재발했다. 결국 전체 배관을 교체하는 대규모 공사를 하게 되었고, 총비용과 중단 기간은 처음부터 전체를 교체했을 때보다 3배 이상 늘어났다.

반면 유사한 사고를 겪은 다른 공장은 회복탄력성 관점에서 접근했다. 초기 복구 기간을 3개월로 잡고 같은 연식의 모든 배관을 점검했으며, 부식 위험이 있는 배관을 전면 교체했다. 단기적으로는 손실이 컸지만 이후 10년간 유사 사고가 발생하지 않았고, 예방 정비 비용도 크게 줄었다.

또한 사고 후 현장 작업자가 "이 설비는 예전부터 이상했다"라고 보고했을 때 조직의 반응이 회복탄력성을 결정한다. 복구 중심 조직은 "왜 미리 보고하지 않았냐"라며 책임을 묻고 해당 설비만 수리한다. 반면 회복탄력성이 높은 조직은 "왜 그 목소리가 경영진

구분	복구(Recovery)	회복탄력성(Resilience)
목표	원래 상태로 복원	더 나은 상태로 전환
방향	과거로 회귀	미래 대비
핵심 질문	언제 가동, 얼마나 빨리	왜 무너졌나, 어떻게 버틸까
판단 기준	최소 비용·최단 시간	구조적 취약성 제거
조치 범위	파손 부분만	근본 원인까지
시간 관점	단기 정상화	장기 안정성

에게 전달되지 않았는가”를 질문하고 보고 체계와 의사결정 구조를 개선한다.

회복탄력성은 사고 대응의 속도와 질에서도 드러난다. 사고 발생 시 누가 어떤 권한으로 결정을 내리는지, 외부 자원을 얼마나 빠르게 동원할 수 있는지, 현장과 경영진 간 소통이 얼마나 원활한지가 모두 회복탄력성의 요소다. 복구 중심 조직은 사고 후 혼란에 빠지고 의사결정이 지연되면서 피해가 확대된다. 회복탄력성이 높은 조직은 사고 후에도 빠르게 안정되고 명확한 지휘 체계가 작동하면서 피해를 최소화한다.

회복탄력성은 설비나 기술만으로 확보되지 않는다. 그것은 의사결정의 속도, 위험을 인식하는 조직 문화, 현장의 목소리가 경영 판단에 반영되는 구조와 깊이 연결되어 있다. 즉 회복탄력성은 조직의 운영 방식 전체를 반영하는 지표다.

산업재난 이후 조직이 진정으로 회복했는지를 판단하는 기준은 간단하다. 같은 유형의 사고가 다시 발생했을 때 조직이 더 빠르고 더 안전하게 대응할 수 있는가다. 그렇지 않다면 그것은 회복이 아니라 단순한 복구에 불과하다.

회복탄력성을 높이기 위한 실천 전략은 다음과 같다.

첫째, 사고 원인을 개인이 아닌 구조로 분석한다. “누가 실수했는가”가 아니라 “왜 그런 실수가 가능했는가”를 묻는다.

둘째, 예방 투자를 비용이 아닌 보험으로 인식한다. 설비 업그레이드, 안전 교육, 시스템 개선은 미래 손실을 줄이는 투자다.

셋째, 조직 문화를 변화의 대상으로 포함한다. 설비만 바꾸고 조직 문화가 그대로면 같은 사고가 반복된다.

넷째, 현장의 목소리를 의사결정에 반영하는 구조를 만든다. 작업자의 불안, 아차사고 보고, 개선 제안이 경영진에게 직접 전달되고 실제 조치로 이어지는 체계를 구축한다.

다섯째, 회복 과정을 학습 기회로 활용한다. 사고 후 사후 평가를 통해 무엇이 잘되었고, 무엇이 부족했는지를 솔직하게 평가하고, 이를 다음 대응에 반영한다.

복구와 회복탄력성의 핵심 차이

- 복구의 함정
  - 빠른 정상화 → 표면적 복원
  - 같은 방식 반복 → 같은 사고 재발
  - 단기 비용 절감 → 장기 손실 증가

- 회복탄력성의 본질
  - 충격 흡수 + 기능 유지 능력
  - 더 나은 상태로 전환
  - 구조적 취약성 제거

- 조직적 차원
  - 설비·기술 X → 의사결정·문화·구조
  - 단기 정상화 X → 장기 안정성
  - 개인 책임 X → 시스템 개선

- 진정한 회복의 기준: 같은 사고 발생 시 더 빠르고 안전하게 대응 가능한가
  - YES → 회복탄력성 확보
  - NO → 단순 복구에 불과

복구는 과거로 돌아가지만 회복은 미래를 준비한다. 회복탄력성은 재난 이후 조직이 얼마나 달라졌는지를 보여주는 가장 정직한 지표다. 단순히 설비를 고치는 것이 아니라 조직의 판단 구조, 의사결정 속도, 안전 문화, 현장과 경영진의 소통 방식까지 변화시킬 때 조직은 비로소 다음 재난을 버틸 수 있는 힘을 갖추게 된다.

회복탄력성을 갖춘 조직은 재난을 겪을수록 강해지고, 복구에만 머무는 조직은 재난을 겪을수록 약해진다. 그 차이가 산업재난 회복의 본질이다.

회복탄력성을 높이는 조직과 안전관리자의 역할

4R 모델로 보는 산업조직 회복탄력성

산업조직의 회복탄력성을 체계적으로 이해하기 위한 틀로 자주 활용되는 것이 4R 모델이다. 이 모델은 회복탄력성을 네 가지 요소, 즉 강건성(Robustness), 중복성(Redundancy), 신속성(Rapidity), 자원동원력(Resourcefulness)으로 설명한다. 이 네 가지 요소는 서로 보완적이며 어느 하나라도 약하면 조직의 회복 능력은 제한된다.

❶ 강건성

충격을 받더라도 기능이 급격히 붕괴되지 않는 능력이다. 이는 설비의 내구성뿐 아니라 절차와 규정이 극단적 상황에서도 작동하는지를 포함한다. 강건성이 높은 조직은 사고 발생 시에도 핵심 기능을 유지할 수 있다. 예를 들어 전력 공급이 중단되어도 비상 발전기가 자동 작동하거나 주요 설비에 이중 안전장치가 있어 하나가 실패해도 다른 것이 작동하는 경우다.

강건성 확보를 위한 구체적 방법은 첫째, 설비의 과설계(Over-design)다. 설계 용량보다 여유를 두어 극한 상황에도 버틸 수 있게 한다. 둘째, 절차의 단순화와 명확화다. 복잡한 절차는 비상상황에서 작동하지 않는다. 간단하고 직관적인 절차가 강건성을 높인다. 셋째, 정기적 스트레스 테스트다. 평시에 극한 조건을 가정한 훈련을 통해 시스템의 한계를 확인하고 보완한다.

❷ 중복성

하나의 요소가 실패했을 때 대체 수단이 존재하는지를 의미한다. 인력, 설비, 의사결정 권한의 중복은 평시에는 비효율처럼 보이지만, 재난 상황에서는 조직을 살리는 장치가 된다. 주요 관리자가 부재해도 대체 인력이 즉시 역할을 맡을 수 있고, 핵심 설비가 고장 나도 백업 설비가 작동하며, 주 통신망이 끊겨도 보조 통신 수단이 있는 조직이 중복성이 높다.

중복성의 오해는 '모든 것을 이중화해야 한다'라는 생각이다. 비용과 효율을 고려하면 선택적 중복이 필요하다. 핵심 기능, 실패 시 전체가 마비되는 요소, 복구가 오래 걸리는 시스템에 우선적으로 중복성을 확보한다. 예를 들어 비상 전원, 통신 시스템, 핵심 안전 설비는 반드시 백업이 있어야 하지만 부수적 장비까지 모두 이중화할 필요는 없다.

❸ 신속성

사고 이후 얼마나 빠르게 판단하고 대응할 수 있는가에 관한 요소다. 이는 단순한 행동 속도가 아니라 결정을 내리는 구조의 속도를 의미한다. 신속성이 높은 조직은 의사결정 단계가 단순하고, 현장 권한이 명확하며, 비상대응 절차가 자동화되어 있다. 반대로 모든 결정을 상부 승인을 거쳐야 하거나 회의와 보고가 반복되는 조직은 신속성이 낮다.

신속성을 높이는 방법은 권한 위임과 자동화다. 비상상황에서는 현장 관리자에게 즉시 결정할 수 있는 권한을 부여하고, 특정 조건(압력 초과, 가스 농도 기준치 등)에서는 시스템이 자동으로 대응(공정 중단, 경보 발령 등)하도록 설계한다. 또한 정기적인 훈련으로 대응 절차를 체화해 판단 시간을 줄인다.

❹ 자원동원력

내외부 자원을 얼마나 유연하게 끌어올 수 있는지를 나타낸다. 외부 기관과의 관계, 협력 경험, 정보 공유 체계가 여기에 포함된다. 자원동원력이 높은 조직은 사고 발생 시 내부 자원이 부족해도 빠르게 외부 지원을 받을 수 있다. 소방서, 유해화학물질 전문팀, 인근 협력사, 전문 컨설턴트와 사전에 관계를 맺고 비상 연락망을 구축하여 정기적으로 합동 훈련을 실시한다.

자원동원력은 사전 준비가 핵심이다. 사고 후 처음 외부 기관에 연락하는 것과 평시 협

4R 요소	의미	핵심 질문	구체적 방법
강건성 (Robustness)	충격 흡수 능력	극한 상황에도 작동하는가	과설계, 절차 단순화, 스트레스 테스트
중복성 (Redundancy)	대체 수단 존재	하나 실패 시 백업은 있는가	이중 안전장치, 백업 인력·설비·통신
신속성 (Rapidity)	결정·대응 속도	얼마나 빨리 판단·실행 가능한가	권한 위임, 자동화, 정기 훈련
자원동원력 (Resourcefulness)	자원 확보 능력	필요 자원 신속 동원 가능한가	외부 협력, 비상 연락망, 예비 자원

력 관계를 맺고 있다가 필요시 즉시 지원을 요청하는 것은 대응 속도에서 큰 차이가 나타난다. 또한 내부적으로도 부서 간 자원 공유, 비상 인력 풀 운영, 예비 예산 확보 등이 자원동원력을 높인다.

4R 모델의 핵심은 회복탄력성이 특정 부서의 책임이 아니라 조직 전체의 속성이라는 점이다. 네 요소는 기술, 조직, 문화가 결합된 결과이며, 어느 한 부분만 강화해서는 충분하지 않다. 강건성은 높지만 신속성이 낮으면 사고 초기 대응이 늦어지고, 중복성은 확보했지만 자원동원력이 부족하면 외부 지원을 받지 못해 고립된다.

예를 들어 한 화학공장이 비상 발전기(중복성)를 설치했지만 정기 점검을 소홀히 해(강건성 부족) 사고 시 작동하지 않았다. 또한 비상대응 절차는 있었지만 복잡해서(신속성 부족) 현장에서 즉시 실행하지 못했고, 외부 전문팀 연락처는 있었지만 평시 관계가 없어(자원동원력 부족) 지원을 받는 데 시간이 걸렸다. 이 경우 네 요소 중 어느 것도 제대로 작동하지 않아 사고가 재난으로 확대되었다.

반면 회복탄력성이 높은 조직은 네 요소를 통합적으로 관리한다. 정기적으로 4R 체크리스트를 점검하고, 약한 부분을 보완하며, 훈련을 통해 실제 작동 여부를 확인한다. 안전 회의에서 "우리 조직의 강건성은 어느 수준인가?", "중복성이 필요한 추가 영역은 없는가?", "의사결정 속도를 늦추는 병목은 무엇인가?", "외부 자원을 더 빠르게 동원하는 방법은 무엇인가?"과 같은 질문을 정기적으로 던진다.

조직적 실천을 위한 구체적 방법

❶ 4R 자가 진단

각 요소별로 현재 수준을 평가하고(예를 들어 5점 척도) 약점을 파악한다. 강건성 3점, 중복성 4점, 신속성 2점, 자원동원력 3점이라면 신속성 개선을 우선 과제로 삼는다.

❷ 부서 간 협력 강화

4R은 어느 한 부서만의 책임이 아니다. 강건성은 기술 부서, 중복성은 시설 관리, 신속성은 안전 부서, 자원동원력은 총무·구매 부서가 각각 관여한다. 이들이 함께 모여 통합적으로 회복탄력성을 점검하고 개선한다.

가상의 사고 시나리오를 만들어 4R 요소가 실제로 작동하는지 테스트한다. '주요 설비 고장 + 비상 발전기 미작동 + 관리자 부재 + 외부 통신 두절' 같은 최악의 시나리오에서도 조직이 기능하는지 확인한다. 훈련 후 사후 평가를 통해 각 요소의 부족한 점을 파악하고 개선한다.

4R 모델의 통합적 운용

- 네 가지 요소의 상호 보완
  - 강건성: 충격 흡수
  - 중복성: 백업 확보
  - 신속성: 빠른 대응
  - 자원동원력: 지원 확보

- 하나만으로는 부족
  - 강건하지만 느림 → 초기 대응 실패
  - 중복성이 있지만 동원력 약함 → 고립
  - 신속하지만 강건 약함 → 붕괴
  - 동원력 있지만 중복 없음 → 의존

- 통합 실천 방법
  - 4R 자가 진단(정기 평가)
  - 시나리오 훈련(실전 테스트)
  - 부서 간 협력(통합 점검)
  - 사후 평가 기반 개선(지속 보완)

강건성, 중복성, 신속성, 자원동원력이 모두 균형 있게 작동하는 조직은 재난을 겪어도 빠르게 회복하고, 오히려 더 강한 조직으로 성장한다. 4R은 단순한 이론이 아니라 산업 조직이 재난에서 살아남고 성장하기 위한 실천 지침이다.

안전관리자는 사후 관리자가 아니라 '변화 촉진자'

산업현장에서 안전관리자는 종종 사고 이후의 조치와 문서 작업을 담당하는 존재로 인식된다. 사고 보고서 작성, 재발 방지 대책 수립, 규제 당국 대응, 교육 실시 등이 주요 업무이다. 이러한 역할도 중요하지만 회복탄력성의 관점에서 안전관리자의 역할은 훨씬 넓다. 안전관리자는 사고를 정리하는 사람이 아니라 조직의 변화를 촉진하는 역할을 맡아야 한다.

전통적으로 안전관리자는 수동적 위치에 놓여 있다. 사고가 발생하면 대응하고, 규정이 바뀌면 따르며, 점검 일정에 맞춰 현장을 돌고, 문제를 발견하면 보고한다. 그러나 보고 이후 실제 개선이 이루어지는지, 왜 같은 문제가 반복되는지, 조직의 의사결정 구조에 어떤 문제가 있는지에 대해서는 개입하기 어렵다. 안전은 중요하다고 말하지만, 실제 결정에서는 생산과 비용이 우선되는 구조 속에서 안전관리자는 형식적 존재로 남는다.

재난 이후 조직이 다시 이전 방식으로 돌아가려 할 때 안전관리자는 그 흐름을 멈추고 질문을 던질 수 있어야 한다. 무엇이 작동하지 않았는지, 어떤 판단이 위험을 키웠는지, 왜 현장의 경고가 반영되지 않았는지를 조직적으로 제기하는 역할이다. 이는 갈등을 동반하지만 변화 없이는 회복도 없다.

변화 촉진자로서 안전관리자의 역할

❶ 구조적 문제의 가시화

사고를 개인의 실수로 환원시키지 않고 배후의 구조적 원인을 드러낸다. "작업자가 안전 절차를 지키지 않았다"에서 멈추지 않고, "왜 절차를 지킬 수 없었는가", "절차가 현실적인가", "절차 준수를 방해하는 압박이 있었는가"를 질문한다.

❷ 현장 목소리의 대변

작업자의 불안, 아차사고 보고, 개선 제안을 수집하고 이를 경영진이 이해할 수 있는 형태로 가공해 전달한다. 현장의 언어를 경영의 언어로 번역하는 역할을 하고, '이 작업이 불안하다'라는 표현을 '이 작업은 ○○ 위험요인에 노출되며, 사고 발생 시 예상 손실은 △△억 원'으로 바꿔 전달한다.

❸ 의사결정 과정 참여

안전관리자는 공정 변경, 설비 도입, 작업 계획 수립 시 의사결정 테이블에 앉아 있어야 한다. 결정이 내려진 후 안전 검토를 요청받는 것이 아니라 결정 과정에서 안전을 기준으로 발언할 수 있어야 한다. 이를 위해서는 조직 구조와 권한의 재설계가 필요하다.

❹ 지속적인 문제 제기

개선 과제가 실행되는지 추적하고 미해결 과제를 계속 환기시킨다. '예산 부족으로 보류'된 안전 개선이 실제로 예산 문제인지, 우선순위 문제인지를 점검한다. 형식적 계획 수립으로 끝나지 않도록 실행을 촉구하는 역할이다.

역할	사후 관리자	변화 촉진자
위치	수동적, 반응적	능동적, 선제적
초점	사고 처리, 문서 작업	구조 개선, 문화 변화
활동	보고서 작성, 교육 실시	문제 제기, 의사결정 참여
목표	규정 준수, 책임 면제	근본 원인 해결, 재발 방지
관계	현장-경영 분리	현장-경영 연결

안전관리자가 변화 촉진자가 되기 위해서는 권한과 신뢰가 필요하다. 단순한 점검자나 보고자가 아니라 의사결정 과정에 참여하는 위치에 설 때 안전관리는 살아 움직이기 시작한다. 이는 개인의 노력만으로는 불가능하며, 조직의 구조와 문화가 뒷받침되어야 한다.

안전관리자가 변화 촉진자가 되기 위해서는 다음과 같은 조건이 필요하다.

첫 번째 조건은 조직 내 위상 확보다. 안전관리자가 생산 부서나 기술 부서의 하위에 있으면 안전과 생산이 충돌할 때 안전은 밀린다. 안전관리자 또는 안전 부서가 독립적 위치에서 경영진에 직접 보고할 수 있어야 한다. 일부 선진 기업에서는 CSO(Chief Safety Officer)를 경영진 일원으로 두고 안전 문제에 대해 CEO와 동등한 발언권을 부여한다.

두 번째 조건은 거부권 또는 중단 권한이다. 안전관리자가 심각한 위험을 발견했을 때 건의나 권고가 아니라 '중단 명령'을 내릴 수 있어야 한다. 물론 이 권한은 신중하게 사용되어야 하지만, 권한 자체가 없으면 안전관리자는 설득자에 머문다. 설득이 실패하면 사고는 발생하고 책임만 남는다.

세 번째 조건은 전문성 강화다. 변화를 촉진하려면 현장의 신뢰가 있어야 하고, 경영진을 설득할 수 있어야 한다. 이를 위해서는 기술적 전문성(HAZOP, JSA, 위험성 평가 등), 법적 지식(산업안전보건법, 화학물질관리법 등), 경영 이해(비용편익 분석, ROI 등), 소통 능력(보고서 작성, 프레젠테이션 등)이 모두 필요하다. 안전관리자는 전문가로 인정받아야 한다.

네 번째 조건은 경영진의 지지다. 안전관리자가 문제를 제기할 때 경영진이 귀 기울이고 실제 조치를 취하는 조직과 형식적으로 듣고 넘기는 조직은 전혀 다르다. 경영진이 안전을 진정으로 우선시하는지는 안전관리자의 발언에 어떻게 반응하는지로 드러난다. 안전관리자의 권고를 무시해서 사고가 발생했을 때 경영진이 책임을 지는 문화가 있어야 안전관리자는 제 역할을 할 수 있다.

다섯째, 현장의 언어를 경영의 언어로 번역하는 역할 역시 중요하다. 현장 작업자는 '이 작업이 위험하다'라고 느끼지만 구체적으로 설명하기 어렵다. 경영진은 숫자와 논리로 판단한다. 안전관리자는 이 간극을 메운다. 위험을 정량화하고(사고 확률, 예상 손실 등), 개선 비용과 편익을 비교하며(투자 대비 효과 등), 법적·사회적 리스크를 설명한다. 이 번역이 정확하고 설득력 있을 때 안전은 의사결정의 기준이 된다.

안전관리자의 역할 전환은 개인의 태도 변화만이 아니라 조직 전체의 안전에 대한 인식 변화를 요구한다. 안전관리자를 '귀찮은 사람', '생산을 방해하는 사람'으로 보는 조직에서는 변화 촉진이 불가능하다.

반대로 안전관리자를 '조직을 지키는 사람', '장기적 손실을 막는 사람'으로 인정하는 조직은 안전관리자의 발언에 귀 기울인다.

안전관리자의 역할 전환

•전통적 역할의 한계	•변화 촉진자의 역할
- 사후 처리, 문서 작업 중심	- 구조적 문제 가시화
- 수동적 위치, 제한적 영향력	- 현장 목소리 대변
- 보고는 하지만 변화는 없음	- 의사결정 참여
	- 지속적 문제 제기

- 필요 조건
  - 조직 내 독립적 위상
  - 전문성 강화
  - 현장 ↔ 경영 번역 능력
  - 중단 권한 보유
  - 경영진 지지

회복탄력성은 개인의 헌신으로 만들어지지 않는다. 그러나 그 변화를 촉발하는 출발점에는 언제나 문제를 구조로 바라보는 사람이 존재한다. 안전관리자는 바로 그 위치에 설 수 있는 존재다.

재난 이후 조직이 달라질 수 있는지의 여부는 이 역할이 어떻게 정의되는지에 달려 있다. 안전관리자가 사후 관리자로 남으면 조직은 같은 사고를 반복한다. 안전관리자가 변화 촉진자로 거듭나면 조직은 재난을 통해 배우고 성장한다. 그 선택이 산업 조직의 회복탄력성을 결정한다.

산불 피해 이후의 범정부적 복구와 레질리언스(Resilience)

• **특별재난지역 선포 및 지원**: 피해 규모를 정밀 진단하여 중앙 정부의 행정·재정적 지원을 신속히 이끌어내기 위한 데이터 기반의 보고서가 작성되었는가?

• **BCP 기반의 업무 회복**: 산불로 피해를 입은 지역 내 기업과 공공기관이 업무 연속성을 유지하며 이전보다 더 안전한 구조로 복귀하는 전략을 수립했는가?

• **반복을 막는 구조적 학습**: "재난은 반복될 수 있으나 실패 경험이 반복될 이유는 없다"라는 원칙에 따라 대응 과정의 병목 지점을 기록하고 매뉴얼을 수정했는가?

• **공동체 회복 탄력성**: 주민들의 심리적 치유와 파괴된 생태계의 복구를 아우르는 장기적 관점의 범정부 통합 복구 프로세스가 작동하고 있는가?

PART 5

재난 연구는
어디에서 멈추어 있는가

CHAPTER 15

재난 이론은 왜 현실을 따라가지 못하는가

재난 개념과 분류 체계는 무엇을 놓치고 있는가

사건·재난·위기 구분의 연구적 편의성과 설명 한계

'사건(Event)-재난(Disaster)-위기(Crisis)'의 구분은 재난 연구에서 가장 기본적인 분석 틀 중 하나다. 이 구분은 재난을 단계적으로 하고, 연구 대상을 명확히 설정할 수 있게 해 준다. 사건은 국지적이고 통제 가능한 현상으로, 재난은 대응 역량을 초과한 피해 상태로, 위기는 사회적·정치적 파급이 동반된 국면으로 설명된다. 이러한 구분은 연구 설계의 출발점으로 오랫동안 안정적으로 사용되어 왔다.

이 개념 체계가 가진 가장 큰 장점은 연구의 편의성이다. 분석 단위를 명확히 나눌 수 있고, 비교 연구와 유형화가 용이하다. 재난 발생 이후의 결과를 기준으로 현상을 정리하기에도 적합하다. 예를 들어 동일본 대지진을 '위기'로, 소규모 공장 화재를 '사건'으로 분류하면 각각의 대응 규모와 사회적 영향을 즉시 가늠할 수 있다. 연구자는 이 분류를 통해 비슷한 수준의 사례를 모으고 패턴을 분석하여 일반화된 결론을 도출할 수 있다.

그러나 바로 이 편의성이 재난 연구의 설명력을 제한하는 요인이 되기도 한다. 사건·재난·위기 구분은 재난이 이미 발생한 이후의 상태를 분류하는 데에는 효과적이지만, 재난이 발생하는 과정을 충분히 설명하지 못한다. 연구는 "이것은 재난이었다" 또는 "이것은 사건이었다"라고 판정하지만, "사건이 재난이 되었는가"에 대한 질문은 상대적으로 부족하다.

현장에서 재난은 단계적으로 전환되지 않는다. 작은 사건이 일정 시점을 지나 자동으로 재난이 되는 것도 아니고, 피해 규모가 커졌다고 해서 곧바로 위기로 전환되는 것도 아니다. 사건이 재난으로 확장되는 과정에는 판단 지연, 정보 해석의 오류, 조직 간 조정 실패, 책임 회피와 같은 요소들이 복합적으로 작용한다. 그러나 기존 연구는 이 과정을 '사건에서 재난으로의 전환'이라는 결과 중심 서술로 단순화하는 경향이 강하다.

예를 들어 2014년 세월호 참사를 분석한 많은 연구는 이를 재난으로 분류하고 대응 실패의 결과를 정리한다. 그러나 초기 몇 시간 동안 "이것이 재난인가, 사고인가"를 판단하지 못한 해경과 정부가 상황을 '관리 가능한 사건'으로 인식했던 순간 그 인식이 왜 바뀌지 않았는지에 대한 과정 분석은 상대적으로 부족하다. 개념은 결과를 설명하지만 전환의 순간을 포착하지 못한다.

이로 인해 연구는 중요한 질문을 놓치게 된다. 바로 왜 어떤 사건은 초기에 통제되었는가, 왜 어떤 사건은 재난으로 확대되었는가, 그 차이를 만들어낸 판단과 구조는 무엇이었는가에 대한 질문이다. 사건·재난·위기라는 구분은 이러한 질문을 촉발하기보다 오히려 분석을 결과 중심으로 고정시키는 역할을 해 왔다.

구분	정의	연구적 유용성	설명 한계
사건	국지적, 통제 가능	일상 대응 범위 명확화	왜 통제 가능했는지 설명 부족
재난	대응 역량 초과	피해 규모 비교 용이	전환 과정·판단 지연 간과
위기	사회·정치 파급	영향 범위 분석 가능	전환 과정·판단 지연 간과

사건·재난·위기 구분의 또 다른 문제는 재난 대응의 실패를 설명하는 데에도 한계를 드러낸다는 점이다. 재난이 발생한 이후에는 그것이 재난이었음이 분명해지지만, 문제는 왜 그 이전에 재난으로 인식되지 않았는가이다. 많은 연구는 이 지점을 '예측의 어려움'이나 '정보 부족'으로 설명하지만, 이는 판단의 책임을 불가피성으로 환원하는 설명에 가

깝다.

"예측할 수 없었다"라는 설명은 표면적으로 합리적으로 들린다. 그러나 실제 재난을 추적해 보면 예측할 수 없었던 것이 아니라 예측을 행동으로 전환하지 않았던 경우가 많다. 경고 신호는 존재했지만 무시되었고, 위험 정보는 있었지만 판단으로 연결되지 않았다. 그럼에도 연구가 "사건이 재난으로 전환되었다"라고만 서술하면 왜 전환을 막지 못했는지에 대한 책임은 흐려진다.

또한 이 구분은 재난을 '완성된 상태'로 전제하고 분석을 시작하게 만든다. 연구자는 이미 재난으로 확정된 사례를 선택하고 그 재난의 특성을 분석한다. 이 과정에서 '재난이 되지 않았을 수도 있었던 순간'은 연구의 시야에서 사라진다. 초기 대응이 성공해서 사건으로 마무리된 경우는 연구 대상이 되지 않거나 부차적으로 다뤄진다. 성공 사례와 실패 사례를 같은 프레임에서 비교 분석하지 않으면 차이를 만든 요인을 포착할 수 없다.

사건·재난·위기 구분은 또한 정책과 행정에서 책임을 분산시키는 언어로 사용되기도 한다. "이것은 예상치 못한 재난이었다"라는 표현은 대응 실패를 정당화하는 근거가 된다. "사건 수준으로 판단했는데 재난으로 확대되었다"라는 설명은 초기 판단의 오류를 불가피한 것으로 만든다. 개념은 중립적 분석 도구처럼 보이지만, 실제로는 책임 귀속과 평가를 재구성하는 정치적 언어로 기능한다.

하지만 이 구분 체계가 완전히 무의미하다고 말할 수는 없다. 문제는 이 구분이 재난 연구의 출발점이 아니라 도착점처럼 사용되고 있다는 점이다. 사건, 재난, 위기를 나누는 순간 연구는 이미 재난을 '완성된 상태'로 전제하고 분석을 시작한다. 그 결과 재난을 예방하거나 판단 실패를 줄이기 위한 연구 질문은 주변부로 밀려난다.

사건·재난·위기 구분의 양면성

연구적 유용성	설명의 한계
- 분석 단위 명확화	- 결과 중심 분류(과정 간과)
- 비교 연구 용이	- 전환 과정 단순화(판단 실패 설명 부족)
- 유형화·일반화 가능	- 책임 회피 언어화(예측 불가 정당화)

이 지점에서 연구자에게 필요한 질문은 이것이다. 사건·재난·위기 구분은 재난을 더 잘 이해하게 만드는가, 아니면 재난을 사후적으로 정리하는 데에만 유용한가. 이 구분이 설명하지 못하는 영역은 무엇이며, 그 공백을 어떤 방식으로 연구해야 하는가.

개념을 부정하기 위한 것이 아니다. 개념이 연구의 시야를 어디까지 허용하고 있는지를 점검하기 위한 질문이다. 재난 연구가 결과 분류에 머물지 않고 과정 분석으로 이동하려면 개념의 한계를 인정하는 것에서 시작해야 한다. 사건·재난·위기는 재난을 이해하는 도구이지만, 재난이 발생하는 과정을 설명하는 도구는 아니다. 그 차이를 명확히 할 때 재난 연구는 다음 질문으로 나아갈 수 있다.

자연재난과 사회재난 이분법이 책임과 판단을 흐리는 방식

자연재난과 사회재난의 구분은 재난 연구와 정책에서 가장 직관적이고 널리 사용되는 분류 체계다. 자연재난은 자연현상에서 비롯된 피해로, 사회재난은 인간의 활동과 사회 시스템에서 발생한 사고로 설명된다. 이 이분법은 재난의 원인을 빠르게 구분하고, 대응 주체와 관리 체계를 설정하는 데 일정한 질서를 제공해 왔다. 연구자와 정책 결정자 모두에게 이해하기 쉬운 틀이라는 점에서 이 구분은 오랫동안 유지되어 왔다.

태풍은 자연재난, 화학공장 폭발은 사회재난이라는 분류는 명확해 보인다. 법과 제도 역시 이 구분을 전제로 설계된다. 한국의 「재난 및 안전관리 기본법」은 자연재난과 사회 재난을 별도로 정의하고, 각각에 대한 관리 주체와 예산을 구분한다. 연구 역시 자연재난 연구자와 사회재난 연구자가 분리되어 발전해 왔다.

그러나 이 이분법은 재난의 책임 구조와 판단 과정을 설명하는 데 있어 중요한 한계를 드러낸다. 자연재난으로 분류되는 사건들조차 실제 피해의 크기와 양상은 자연현상 그 자체보다 사회적 조건에 의해 결정되는 경우가 많다. 동일한 강도의 태풍이나 폭우에도 불구하고, 어떤 지역은 큰 피해 없이 지나가고 어떤 지역은 재난 상태로 빠지는 이유는 자연이 아니라 도시 구조, 토지 이용, 취약 계층의 분포 그리고 행정 대응의 속도에 있다.

예를 들어 2011년 우면산 산사태는 집중호우라는 자연현상으로 촉발되었지만, 실제 피해는 부실한 배수 시스템, 무분별한 개발, 위험 지역 관리 부재라는 사회적 요인이 결정했다. 2020년 장마철 침수 피해 역시 기록적 강우량과 함께 도시 계획의 실패와 하천 관리 부족이 복합적으로 작용했다. 그럼에도 자연재난이라는 분류는 이러한 사회적·제도적 요인을 분석의 전면에 두기보다 배경 요인으로 밀어내는 효과를 낳는다.

자연이라는 원인은 책임을 외부로 이동시키며, 관리 실패와 판단 지연에 대한 질문을 약화시킨다. '천재지변', '기록적 폭우', '예측 불가능한 자연현상'이라는 표현은 대응 실패를 정당화하는 언어가 된다. 연구 역시 자연재난을 불가항력적 사건으로 다루는 경향 속에서 대응 실패의 구조를 충분히 탐구하지 못해 왔다.

사회재난의 경우에도 문제는 반복된다. 사회재난이라는 범주는 인간의 과실과 조직의 문제를 강조하지만, 그 결과 책임은 종종 개인이나 특정 기관에 집중된다. 산업재난이 관리자의 부주의나 현장 안전 수칙 미준수로 설명될 때 그 이면에 존재하는 규제 체계, 경제적 압박, 정책 선택의 영향은 연구의 주변부로 밀려난다. 이분법은 책임을 드러내는 동시에 책임의 범위를 제한하는 장치로 기능한다.

2014년 세월호 참사는 사회재난으로 분류되었고, 선장과 선사, 해경의 책임이 집중 조명되었다. 그러나 과적을 허용한 규제 완화, 안전 검사 부실을 방치한 행정, 해운 산업의 구조적 문제는 상대적으로 덜 다뤄졌다. 사회재난이라는 분류는 인적 책임을 명확히 하지만, 그 책임을 가능하게 한 제도와 정책의 책임은 흐리게 만든다.

이러한 분류 체계는 판단의 문제 역시 흐리게 만든다. 재난 연구와 정책은 재난 원인이 자연인지 사회인지에 따라 대응의 성격이 달라진다고 전제한다. 자연재난에는 기상 예측과 대피, 사회재난에는 규제와 점검이라는 식이다. 그러나 실제 현장에서는 재난의 유형

분류	책임 이동 방향	주변화되는 요인	결과
자연재난	외부(자연)로 이동	도시 구조, 토지 이용, 관리 부재, 대응 지연	불가항력 정당화
사회재난	개인·기관에 집중	규제 체계, 경제 압박, 정책 선택, 구조 문제	책임 범위 제한

이 대응을 결정하는 것이 아니라 대응 판단의 지연과 실패가 재난의 성격을 결정하는 경우가 많다.

초기 대응이 신속했다면 '사건'으로 끝났을 상황이 판단 지연으로 '재난'이 되고, 그것이 자연재난인지 사회재난인지는 사후에 분류된다. 그러나 연구와 정책은 여전히 재난의 '유형'을 먼저 묻고 그다음에 대응을 설계한다. 이 순서는 재난의 실제 전개와 어긋나 있다. 판단이 먼저이고 분류는 나중인데 연구는 이를 거꾸로 다룬다.

예를 들어 2017년 포항 지진은 초기에 자연재난으로 분류되었다. 그러나 이후 조사에서 지열발전소 작업이 지진을 촉발했을 가능성이 제기되면서 사회재난 논쟁이 시작되었다. 분류가 바뀌자 책임 소재, 보상 기준, 규제 방향이 모두 달라졌다. 분류는 중립적 분석 도구가 아니라 책임과 판단을 재구성하는 정치적 도구였다.

자연재난과 사회재난 이분법이 갖는 또 하나의 한계는 복합적 현실을 설명하지 못한다는 점이다. 기후변화로 인한 극한 기상 현상은 자연현상이면서 동시에 인간 활동의 결과다. 산업화, 화석연료 사용, 도시 개발이 기후를 변화시켰고, 그 결과 태풍·폭우·폭염의 강도가 증가했다. 이때 자연과 사회를 분리하는 분류는 재난의 원인을 명확히 하기보다 오히려 책임과 판단의 초점을 분산시킨다.

"이것은 자연재난인가, 사회재난인가"라는 질문은 "누가 책임져야 하는가"라는 질문과 직결된다. 자연재난이면 예산 지원과 복구가 중심이 되고, 사회재난이면 처벌과 규제가 강화된다. 그러나 실제 재난은 둘 중 하나로 환원되지 않는다. 자연과 사회가 중첩되고, 관리 실패와 정책 선택이 결합되어 피해가 확대된다. 이분법은 이 복잡성을 포착하지 못한다.

<table>
<tr><td colspan="2">자연재난과 사회재난 이분법의 문제</td></tr>
<tr><td>• 책임 이동 메커니즘</td><td>• 판단 순서의 전도</td></tr>
<tr><td> - 자연재난 → 외부 귀속(천재지변)</td><td> - 연구·정책: 유형 → 대응</td></tr>
<tr><td> - 사회재난 → 개인 집중(관리자 부주의)</td><td> - 현실: 판단 → 결과 → 사후 분류</td></tr>
<tr><td> - 구조적 요인은 양쪽 모두 주변화</td><td></td></tr>
</table>

중요한 것은 이분법이 재난 연구에서 어떤 질문을 가능하게 했고, 어떤 질문을 차단해 왔는가를 점검하는 일이다. '재난을 자연과 사회로 나누는 순간 우리는 판단 실패와 구조적 취약성을 어디까지 설명할 수 있는가?' 이 질문에 답하지 않는 한 재난 연구는 유형을 나열하는 데서 벗어나기 어렵다.

자연재난과 사회재난 구분은 행정적 편의와 연구적 효율성을 제공한다. 그러나 그 대가는 책임의 흐림, 판단의 지연, 복합성의 무시다. 재난 연구가 진정으로 재난을 설명하려면 분류가 아니라 과정과 구조로 시선을 옮겨야 한다. 어떤 조건에서 자연현상이 재난이 되는지, 어떤 판단이 사회재난을 막거나 키우는지를 질문할 때 이분법의 한계는 비로소 극복될 수 있다.

복합재난이 '현실의 중심'임에도 주변화되는 이유

복합재난은 오늘날 재난 현실을 설명하는 데 가장 설득력 있는 개념 중 하나로 반복해서 언급된다. 기후변화로 인한 극한 기상 현상, 산업시설의 복잡화, 도시 밀집과 사회적 취약성의 중첩은 재난을 단일 원인이나 유형으로 설명하기 어렵게 만들었다. 2011년 동일본 대지진은 '지진-쓰나미-원전사고'가 연쇄적으로 발생한 복합재난이었고, 2020년 COVID-19 팬데믹은 '보건-경제-사회 위기'가 동시에 진행된 복합재난이었다. 현대 재난의 대부분은 복합적이다.

그럼에도 복합재난은 재난 연구의 핵심 범주로 자리 잡기보다는 기존 분류 체계를 보완하는 보조적 개념으로 다뤄지는 경우가 많다. 학술 논문과 정책 보고서는 여전히 자연재난과 사회재난 구분을 중심으로 작성되고, 복합재난은 '특수 사례'나 '예외적 상황'으로 언급된다. 연구비 배분, 학회 세션 구성, 교과서 목차를 보면 복합재난은 주류가 아니라 주변부에 위치한다. 이 간극은 어디에서 비롯되는가.

❶ 연구 설계의 난이도

복합재난은 시간적으로 비선형적이며 인과 관계가 중첩된다. 자연적 위험, 기술적 실패, 사회적 취약성이 서로 영향을 주고받는 과정은 단순한 변수 설정으로 포착하기 어렵다. 예를 들어 '집중호우(자연) → 산사태(자연) → 도로 차단(사회) → 구조 지연(관리) → 인명 피해 확대'의 과정은 각 단계가 독립적이지 않고 상호 증폭한다. 어느 지점에서 원인과 결과를 나눌 것인가, 어떤 변수를 통제할 것인가는 연구자에게 큰 부담이다.

많은 연구가 통제 가능한 분석을 선호하는 현실에서 복합재난은 설명력이 높지만 다루기 어려운 대상으로 밀려나기 쉽다. 단일 원인-단일 결과 모델은 논문 작성이 용이하고, 인과 관계가 명확하며, 정책 권고를 도출하기 쉽다. 반면 복합재난 연구는 다학제적 접근, 장기간 데이터 수집, 질적·양적 방법의 혼합을 요구한다. 연구 기간과 비용이 늘어나고 결과의 일반화가 어렵다. 그 결과 연구는 현실의 중심이 아니라 분석의 중심을 선택해 왔다.

❷ 제도와 연구 프레임의 불일치

재난관리 체계는 여전히 자연재난과 사회재난을 구분해 책임과 권한을 배분한다. 법과 조직, 예산 구조가 이 분절을 전제로 설계된 상황에서 연구 역시 이를 전제로 질문을 설정하는 경향이 강하다. 복합재난을 본격적으로 다루기 위해서는 부처 간 경계, 법적 책임 구분, 대응 단계의 재설계를 함께 검토해야 하지만, 이는 연구 범위를 과도하게 확장시키는 선택으로 인식된다.

예를 들어 폭염으로 인한 산업재해를 연구한다고 가정하자. 이는 '기상(자연)-작업환경(사회)-건강(의료)'이 결합된 복합재난이다. 그러나 연구비 지원은 기상청, 고용노동부, 보건복지부로 나뉘어 있고, 각 부처는 자신의 영역만 다루기를 요구한다. 연구자가 복합재난으로 접근하려 하면 여러 부처를 설득하고, 데이터 공유를 협상하며, 법적 책임 논쟁을 피해야 한다. 이 부담이 클수록 연구자는 단일 영역으로 범위를 좁힌다.

❸ 책임의 문제

복합재난은 특정 사건이나 단일 실패를 원인으로 지목하기보다 여러 판단과 구조의 누적 효과를 드러낸다. 이는 명확한 책임 귀속을 어렵게 만들고, 정책적·사회적 논쟁을 촉발할 가능성을 내포한다. 단일 원인 재난이라면 '누가 책임지는가'가 명확하다. 사고를 낸 관리자, 규정을 어긴 기업, 점검을 소홀히 한 공무원 등이다. 그러나 복합재난에서는 모든 주체가 부분적으로 연루되어 있다.

예를 들어 2022년 강릉 산불이 주택가로 확산된 과정을 분석하면, 건조한 기상(기상청), 산림 관리 부실(산림청), 도시 계획 오류(지자체), 초기 진압 지연(소방), 대피 지시 미흡(경찰)이 모두 관련되어 있다. 누구 하나를 주범으로 지목하기 어렵고, 모두가 부분적으로 책임이 있다. 이러한 특성 때문에 복합재난 연구는 때로 '책임을 흐린다'라는 오해를 받으며 주변부로 밀려나기도 한다. 정치권과 언론은 명확한 책임자를 원하지만 복합재난 분석은 구조적 문제를 지적한다. 이 간극이 연구를 불편하게 만든다.

주변화 이유	구체적 내용	결과
연구 설계 난이도	비선형, 인과 중첩, 변수 통제 어려움	분석 가능한 단일 재난 선호
제도 불일치	법·조직·예산의 분절 전제	연구 범위 확장 부담
책임 문제	명확한 귀속 어려움	정치적 논쟁 회피

그러나 복합재난을 주변화하는 선택 자체가 연구의 한계를 고착화시키고 있는 것은 아닌지 되묻게 된다. 복합재난은 새로운 유형을 추가하자는 제안이 아니라 재난을 과정과 연결의 관점에서 이해하자는 요구다. 이 관점에서는 어느 재난이 먼저 발생했는가보다 어떤 조건에서 위험이 결합되고 증폭되었는지가 핵심 질문이 된다.

그럼에도 많은 연구는 여전히 '주된 재난'을 설정하고 나머지를 부차적 요인으로 처리한다. 지진-쓰나미-원전 사고가 연쇄된 후쿠시마 재난을 '지진으로 인한 원전 사고'로 단순화하면 쓰나미 대응 실패, 원전 안전 기준 미흡, 정보 공개 지연 등 복합적 실패 구조는 가려진다. 주된 재난 중심 분석은 연쇄 과정과 증폭 메커니즘을 놓친다.

복합재난이 연구의 중심으로 이동하기 위해 필요한 것은 더 많은 사례 축적이 아니라 질문의 전환이다. 재난을 분류하는 질문에서 재난이 어떻게 발생했는가를 묻는 질문으로 이동해야 한다. 이 전환이 이루어지지 않는 한 복합재난은 현실을 가장 잘 설명하면서도 연구의 주변부에 머무르는 역설적 위치를 벗어나기 어렵다.

질문의 전환은 구체적으로 다음과 같은 내용을 의미한다.

첫째, '무엇이 원인인가'에서 '어떤 조건이 결합했는가'로 질문을 바꾼다.
둘째, '누가 책임지는가'에서 '어떤 구조가 실패를 가져왔는가'로 초점을 이동한다.
셋째, '주된 재난은 무엇인가'에서 '어느 지점에서 통제 가능성을 잃었는가'로 분석 기준을 바꾼다.

복합재난 주변화의 구조

- 주변화 이유
  - 연구 설계 난이도(비선형, 인과 중첩)   - 제도-연구 프레임 불일치(분절된 체계)
  - 책임 명확화 어려움(모두가 부분 연루)

- 현실 vs 연구
  - 현실: 대부분 재난이 복합적   - 연구: 여전히 단일 원인 중심

- 주된 재난 설정의 문제
  - 연쇄 과정 간과   - 증폭 메커니즘 무시   - 구조적 실패 가림

- 필요한 질문 전환
  - 무엇이 원인 → 어떤 조건 결합 - 누가 책임 → 어떤 구조 실패 - 주된 재난 → 통제 상실 지점
  - 복합재난은 새로운 유형 추가 X → 재난을 과정·연결로 이해
  - 어느 재난이 먼저 X → 어떤 조건에서 결합·증폭

복합재난이 연구의 중심이 되어야 하는 이유는 명확하다. 현대 재난의 대부분이 복합재난이기 때문이다. 기후변화, 도시화, 산업 복잡화, 사회 양극화가 진행될수록 단일 원인 재난은 줄어들고 복합재난은 늘어난다. 그럼에도 연구가 여전히 단일 재난 중심이라면 연구는 점점 현실을 설명하지 못하게 된다.

복합재난 연구의 어려움은 인정해야 한다. 그러나 어렵다는 이유로 주변화하는 선택은 재난 연구가 설명력을 포기하는 것과 같다. 질문의 전환, 방법론의 확장, 학제 간 협력이 필요하다. 복합재난을 연구의 중심으로 이동시키는 것은 단순히 새로운 범주를 추가하는 일이 아니라 재난을 바라보는 관점 자체를 바꾸는 일이다. 그 전환이 시작될 때 재난 연구는 비로소 현실을 따라잡을 수 있다.

위험 이론은 왜 반복되는 실패를 설명하지 못하는가

Risk = Hazard × Exposure × Vulnerability 공식의 기여와 한계

위 공식은 재난 연구에서 가장 널리 인용되는 위험 개념 중 하나다. 이 공식은 재난을 단일한 사고나 우연의 결과가 아니라 위험요인(Hazard), 노출(Exposure), 취약성(Vulnerability)이 결합된 결과로 이해하게 한다. 위험을 구조적으로 사고하도록 만든다는 점에서 이 공식은 재난 연구와 정책에 중요한 전환점을 제공했다.

이 공식이 등장하기 전 재난은 주로 외부에서 갑작스럽게 발생하는 사건으로 이해되었다. 지진, 태풍, 화재는 피할 수 없는 불운으로 여겨졌다. 그러나 이 공식은 재난을 세 가지 요소의 조합으로 재구성했다. 위험요인은 잠재적 위협이고, 노출은 그 위협에 얼마나 노출되어 있는지, 취약성은 피해로 전환될 가능성이다. 이 세 요소가 모두 높을 때 위험이 극대화된다.

이 공식의 가장 큰 기여는 재난을 관리 가능한 대상으로 전환했다는 데 있다. 위험은 더 이상 피할 수 없는 사건이 아니라 세 요소 중 하나라도 조정함으로써 낮출 수 있는 대상으로 제시된다. 위험요인을 완전히 제거할 수 없다면 노출을 줄이거나 취약성을 낮추는 방식으로 접근할 수 있다는 논리는 예방 정책과 대비 전략의 이론적 근거가 되어 왔다.

예를 들어 지진(Hazard)을 막을 수는 없지만, 건물 내진 설계로 취약성(Vulnerability)을 낮추고, 위험 지역 거주를 제한해 노출(Exposure)을 줄일 수 있다. 화학공장 폭발 위험(Hazard)이 있다면 안전거리 확보(Exposure 감소)와 안전장치 강화(Vulnerability 감소)로 위험을 관리한다. 이 논리는 직관적이고 정책 적용이 용이하며, 많은 국가의 재난 정책과 국제기구의 프레임 역시 이 공식을 전제로 설계되었다.

유엔재난위험경감사무국의 센다이 프레임워크, 세계은행의 재난위험 평가, 각국의 재난관리 기본계획은 모두 이 공식을 기반으로 한다. 연구자들은 이 공식을 통해 위험을 정량화하고, 지역별·재난별 위험도를 비교하며, 투자 우선순위를 결정할 수 있었다. 공식은 복잡한 재난 현상을 단순하고 명확한 언어로 정리했다.

요소	의미	관리 전략	예시
위험요인	잠재적 위협 요소	제거, 격리	지진, 태풍, 화학물질
노출	위협에 노출된 정도	거리 확보, 시간 제한	인구 밀집, 작업 시간
취약성	피해 전환 가능성	강화, 대비	건물 노후화, 빈곤층

그러나 이 공식이 재난 현실을 충분히 설명하고 있는지에 대해서는 보다 비판적인 검토가 필요하다. 무엇보다 이 공식은 위험을 정태적인 구조로 가정한다. 위험요인, 노출, 취약성은 측정 가능하고 비교 가능한 변수로 설정되지만, 실제 재난에서는 이 세 요소가 시간 속에서 상호작용하며 변화한다. 위험은 고정된 값이 아니라 판단과 대응에 따라 빠르게 증폭되거나 완화된다.

예를 들어 화학공장에서 가스 누출(Hazard)이 발생했다고 가정하자. 초기 노출(Exposure)은 제한적이고, 안전장치(Vulnerability 관리)가 작동한다면 위험은 낮다. 그러나 초기 대응이 지연되면 가스는 확산되고(Exposure 증가), 시간이 지날수록 안전장치 효과는 감소하며(Vulnerability 증가), 위험요인 자체도 변화한다(화재, 폭발로 전환). 이 과정에서 세 요소는 고정된 것이 아니라 동적으로 상호작용한다. 그럼에도 많은 연구는 위험을 사전에 계산된 값으로 취급하고, 그 이후의 판단 과정을 분석에서 분리한다.

또한 이 공식은 위험의 '존재'를 설명하는 데는 효과적이지만, 위험이 왜 재난으로 전환되었는지를 설명하는 데에는 한계가 있다. 같은 수준의 위험요인, 노출, 취약성이 존재하더라도 어떤 경우에는 재난이 발생하고, 어떤 경우에는 그렇지 않다. 이 차이를 만들어내는 요소는 판단의 시점, 정보 해석의 방식, 조직 간 조정의 성공 여부와 같은 비정량적 요인이다. 이러한 요소들은 공식 안에서 명확한 위치를 갖지 못한다.

예를 들어 2005년 허리케인 카트리나와 2012년 허리케인 샌디를 비교해 보자. 두 재난 모두 강력한 허리케인(Hazard)이 인구 밀집 지역(Exposure)을 강타했고, 인프라 취약성(Vulnerability)이 존재했다. 'Risk = H × E × V' 공식으로는 비슷한 수준의 위험으로 계산된다. 그러나 실제 피해와 대응은 크게 달랐다. 카트리나는 초기 대피 지연, 정보 혼선, 조직 간 갈등으로 재난이 확대되었고, 샌디는 사전 대피, 신속한 연방 대응으로 피해가 제한되었다. 이 차이는 공식이 포착하지 못하는 '판단과 대응의 질'에서 비롯되었다.

위험 공식이 갖는 또 하나의 한계는 책임의 문제와도 연결된다. 위험이 구조적 결합의 결과로 설명될수록 실패의 원인은 특정 판단이나 선택이 아니라 '높은 위험 환경'으로 환원되기 쉽다. 이는 재난이 발생한 이후 왜 그 시점에 위험을 감수하는 판단이 이루어졌는지에 대한 질문을 약화시킬 수 있다. 공식은 위험을 설명하지만, 위험을 방치하거나 확대시킨 결정의 주체를 충분히 드러내지 못한다.

'Risk = H × E × V' 공식의 기여와 한계

- 혁신적 기여
  - 재난의 구조적 이해 가능
  - 관리 가능한 대상으로 전환
  - 정책 근거 제공(예방·대비)
  - 위험 정량화·비교 가능

- 핵심 한계
  - 정태적 가정(동적 상호작용 무시)
  - 존재는 설명되지만 전환은 설명되지 못함
  - 판단·시간 요소 부재
  - 비정량적 요인 포착 못함
  - 책임 주체 흐림

- 놓치는 질문
  - 왜 같은 위험이 다른 결과가 나타나는가
  - 대응 지연이 위험을 키웠는가
  - 판단 시점·방식의 영향은 무엇인가
  - 누가 위험을 방치했는가

이 지점에서 연구자는 질문해야 한다. 'Risk = H × E × V' 공식은 재난을 예방하는 데 충분한가, 아니면 재난을 사후적으로 설명하는 데 머무르고 있는가. 이 공식이 포착하지 못하는 판단과 시간의 요소를 연구는 어떤 방식으로 다뤄야 하는가.

위험을 구조로 이해하는 틀은 중요하지만, 그 구조 속에서 이루어진 선택과 지연을 설명하지 못한다면 재난 연구는 반복되는 실패를 온전히 해석하기 어렵다. 공식은 출발점이지 도착점이 아니다. 공식이 설명하지 못하는 영역, 즉 판단의 지연, 대응의 실패, 조직의 조정, 책임의 회피를 분석할 때 비로소 왜 재난이 반복되는지를 이해할 수 있다. 'Risk = H × E × V'는 위험을 계산하지만, 왜 계산된 위험이 재난이 되었는지는 다른 질문을 필요로 한다.

위험은 계산되지만 판단은 왜 늦어지는가

재난 연구와 정책 현장에서 위험은 점점 더 정교하게 계산되고 있다. 기상 예측, 위험 지도, 시뮬레이션 모델, 조기경보 시스템은 위험을 수치와 확률의 형태로 제시한다. 이 과정에서 위험은 과학적으로 '인지 가능한 대상'이 되고, 기술적으로는 이전보다 훨씬 빠르게 탐지된다. 태풍의 이동 경로, 지진 발생 확률, 전염병 확산 속도는 실시간으로 모니터링되고, 데이터는 의사결정자에게 전달된다.

그럼에도 실제 재난 대응에서 반복적으로 목격되는 현상은 위험 인지는 앞서 있지만 판단과 결정은 늦어진다. 2020년 COVID-19 팬데믹 초기 대응을 보면 1월부터 감염병 위험 정보가 있었지만 본격적인 방역 조치는 2~3월에야 시작되었다. 2022년 이태원 참사 전에도 인파 집중 위험은 사전에 예측되었지만 안전 조치는 이루어지지 않았다. 위험 정보가 있었음에도 판단은 지연되었다.

이 간극은 단순히 개인의 소극성이나 무능으로 설명하기 어렵다. 위험이 계산된다는 것은 정보가 존재한다는 의미이지 그 정보가 곧바로 판단으로 전환된다는 뜻은 아니다. 많은 경우 위험 정보는 조직 내부의 여러 단계와 절차를 통과하며 해석되고 재구성된다. 이 과정에서 위험은 완화되거나 분산되며, 긴급한 행동을 촉발하는 신호로 작동하지 못한다.

재난 연구는 오랫동안 위험 인식의 정확성에 초점을 맞춰 왔다. 더 정확한 예측 모델,

더 빠른 정보 전달, 더 명확한 경보 체계를 개발하는 데 많은 노력을 기울였다. 그러나 실제 판단 지연의 원인은 위험을 모르는 것이 아니라 위험을 어떻게 받아들이고 책임을 감당할 것인가의 문제에 더 가깝다. 위험이 공식적으로 선언되는 순간 그에 따른 행정적·정치적·조직적 책임이 함께 발생한다. 이 책임의 무게는 판단을 늦추는 방향으로 작용하는 경우가 많다.

예를 들어 감염병 경보 수준을 상향 조정하면 경제 활동 제한, 예산 투입, 사회적 혼란이 따른다. 이 결정을 내린 사람은 '과잉 대응'이라는 비난을 감수해야 한다. 반대로 경보 수준을 유지하다가 확산되면 '초기 대응 실패'의 책임을 진다. 위험 정보는 명확하지만 그것을 바탕으로 결정을 내리는 순간 정치적·행정적 부담이 시작된다. 이 구조에서 결정권자는 "조금 더 지켜보자"라는 선택을 하기 쉽다.

위험 계산은 대체로 평균값과 확률을 중심으로 이루어진다. 이는 장기적 정책 설계에는 유용하지만, 단기적 판단에는 오히려 장애가 되기도 한다. '태풍이 상륙할 확률 60%', '지진 발생 가능성 30%'라는 정보는 불확실성을 포함한다. 이때 의사결정자는 "아직 확실하지 않다"라는 이유로 대응을 미룬다. "아직 임계값을 넘지 않았다"라는 해석은 조기 대응을 미루는 근거로 사용된다.

위험 계산의 발전	판단 지연의 현실	간극의 원인
정교한 예측 모델	정보 있어도 결정 늦음	절차 복잡성
실시간 모니터링	경보에도 조치 지연	책임 부담
확률적 정보 제공	"확실하지 않다" 해석	불확실성 핑계
조기경보 시스템	과잉 대응 두려움	정치적 리스크

재난 연구는 이러한 해석이 반복적으로 실패를 누적시키는 메커니즘을 충분히 설명해 왔는가라는 질문을 던질 필요가 있다. 위험 정보가 '아직 괜찮다'라는 해석으로 전환되는 과정, 확률 정보가 '불확실하다'라는 근거로 사용되는 방식, 조기 경보가 '과민 반응'으로 치부되는 구조를 분석하지 않으면 왜 계산된 위험이 재난으로 이어지는지 설명

할 수 없다.

조직 구조 역시 판단 지연에 중요한 영향을 미친다. 위험 정보는 현장에서 가장 먼저 감지되지만, 판단 권한은 상위 단계에 집중되어 있다. 이로 인해 정보와 권한 사이에 시간적 간극이 발생하고, 그 사이 위험은 확대된다. 재난 연구는 이 구조를 개인의 판단 오류가 아니라 의사결정 설계의 문제로 분석해야 할 필요가 있다.

예를 들어 2014년 세월호 참사 초기 선박 내부에서는 침수 상황을 즉시 인지했지만 대피 명령 권한은 선장에게 있었고, 구조 결정 권한은 해경 상부에 있었다. 정보(침수)는 빨랐지만, 판단(대피·구조)은 권한 단계를 거치며 지연되었다. 이는 개인의 무능이 아니라 권한과 정보의 분리라는 구조적 문제였다.

책임 회피 구조도 판단을 늦춘다. 조직에서 중요한 결정은 혼자 내리기보다 회의를 거쳐 집단적으로 결정하는 경우가 많다. 이는 신중한 판단을 위한 장치지만 재난 상황에서는 시간을 소비하는 절차가 된다. 회의를 소집하고, 의견을 조율하며, 상부 보고를 기다리는 동안 위험은 현실화된다. 집단 결정 구조는 책임을 분산시키지만 판단 속도를 늦춘다.

위험이 계산됨에도 판단이 늦어지는 현상은 기술의 부족이 아니라 판단을 둘러싼 제도와 문화의 문제다. 이 지점에서 재난 연구는 질문을 바꿔야 한다. 더 정확한 위험 계산이 필요한가, 아니면 위험을 받아들이고 즉시 결정할 수 있는 조건이 필요한가. 판단의 지연을 설명하지 못하는 위험 이론은 반복되는 재난 앞에서 충분한 설명력을 갖기 어렵다.

위험 이론이 진정으로 재난을 예방하려면 위험 계산 이후의 과정, 즉 정보가 해석되고, 책임이 회피되며, 조직 구조가 판단을 지연시키는 메커니즘을 함께 분석해야 한다. 위험 공식에 '판단(Decision)', '시간(Time)', '권한(Authority)'이라는 변수를 추가할 필요가 있다. 'Risk = H × E × V × D(Decision delay)' 정도로 확장해야 비로소 왜 계산된 위험이 재난이 되는지를 설명할 수 있다.

<table>
<tr><td colspan="2">위험 계산과 판단 지연의 간극</td></tr>
<tr><td>· 위험 정보의 발전</td><td>· 판단 지연의 현실</td></tr>
<tr><td>- 정교한 예측·모니터링</td><td>- 정보 있어도 결정 늦음</td></tr>
</table>

- 실시간 데이터 전달
- 조기 경보 체계

- 절차 통과 중 완화·분산
- 긴급 행동 신호 못 됨

- **지연의 구조적 원인**
  - 책임 부담(선언 즉시 책임 발생)
  - 정보-권한 분리(현장 감지 vs 상부 결정)
  - 과잉 대응 두려움(정치적 리스크)
  - 확률 해석(아직 확실하지 않음)
  - 집단 결정 구조(회의·보고 시간 소비)

- **핵심 질문의 전환**
  - 더 정확한 계산 X → 즉시 결정 가능한 조건은 무엇인가
  - 위험을 모르는 것 X → 위험을 받아들일 수 있는가

- **필요한 분석**
  - 정보 해석 과정
  - 조직 구조의 지연 효과
  - 책임 회피 메커니즘
  - 판단 권한 배분 문제

"위험은 계산되지만 판단은 왜 늦어지는가"라는 질문은 재난 연구의 핵심을 건드린다. 위험 이론이 공식과 모델을 정교화하는 데 집중하는 동안 정작 판단 구조, 책임 체계, 조직 문화는 충분히 분석되지 않았다. 위험 계산의 정확성을 높이는 것만으로는 재난을 막을 수 없다. 계산된 위험을 행동으로 전환하는 조건을 만들지 않으면 위험 이론은 사후 설명 도구로만 남을 뿐이다. 재난 연구가 진정으로 예방에 기여하려면 위험 계산 이후의 공백, 즉 판단의 지연을 설명하는 이론으로 확장되어야 한다.

위험·위해·불확실성 개념이 정책 결정에서 작동하는 방식

재난 연구에서 위험, 위해, 불확실성은 구분된 개념으로 다뤄진다. 위험은 그 위해가 피해로 전환될 가능성과 영향의 결합을, 위해는 물리적·객관적으로 존재하는 위험요인을, 불확실성은 정보 부족이나 예측의 한계를 의미한다. 이 개념적 구분이 이론적으로는

명확하지만 정책 결정의 실제 과정에서는 서로 다른 방식으로 작동하며, 때로는 의사결정을 지연시키는 언어로 사용된다.

❶ 위험(Risk)

위험은 확률과 영향의 문제이기 때문에 판단의 영역으로 이동한다. 이때 정책 결정자는 위험을 수용할 것인지, 회피할 것인지, 아니면 관리할 것인지 선택해야 한다. 문제는 이 선택이 항상 명확한 기준에 의해 이루어지지 않는다는 점이다. 같은 수준의 위험이라도 정치적 상황, 여론, 예산 상황에 따라 다르게 판단된다. 위험은 객관적 계산보다 주관적 판단의 영향을 더 많이 받는다.

예를 들어 원자력 발전소의 위험은 기술적으로 계산 가능하지만, 그 위험을 수용할 것인가는 정치적·사회적 판단이다. 후쿠시마 원전 사고 이전과 이후 같은 위험에 대한 사회적 수용성은 완전히 달라졌다. 위험은 계산되지만 그것이 정책 결정으로 전환되는 과정은 비기술적 요인에 의해 좌우된다.

❷ 위해(Hazard)

위해는 정책과 행정에서 비교적 다루기 쉬운 대상이다. 위해는 제거, 차단, 관리의 대상으로 설정될 수 있으며, 기술적 조치와 규제를 통해 대응이 가능하다. 화학물질을 격리하고, 노후 시설을 교체하며, 위험 지역을 차단하는 것은 명확한 행동이다. 위해 관리는 책임 소재가 분명하고, 성과 측정이 가능할 뿐만 아니라 예산 투입의 근거를 제시하기 쉽다. 따라서 정책 결정자는 위해 관리를 선호한다.

❸ 불확실성(Uncertainty)

재난 상황에서 불확실성은 피할 수 없는 조건이지만 정책 결정에서는 종종 결정을 미루는 근거로 작동한다. "정보가 충분하지 않다", "상황을 더 지켜봐야 한다"라는 표현은 합리적으로 들리지만 그 사이 위험은 현실로 전환된다. 연구는 "불확실성이 어떻게 판단을 지연시키는 언어로 사용되는지 충분히 분석해 왔는가"라는 질문을 던질 필요가 있다.

2015년 메르스 사태 초기를 보면 감염병의 전파력과 치명률에 대한 불확실성이 존재했다. 이 불확실성은 "아직 확실하지 않으니 조금 더 지켜보자"라는 판단으로 이어졌고, 그 사이 병원 간 전파가 확대되었다. 사후에는 "당시 정보가 불충분했다"라는 설명이 실패를 정당화했다. 불확실성은 신중함의 근거가 아니라 지연의 핑계가 되었다.

개념	이론적 정의	정책 작동 방식	의사결정 효과
위험	가능성 × 영향	수용·회피·관리 판단주	주관적 판단 개입
위해	객관적 위험요인	제거·차단 대상	명확한 행동 가능
불확실성	정보 부족·예측 한계	결정 지연 근거	'더 지켜보자' 정당화

위험·위해·불확실성의 개념 구분은 책임의 문제와도 연결된다. 위험을 강조하면 구조적 조건으로 환원되고, 위해를 강조하면 문제는 외부 요인으로 이동하며, 불확실성을 강조하면 판단 실패는 불가피한 것으로 정당화된다. 이 과정에서 정책 결정자의 선택과 책임은 분석의 중심에서 벗어나기 쉽다. 개념은 단순한 설명 도구에 그치지 않고, 책임을 재배치하는 전략적 도구로서 기능하게 된다.

예를 들어 산업재해 사고 후 "위험 관리가 부족했다"라고 하면 관리 시스템과 조직 문화가 문제가 된다. "위해를 충분히 제거하지 못했다"라고 설명하면 기술적 한계나 예산 부족이 원인이 된다. "불확실성이 있었다"라고 하면 예측 불가능성이 실패의 이유가 된다. 같은 사고를 어떤 개념으로 설명하느냐에 따라 책임 소재가 달라진다.

정책 결정자는 이를 전략적으로 활용한다. 사전에는 "불확실성이 높아 신중해야 한다"라며 조치를 미루고, 사후에는 "위해를 완전히 제거할 수 없었다"라며 불가피성을 강조한다. 개념은 중립적 분석 틀처럼 보이지만 실제로는 정치적 언어로 사용된다. 연구자는 이 점을 인식하고 개념이 정책 결정에서 어떻게 동원되는지를 비판적으로 분석해야 한다.

재난 정책에서 중요한 질문은 개념을 얼마나 정교하게 정의하는가가 아니다. 이 개념들이 실제 결정 과정에서 어떤 선택을 가능하게 하고, 어떤 선택을 차단하는가다. 위험이 존재한다는 사실보다 중요한 것은 그 위험을 언제, 어떤 근거로 받아들이거나 거부했는지다. 그러나 많은 연구는 여전히 개념의 정합성에 머물며, 개념이 결정 과정에 미치는 영향을 충분히 추적하지 않는다.

불확실성의 경우가 특히 그렇다. 재난 연구는 불확실성을 주어진 조건으로 다루지만 실제로는 선택적으로 강조되는 전략인 경우가 많다. 어떤 결정에서는 불확실성이 무시되고(긴급하니 일단 실행), 어떤 결정에서는 불확실성이 과대 평가된다(불확실하니 보류). 불확실성은 객관적 상태가 아니라 결정자가 활용하는 자원이다. 연구는 이 활용 방식을 분석해야 한다.

개념의 작동 방식과 책임 재배치

- 이론 vs 실제
  - 이론: 명확한 구분
  - 실제: 전략적 활용

- 책임 재배치 메커니즘
  - 위해 강조 → 기술·예산 한계
  - 위험 강조 → 구조·시스템 문제
  - 불확실성 강조 → 예측 불가능

- 불확실성의 이중성
  - 객관적 조건 X → 결정자가 활용하는 자원

- 연구가 놓치는 질문
  - 개념 정의 정교화 X → 개념이 결정에 미치는 영향

- 정책 결정 작동
  - 위해 → 기술 조치(명확)
  - 위험 → 판단 영역(모호)
  - 불확실성 → 지연 근거(핑계)

- 개념의 전략적 사용
  - 사전: 불확실하니 보류
  - 사후: 위해 제거 불가능
  - 같은 사고, 다른 설명

위험·위해·불확실성이라는 언어는 정책 결정을 돕고 있는가, 아니면 결정을 늦추는 데 사용되고 있는가. 재난 연구가 이 질문에 답하지 않는다면 위험 이론은 반복되는 실패를 설명하기보다 실패 이후를 정리하는 언어로 남을 가능성이 크다.

연구자는 개념의 명확성만을 추구하는 대신 개념이 현장에서 어떻게 오용되는지를 추적해야 한다. 불확실성이 신중함의 근거인지 지연의 핑계인지, 위험 평가가 행동의 출발

점인지 보류의 이유인지, 위해 관리가 실질적 조치인지 상징적 제스처인지를 비판적으로 분석해야 한다.

위험 이론이 진정으로 재난을 예방하려면 개념의 정의를 넘어 개념의 사용을 연구해야 한다. 위험·위해·불확실성이라는 언어가 결정을 촉진하는 도구인지, 책임을 회피하는 도구인지를 구분할 때 비로소 왜 계산된 위험이 재난이 되는지를 이해할 수 있다. 재난 연구는 개념의 정합성이 아니라 개념의 정치성을 다뤄야 한다. 그때 비로소 위험 이론은 실패를 설명하는 언어에서 실패를 막는 언어로 전환될 수 있다.

재난 의사결정 이론은 '현장의 선택'을 설명하는가

제한된 합리성, NDM·RPD 모델의 설명력

재난 의사결정을 설명하기 위해 제시된 대표적 이론들은 공통적으로 '합리적 판단'의 한계를 전제로 한다. 제한된 합리성(Bounded Rationality) 이론은 의사결정자가 완전한 정보와 무한한 계산 능력을 갖지 못한다는 점을 전제하며, 자연주의적 의사결정(NDM, Naturalistic Decision Making)과 인식 기반 의사결정(RPD, Recognition-Primed Decision) 모델은 실제 현장에서 전문가들이 경험과 패턴 인식을 통해 빠른 결정을 내린다는 점을 강조한다. 이 이론들은 재난 상황의 불확실성과 시간 압박을 설명하는 데 중요한 기여를 했다.

이들 이론의 가장 큰 성과는 재난 판단을 '이상적 합리성'의 기준에서 해방시켰다는 점이다. 재난 상황에서 모든 정보를 수집하고 최적해를 도출하는 것은 불가능하며, 현장의 판단은 제한된 정보와 경험에 기반해 이루어진다는 점을 이론적으로 정당화했다. 이는 재난 대응자의 직관적 판단을 오류가 아니라 합리적 선택의 한 형태로 재해석하는 전환점이 되었다.

허버트 사이먼(Herbert Simon)의 제한된 합리성 이론은 만족화(Satisficing) 개념을 제시했다. 최선이 아니라 충분히 만족스러운 선택을 하는 것이 실제 의사결정의 현실이라는 것이다. 재난 상황에서 완벽한 정보를 기다릴 수 없고, 최적해를 계산할 시간도 없다. 따라서 "이 정도면 괜찮다"라는 판단으로 결정을 내린다. 이는 현장의 빠른 결정을 설명하는 유용한 틀이다.

자연주의적 의사결정은 실험실이 아닌 실제 현장의 의사결정을 연구한다. 게리 클라인(Gary Klein) 등이 발전시킨 이 이론은 소방관, 군인, 의사 같은 전문가들이 시간 압박, 불확실성, 높은 위험 속에서 어떻게 의사결정을 하는지 관찰했다. 연구 결과 전문가들은 여러 대안을 비교하기보다 상황을 빠르게 인식하고 익숙한 패턴에 맞춰 행동한다는 것을 발견했다.

인식 기반 의사결정은 자연주의적 의사결정의 핵심 모델로, 의사결정자가 상황을 인식(Recognition)하는 순간 과거 경험에서 유사한 패턴을 찾아 즉시 행동한다고 설명한다. 여러 대안을 검토하는 것이 아니라 "이 상황은 그때와 비슷하다"라는 인식이 곧바로 행동으로 이어진다. 숙련된 소방관이 화재 현장에 도착해 즉시 진압 방법을 결정하는 과정이 이에 해당한다.

이론	핵심 개념	기여	적용
제한된 합리성	만족화	완벽 불가능 인정	충분히 괜찮은 선택
자연주의적 의사결정	현장 중심 의사결정	실제 조건 반영	시간 압박·불확실성
인식 기반 의사결정	패턴 인식 → 즉시 행동	직관의 전문성 인정	경험 기반 신속 결정

특히 자연주의적 의사결정과 인식 기반 의사결정 모델은 현장 대응자의 직관적 판단을 전문성의 한 형태로 재해석함으로써 재난 대응 연구의 시야를 넓혔다. "왜 충분히 검토하지 않고 즉시 결정했는가"라는 비난 대신 "어떤 경험과 패턴 인식이 그 결정을 가능하게 했는가"를 질문하게 만들었다. 이는 재난 대응 훈련과 교육에도 중요한 시사점을 제공했다. 전문성은 정보 처리 능력이 아니라 패턴 인식 능력에서 나온다는 것이다.

그러나 이 이론들이 실제 재난의 반복적 실패를 충분히 설명하는지는 별도의 질문이다. 제한된 합리성, 자연주의적 의사결정, 인식 기반 의사결정 모델은 주로 '어떻게 결정하는가'에 초점을 맞추지만, '왜 그 결정이 가능한 선택지로 남았는가'에 대해서는 상대적으로 침묵한다. 다시 말해 이론은 판단의 방식은 설명하지만 판단의 조건은 충분히 다루지 않는다.

예를 들어 현장 대응자가 위험을 인식하고도 행동하지 못하는 상황은 단순한 인지 실패로 설명되지 않는다. 많은 경우 그 판단은 조직의 규정, 상급자의 승인 구조, 사후 책임에 대한 우려 속에서 이루어진다. 그러나 기존 의사결정 이론은 이러한 제약을 '맥락(Context)'으로 처리할 뿐 분석의 중심에 두지 않는다. 그 결과 판단 실패는 여전히 개인의 경험 부족이나 인식 오류로 환원되기 쉽다.

2014년 세월호 참사에서 선장과 선원들은 상황의 심각성을 인식했지만 대피 명령을 내리지 못했다. 인식 기반 의사결정 모델로 설명하면 '유사 경험 부족'이나 '패턴 인식 실패'가 된다. 그러나 실제로는 회사의 지시(화물 보호), 책임에 대한 두려움(침몰 시 책임), 권한 구조(해경 지시 대기) 같은 조직적·제도적 제약이 작동했다. 이론은 개인의 인지를 설명하지만 개인을 둘러싼 구조는 설명하지 못한다.

자연주의적 의사결정과 인식 기반 의사결정 모델은 숙련된 전문가의 성공적 판단 사례를 중심으로 발전해 왔다. 이는 현장의 긍정적 판단을 설명하는 데에는 효과적이지만, 실패 사례를 구조적으로 분석하는 데에는 한계를 가진다. 왜 동일한 경험을 가진 전문가가 어떤 상황에서는 결정을 내리고, 어떤 상황에서는 주저했는가라는 질문은 충분히 다뤄지지 않는다.

예를 들어 숙련된 소방관이 화재 현장에서 즉시 진입 결정을 내리는 경우(성공 사례)는 인식 기반 의사결정 이론으로 잘 설명된다. 그러나 같은 소방관이 상부의 승인을 기다리며 진입을 지연한 경우(실패 사례)는 어떻게 설명할 것인가. 이는 개인의 패턴 인식 문제가 아니라 조직의 권한 구조와 책임 체계 문제다. 그러나 기존 이론은 이를 충분히 다루지 않는다.

재난 의사결정 이론의 기여와 한계

· 이론의 기여
  - 이상적 합리성 기준 폐기　　　　　　　- 현장 조건 반영(시간·정보 제약)

- 직관의 전문성 인정   - 빠른 결정 정당화

• 설명하는 것   • 설명하지 못하는 것
  - 어떻게 결정하는가   - 왜 그 선택지만 남았는가
  - 판단의 방식   - 판단의 조건·제약
  - 성공적 결정 사례   - 실패 구조

• 성공 중심 vs 실패 분석
  - 성공 사례: RPD로 설명 가능   - 실패 사례: 구조적 분석 부족

이 지점에서 재난 연구는 질문을 확장해야 한다. 재난 의사결정 이론은 현장의 선택을 설명하는가, 아니면 선택이 이루어질 수 있었던 조건만을 이상화하고 있는가. 판단의 실패를 개인의 인지 한계가 아니라 판단을 제약한 구조와 제도 속에서 분석할 수 있을 때 의사결정 이론은 재난 연구에서 보다 실질적인 설명력을 가질 수 있다.

이론이 유용하려면 성공만이 아니라 실패를, 개인만이 아니라 구조를, 방식만이 아니라 조건을 함께 설명해야 한다. 자연주의적 의사결정과 인식 기반 의사결정 모델이 현장의 성공적 판단을 이해하는 데 기여한 만큼 이제는 현장의 실패한 판단을 구조적으로 분석하는 이론으로 확장되어야 한다. 그때 비로소 재난 의사결정 이론은 반복되는 실패를 설명하고 예방하는 언어가 될 수 있다.

시간 압박·조직 구조·권한 문제는 어디까지 설명되는가

재난 의사결정 이론은 시간 압박을 핵심 변수로 다룬다. 재난 상황에서는 정보가 불완전하고 결정 지연의 비용이 급격히 증가한다는 점에서 '시간'은 판단의 질을 좌우하는 요인으로 제시된다. 자연주의적 의사결정과 인식 기반 의사결정 모델은 특히 시간 제약 속에서 전문가가 어떻게 빠른 결정을 내리는지를 설명하는 데 효과적이며, 제한된 시간 안에 패턴을 인식하고 즉시 행동하는 메커니즘을 이론화했다.

그러나 실제 현장에서 관찰되는 시간 압박은 물리적 제약을 넘어 조직 구조와 권한 배

분이 만들어내는 압박에 가깝다. 이 차이는 재난 의사결정을 설명하는 데 중요한 함의를 갖는다. 많은 재난 상황에서 시간은 절대적으로 부족하지만, 동시에 결정은 쉽게 내려지지 않는다. 이는 시간이 없어서가 아니라 누가 결정할 수 있는지 명확하지 않기 때문인 경우가 많다.

현장은 위험을 가장 먼저 인식하지만, 결정 권한은 상위 조직에 집중되어 있다. 이 구조에서 시간 압박은 판단을 재촉하기보다 보고와 승인 절차를 반복하게 만드는 요인으로 작동한다. 현장 담당자는 "시간이 없다"라고 느끼지만, 동시에 "권한이 없다"라는 이유로 상부에 보고한다. 상부는 상황을 파악하는 데 시간이 걸리고, 다시 현장에 지시를 내린다. 이 과정에서 물리적 시간은 흐르지만 결정은 지연된다.

예를 들어 2022년 이태원 참사를 보면, 경찰 현장지휘관은 인파 집중 위험을 인식했지만 통제 권한이 불명확했다. 용산서, 서울청, 행안부로 이어지는 보고 체계 속에서 시간은 소진되었지만 결정은 내려지지 않았다. 이론적으로는 '시간 압박 속 의사결정'이지만, 실제로는 '권한 불명확성 속 결정 지연'이었다. 결국 재난 의사결정 이론은 이 과정을 충분히 설명하고 있는가라는 질문이 제기된다.

또한 시간 압박 자체가 선택적으로 인식되기도 한다. 긴급하다고 판단되면 절차를 생략하고 즉시 행동하지만, 그렇지 않다고 판단되면 "충분히 검토해야 한다"라며 시간을 소비한다. 시간 압박은 객관적 조건이 아니라 상황 인식과 권한 구조에 의해 구성되는 주관적 경험이다. 이론은 시간을 독립 변수로 다루지만, 실제로는 시간 인식 자체가 조직 구조와 권한의 영향을 받는 종속 변수다.

조직 구조 역시 판단의 범위를 제한한다. 재난 대응 조직은 평시 행정 조직의 연장선에서 운영되는 경우가 많고, 이로 인해 책임과 권한의 경계가 모호해진다. 현장지휘관은 즉

이론의 시간 압박	현실의 시간 압박	간극
물리적 제약	구조적 압박	권한 불명확성
정보 부족	보고 절차 지연	정보-권한 분리
신속 결정 필요	승인 대기 시간	집단 결정 구조
개인 인지 부담	조직 조정 실패	책임 분산 체계

각적 판단을 요구받지만, 사후 책임은 조직 전체가 아닌 개인에게 귀속되는 경우가 적지 않다. 이러한 구조에서는 신속한 판단보다 책임 회피적 판단이 합리적인 선택으로 작동한다. 이 현상은 개인의 소극성이 아니라 조직이 설계한 합리성의 결과다.

그러나 재난 의사결정 이론은 조직 구조를 '맥락' 또는 '배경 변수'로 처리하는 경향이 있다. 자연주의적 의사결정 연구는 "조직 환경이 의사결정에 영향을 미친다"라고 인정하지만, 그 영향을 체계적으로 분석하기보다는 개인의 인지 과정에 초점을 맞춘다. 결과적으로 조직 구조는 판단을 설명하는 핵심 변수가 아니라 부수적 요인으로 남는다.

예를 들어 2020년 COVID-19 팬데믹 초기 대응을 보면 질병관리본부(현 질병관리청)는 전문성을 가졌지만 독자적 결정 권한은 제한적이었다. 중요한 결정은 보건복지부, 중앙재난안전대책본부를 거쳐야 했다. 전문가의 판단(질본)과 최종 결정 권한(정부)이 분리되어 있어 신속한 대응이 어려웠다. 이는 개인의 판단 능력 문제가 아니라 조직 설계와 권한 배분의 문제였다. 그러나 기존 의사결정 이론은 이를 충분히 설명하지 못한다.

권한 문제는 재난 의사결정의 또 다른 핵심 변수다. 많은 연구가 권한 집중이 신속한 결정을 가능하게 한다고 전제하지만, 실제 현장에서는 권한의 불명확성이 더 큰 문제로 작용한다. 공식적인 권한은 존재하지만, 그 권한을 행사했을 때 발생할 정치적·행정적 부담은 개인이 감당해야 한다. 이때 판단은 지연되고 위험은 확대된다. 재난 의사결정 이론은 이러한 권한 행사 비용을 충분히 분석하고 있는가.

2014년 세월호 참사 당시 해양 경비정 123지휘관(정장)은 현장 최고 책임자였지만 승객 전원 대피 명령을 내릴 권한이 명확하지 않았다. 선장의 판단을 존중해야 하는지, 해경이 개입해야 하는지, 상부 지시를 기다려야 하는지 불분명했다. 공식적으로는 권한이 있었지만 행사 시 책임을 개인이 져야 한다는 두려움이 작동했다. 이는 권한의 부재가 아니라 권한 행사 비용의 과다였다.

시간 압박, 조직 구조, 권한 문제는 각각 독립된 요인이 아니라 상호작용한다. 시간은 줄어드는데 권한은 불명확하고, 책임은 개인에게 귀속되는 구조에서는 판단 지연이 일반적 결과가 된다. 그러나 많은 의사결정 이론은 이 구조적 조건을 배경 변수로 처리하고, 판단의 성공과 실패를 개인의 역량 차이로 설명하는 경향을 보인다.

- 시간 압박의 이중성
  - 이론: 물리적 제약
  - 현실: 구조적 압박(권한 불명확)
  - 시간 인식 자체가 권한 구조 영향 받음

- 조직 구조의 문제
  - 이론: 배경 변수
  - 현실: 핵심 변수
  - 평시 조직 → 재난 조직(구조 그대로)
  - 책임 개인 귀속 → 회피적 판단 합리화

- 권한 문제의 복잡성
  - 권한 불명확성
  - 권한 행사 시 정치·행정 부담 개인 감당
  - 공식 권한은 존재하나 행사 비용 과다

- 상호작용
  - 시간 압박 + 권한 불명확 + 개인 책임 → 판단 지연이 일반적 결과

- 이론 vs 현실
  - 이론: 시간·구조·권한 = 배경
  - 현실: 시간·구조·권한 = 핵심

- 필요한 전환
  - 배경 변수 → 핵심 변수
  - 부수적 요인 → 중심 분석
  - 개인 역량 → 구조 설계

재난 의사결정 이론은 실제로 판단이 억제되는 구조를 설명하고 있는가, 아니면 판단이 이루어졌을 때의 이상적 사례만을 설명하고 있는가. 시간 압박을 개인의 인지 부담으로만 해석하는 한 재난 의사결정 연구는 반복되는 지연과 실패를 구조적으로 해석하기 어렵다.

이론이 진정으로 현장을 설명하려면 시간 압박·조직 구조·권한 문제를 배경이 아니라 핵심 변수로 다뤄야 한다. 개인의 인지 과정만이 아니라 조직이 어떤 판단을 억제하도록

설계되어 있는지를 분석해야 한다. 또한 성공 사례의 패턴 인식만이 아니라 실패 사례의 구조적 제약을 추적해야 한다. 그때 비로소 재난 의사결정 이론은 왜 현장에서 선택이 이루어지지 못하는지를 설명할 수 있다.

시간 압박, 조직 구조, 권한 문제는 재난 의사결정의 배경이 아니라 본질이다. 이 본질을 중심에 두지 않는 이론은 성공을 설명할 수는 있어도 실패를 막을 수는 없다. 재난 연구가 예방에 기여하려면 이론의 초점을 개인의 인지에서 구조의 억제로 옮겨야 한다.

판단 실패를 개인이 아닌 구조로 분석할 수 있는가

재난 이후 반복되는 질문은 언제나 비슷하다. 왜 그때 그렇게 판단하지 못했는가, 왜 더 빨리 결정하지 않았는가, 왜 명확한 조치가 이루어지지 않았는가. 이 질문들은 특정 개인이나 소수의 결정권자를 향한다. 판단 실패는 개인의 무능, 경험 부족, 소극적 태도로 환원되고, 구조와 제도는 배경으로 물러난다. 그러나 이러한 설명 방식은 재난이 반복되는 이유를 충분히 설명하지 못한다.

판단 실패를 개인에게 귀속시키는 분석은 설명하기 쉽고 명확하다. 책임 소재가 분명해지고, 징계나 교체라는 가시적 조치가 가능하며, 언론과 대중에게도 이해하기 쉬운 서사를 제공한다. '무능한 관리자', '안일한 공무원', '부주의한 작업자'라는 프레임은 복잡한 구조적 문제를 단순한 인사 문제로 전환한다. 정치적으로도 부담이 적다. 개인을 교체하면 문제가 해결된 것처럼 보이기 때문이다.

그러나 이 방식은 실패를 일회적 사건으로 고립시키며, 구조적 문제를 가시화하지 않는다. 결과적으로 재난은 '운이 나빴던 사건'이나 '부적절한 인사 문제'로 정리되고, 유사한 조건은 그대로 유지된다. 연구가 이 프레임을 반복할수록 재난은 다시 발생할 수밖에 없다. 다른 사람이 같은 자리에 앉아도 같은 구조 속에서 같은 실패를 반복할 가능성이 크다.

재난 상황에서의 판단은 개인의 선택처럼 보이지만, 실제로는 구조가 허용한 범위 안에서의 선택이다. 무엇을 결정할 수 있는지, 어디까지 책임질 수 있는지, 결정 이후 어떤 결과를 감당해야 하는지는 조직과 제도가 규정한다. 동일한 상황에서도 조직 구조와 책임 체계가 다르면 판단의 속도와 방향은 전혀 달라진다. 그럼에도 많은 연구는 이 차이를 충분히 분석하지 않는다.

예를 들어 2020년 COVID-19 팬데믹 대응을 국가별로 비교해 보면, 같은 수준의 위험 정보를 받고도 어떤 나라는 즉시 국경 봉쇄와 전수 조사를, 어떤 나라는 점진적 대응을 선택했다. 이 차이는 개인 지도자의 능력 차이만으로 설명되지 않는다. 의사결정 구조(대통령제/의원내각제), 재난관리 체계(중앙집권/분권), 권한 배분(전문가/정치인), 책임 체계(집단/개인)가 모두 영향을 미쳤다. 그러나 많은 분석은 '지도자의 리더십'에 초점을 맞추고, 구조적 차이는 부차적으로 다룬다.

구조적 분석이 어려운 이유는 명확하다. 구조를 분석한다는 것은 법·제도·조직 설계·권한 배분·책임 귀속 방식을 함께 다뤄야 한다는 것을 의미한다. 이는 특정 행위자에 대한 평가를 넘어 정책과 제도 선택 자체를 연구 대상으로 삼는 일이다. 많은 경우 이 지점에서 연구는 정치적·제도적 부담을 느끼고 한발 물러난다. 개인을 분석하는 것은 안전하지만, 구조를 분석하는 것은 권력과 제도에 대한 비판으로 이어질 수 있기 때문이다.

분석 대상	편의성	한계	정치적 부담
개인 귀속	설명 쉬움, 책임 명확, 조치 가시적	구조 은폐, 반복 가능성	낮음(교체로 해결)
구조 분석	복잡, 시간 소요, 다학제 필요	근본 원인 파악, 재발 방지	높음(제도 비판)

그러나 판단 실패를 구조로 분석하지 않는 한 재난 의사결정 연구는 한계를 벗어나기 어렵다. 왜 위험이 인식되었음에도 결정이 이루어지지 않았는지, 왜 판단이 반복해서 상향 보고로 미뤄졌는지, 왜 책임이 불명확한 상태가 지속되었는지를 설명하려면 개인의 인지 과정만으로는 부족하다. 이 질문들은 조직이 어떤 판단을 억제하도록 설계되어 있는지를 묻는다.

구조적 분석은 다음과 같은 질문을 던진다.

첫째, 권한과 책임의 배분 구조다. 누가 어떤 권한을 가지는가? 그 권한 행사 시 책임은 어떻게 귀속되는가?

둘째, 의사결정 절차와 승인 구조다. 몇 단계를 거쳐야 결정이 내려지는가? 각 단계에서 지연이 발생하는 구조적 원인은 무엇인가?

셋째, 정보와 권한의 분리 정도다. 정보를 먼저 접하는 현장과 결정 권한을 가진 상부가 얼마나 분리되어 있는가? 정보 전달 과정에서 왜곡이나 완화가 발생하는가?

넷째, 책임 회피 메커니즘이다. 집단 결정 구조, 모호한 규정, 사후 책임 추궁 가능성 등이 어떻게 판단 지연을 유도하는가?

2017년 포항 지진 당시 초기 대응 지연의 원인은 개인의 무능이 아니라 재난 안전 통신망 미구축, 지자체와 중앙 간 권한 중복, 긴급재난문자 발송 권한 불명확이라는 구조적 문제였다. 같은 사람이 다른 시스템에서 일했다면 다른 결과가 나왔을 수 있다. 구조가 바뀌지 않으면 사람을 바꿔도 같은 실패가 반복된다.

구조적 분석을 위해서는 연구 방법의 확장이 필요하다. 개인 인터뷰나 인지 실험만으로는 부족하다. 조직도 분석, 규정 검토, 권한 배분 추적, 의사결정 경로 재구성, 비교 제도 분석 등이 필요하다. 또한 학제 간 협력이 필수적이다. 인지심리학만이 아니라 행정학, 법학, 조직사회학, 정치학이 함께 참여해야 구조를 입체적으로 분석할 수 있다.

판단 실패 분석의 전환

- 개인 귀속의 문제
  - 설명이 쉽고 책임이 명확하지만 구조 은폐, 반복 가능성
  - 일회적 사건화, 인사 문제화

- 구조 분석의 필요성
  - 판단은 개인이 아니라 구조가 허용한 범위 안 선택
  - 동일 상황, 다른 구조 → 다른 판단　　　- 동일 구조, 다른 사람 → 같은 실패

- 구조적 분석의 질문
  - 권한과 책임 배분 구조　　　- 의사결정 절차·승인 단계

판단 실패를 개인의 문제로 계속 분석할 것인가, 아니면 판단을 둘러싼 구조와 제도의 문제로 전환할 것인가. 후자를 선택하지 않는 한 재난 연구는 반복되는 실패를 이해했다고 말할 수는 있어도 설명했다고 말하기는 어렵다.

여기서 하나의 전제를 제시한다. 재난을 설명하지 못하는 이론의 한계는 개념이나 모델의 부족이 아니라 분석의 초점이 여전히 개인에 머물러 있다는 점에 있을 수 있다. 이 전제를 받아들일 때 재난 연구는 비로소 다음 단계로 이동할 수 있다.

개인을 분석하는 것은 안전하고 편리하다. 그러나 재난 연구의 목적이 책임 귀속이 아니라 재발 방지라면 편의성을 넘어서야 한다. 구조를 분석하는 것은 어렵고 부담스럽지만, 그 어려움을 회피하는 순간 연구는 현실 설명력을 잃는다. 재난 의사결정 연구가 진정으로 예방에 기여하려면 개인의 인지에서 구조의 억제로, 성공 사례에서 실패 구조로, 판단 방식에서 판단 조건으로 초점을 옮겨야 한다.

판단 실패를 개인이 아닌 구조로 분석하는 것, 그것은 단순히 연구 대상을 바꾸는 일이 아니다. 재난을 바라보는 관점 자체를 전환하는 일이다. 그 전환이 시작될 때 재난 이론은 비로소 현실을 따라잡고 반복을 막는 언어가 될 수 있다.

CHAPTER 16

복구와 학습 연구는
왜 재난의 반복을 막지 못하는가

복구와 회복탄력성은 무엇이 다른가

복구 중심 연구의 한계

재난 이후의 과정을 다루는 연구에서 가장 오랫동안 중심에 놓인 개념은 '복구(Recovery)'다. 복구는 손상된 시설과 기능을 원래 상태로 되돌리는 과정으로 정의되며, 물리적 피해의 회복과 행정·경제 활동의 정상화를 주요 목표로 삼는다. 이러한 접근은 재난 이후 무엇을 얼마나 빨리 회복했는지를 측정할 수 있다는 점에서 연구와 정책 모두에 높은 활용성을 제공해 왔다.

복구 개념의 장점은 다음과 같이 명확하다.

첫째, 측정 가능성이다. 복구율, 예산 집행률, 시설 재가동 시점은 수치화할 수 있고, 시계열로 추적할 수 있으며, 지역 간·재난 간 비교가 가능하다.

둘째, 정책 목표로서의 명확성이다. '재난 이전 상태로 복귀'라는 목표는 구체적이고, 달성 여부를 판단하기 쉬우며, 행정적 완결성을 제공한다.

셋째, 예산과 자원 배분의 근거다. 무엇을 복구해야 하는지, 얼마의 비용이 드는지를 명확히 할 수 있다.

그러나 복구 중심 연구는 재난의 반복이라는 현실 앞에서 분명한 한계를 드러낸다. 많은 경우 시설은 복구되었고 예산은 집행되었지만 유사한 재난은 다시 발생한다. 이는 복구가 이루어졌음에도 불구하고 재난을 가능하게 했던 조건과 구조는 그대로 유지되었음을 의미한다. 그럼에도 기존 연구는 복구가 완료되었는지를 성과의 기준으로 삼으며, 왜 같은 실패가 반복되는지에 대해서는 충분히 설명하지 못한다.

예를 들어 2011년 우면산 산사태 이후 피해 지역은 복구되었다. 도로가 재개통되고, 주택이 재건되었으며, 행정은 정상화되었다. 그러나 부실한 배수 시스템, 경사지 개발 허가 관행, 위험 지역 관리 체계는 개선되지 않았다. 몇 년 후 다른 지역에서 유사한 산사태가 반복되었다. 복구는 완료되었지만 재난을 유발한 구조는 변하지 않았다.

복구 중심 연구의 가장 큰 문제는 회복을 상태의 회복으로만 이해한다는 점이다. 재난 이전의 상태로 돌아가는 것이 목표가 되면서 그 상태 자체가 재난에 취약했는지에 대한 질문은 부차적인 것으로 밀려난다. '얼마나 빨리 원상 복구되었는가'를 묻지만, '그 원상은 과연 안전했는가'라는 질문은 자주 생략된다. 이로 인해 복구는 변화가 아니라 되돌림의 과정으로 정당화된다.

복구 중심 접근	내용	문제점
측정 기준	복구율, 예산 집행, 재가동 시점	가시적 지표만 포착, 구조적 변화 무시
목표 설정	재난 이전 상태 복귀	취약했던 상태로 되돌아감
성과 평가	복구 완료 여부	재발 방지는 평가 대상 아님
질문	언제 복구되었나	'무엇이 달라졌나' 생략

또한 복구 중심 연구는 주로 가시적이고 측정 가능한 지표에 의존한다. 복구율, 예산 집행률, 시설 재가동 시점은 비교와 평가가 용이하지만, 조직의 판단 방식이나 제도적 학습과 같은 요소는 분석에서 배제되기 쉽다. 그 결과 연구는 재난 이후의 표면적 회복은 설명하지만, 재난 이전과 이후의 의사결정 구조가 어떻게 달라졌는지를 추적하지 않는다.

예를 들어 2014년 세월호 참사 이후 해경은 해체되고 국민안전처가 신설되었으며, 이후 다시 해수부와 행안부로 재편되었다. 조직도는 바뀌었지만 현장 지휘 체계, 권한 배분, 책임 귀속 방식이 실질적으로 개선되었는지는 명확하지 않다. 복구 중심 연구는 '조직 재편 완료'를 성과로 기록하지만, 조직이 다음 재난에서 다른 판단을 할 수 있는 구조로 바뀌었는지는 추적하지 않는다.

이러한 연구 경향은 정책에도 그대로 반영된다. 복구가 완료되었다는 선언은 행정적으로 중요한 의미를 갖지만, 그 선언이 곧 재난 대응 체계의 개선을 의미하지는 않는다. 연구가 복구를 회복의 핵심으로 설정하는 한 정책 역시 복구 완료를 성과로 인식하게 된다. 이 과정에서 재난은 일시적 사건으로 처리되고, 구조적 문제는 다음 재난까지 유예된다.

복구 중심 연구가 던지지 못하는 질문은 명확하다. 복구 이후 무엇이 달라졌는가, 어떤 판단 구조가 수정되었는가, 다음 재난에서 다른 선택이 가능해졌는가에 대한 질문이다. 이 질문에 답하지 않는 연구는 재난을 설명하기보다 재난 이후의 정상화를 정당화하는 역할에 머물 위험이 있다.

예를 들어 2017년 포항 지진 이후 건물 피해는 복구되었다. 그러나 내진 설계 기준 강화, 지진 조기 경보 체계 개선, 대피 훈련 정례화는 지역에 따라 편차가 크다. 연구는 '복구율 95%'를 성과로 제시하지만, 다음 지진에서 같은 피해가 반복되지 않을 구조가 만들어졌는지는 명확하지 않다. 복구는 완료되었지만 회복은 불완전하다.

복구 중심 연구의 구조적 한계

- 복구 개념의 유용성
  - 측정 가능(수치화, 비교)
  - 목표 명확(원상 복귀)
  - 정책 근거(예산 배분)

- 놓치는 질문
  - 복구 후 무엇이 달라졌는가

- 핵심 맹점
  - 상태 회복 중심 → 구조 변화 무시
  - 가시적 지표 의존 → 판단·학습 배제
  - 복구 = 성과 → 재발 방지 ≠ 평가

  - 판단 구조가 수정되었는가

- 다음 재난에서 다른 선택 가능한가

- 복구 vs 회복
  - 복구: 물리적 상태 복원
  - 복구 완료 ≠ 회복 완료
  - 회복: 구조적 취약성 제거 + 대응 역량 향상
  - 시설 복구는 되었지만조 그대로 → 재난 반복 가능성 유지

복구는 필요하다. 그러나 복구를 회복의 전부로 이해하면 재난 연구는 반복을 설명할 언어를 잃는다. '복구와 학습 연구는 왜 재난의 반복을 막지 못하는가'라는 질문의 출발점은 바로 이 지점이다. 우리는 여전히 복구를 연구하고 있는가, 아니면 변화를 연구할 준비가 되어 있는가라는 질문이다.

복구 중심 연구는 재난 이후의 '무엇'을 설명하지만, '왜'와 '어떻게'를 설명하지 못한다. 무엇이 복구되었는지는 명확하지만, 왜 같은 재난이 반복되는지, 어떻게 하면 반복을 막을 수 있는지는 설명하지 않는다. 연구가 진정으로 재난의 반복을 막으려면 복구에서 회복으로, 상태에서 구조로, 되돌림에서 변화로 시선을 옮겨야 한다. 그 전환이 시작될 때 재난 연구는 비로소 예방의 언어를 갖출 수 있다.

회복탄력성이 '성과 지표'로 소비되는 문제

회복탄력성은 재난 연구에서 복구 중심 접근의 한계를 보완하는 개념으로 주목받아 왔다. 회복탄력성은 단순히 원래 상태로 돌아가는 능력이 아니라 충격을 흡수하고 기능을 유지하거나 더 나은 상태로 전환하는 능력을 의미한다. 이 개념은 재난 이후의 변화를 설명하고, 장기적 대응 역량을 논의할 수 있는 이론적 틀을 제공했다는 점에서 중요한 진전을 이뤘다.

회복탄력성 개념의 핵심은 '적응(Adaptation)'과 '변환(Transformation)'에 있다. 단순히 피해를 복원하는 것이 아니라 재난 경험을 통해 시스템 자체가 강화되고, 다음 충격에 더 잘 대응할 수 있게 되는 과정을 포착하려 했다. 이는 복구가 놓친 질문, 즉 "무엇이 달라

졌는가"를 중심에 둔 개념이었다. 초기 회복탄력성 연구는 재난을 학습과 변화의 계기로 바라봤다.

그러나 회복탄력성은 연구와 정책 현장에서 점차 성과를 표시하는 지표로 소비되고 있다. 회복탄력성은 측정 가능해야 한다는 요구 속에서 지수화되고 점수화되며 비교의 대상이 된다. 이 과정에서 회복탄력성은 변화의 과정이 아니라 평가 보고서에 기재되는 결과값으로 환원된다. 무엇이 어떻게 달라졌는지보다 점수가 얼마나 상승했는지가 관심의 중심이 된다.

예를 들어 OECD, 세계은행, 유엔 등 국제기구는 회복탄력성 지수(Resilience Index)를 개발해 국가별·도시별 순위를 매긴다. 한국도 지자체별로 재난 회복탄력성을 평가하여 우수 지역을 선정한다. 이는 정책 개선의 동기를 제공할 수 있지만, 동시에 회복탄력성을 경쟁과 비교의 대상으로 만든다. "우리 지역 회복탄력성 지수 5점 상승"이라는 보도가 나오지만 실제로 무엇이 바뀌었는지는 명확하지 않다.

지수화의 함정은 복잡한 과정을 단일 숫자로 압축한다는 데 있다. 회복탄력성은 본래 다차원적·동적 개념이다. 물리적 인프라, 사회적 자본, 제도적 역량, 경제적 여유, 정보 체계 등이 복합적으로 작용한다. 그러나 지수는 이를 하나의 점수로 통합한다. 어떤 부분이 강하고 약한지, 왜 그런지, 어떤 조건에서 작동하는지는 숫자 뒤로 사라진다.

회복탄력성의 본래 의도	지수화 이후 작동 방식	변화
과정 중심	결과값 중심	과정 → 숫자
다차원적 이해	단일 지수 통합	복잡성 → 단순화
변화 포착	점수 비교	질적 변화 → 양적 지표
학습 강조	성과 평가	학습 → 관리

이러한 전환은 회복탄력성 개념이 가진 본래의 문제의식을 약화시킨다. 회복탄력성은 불확실성과 충격을 전제로 한 개념이며, 상황에 따라 다르게 발현되는 동적 속성이 있다. 그럼에도 정책과 연구는 이를 정태적인 지표로 고정하고, 연도별 비교나 지역 간 비교를

통해 성과를 설명하려 한다. 이때 회복탄력성은 재난의 반복을 줄이는 능력이 아니라 관리 성과를 보여주는 언어로 기능한다.

예를 들어 '서울시 재난 회복탄력성 전국 1위'라는 발표가 나온다. 이는 무엇을 의미하는가. '인프라 투자가 많았는가, 훈련이 잘 되어 있는가, 재난 경험에서 학습했는가.' 지수는 순위를 알려주지만 실질적 역량을 설명하지 못한다. 더 큰 문제는 이 순위가 실제 재난 대응 능력을 반영하지 못할 수 있다는 점이다. 평가 항목에 포함된 것은 높은 점수를 받지만 포함되지 않은 취약점은 드러나지 않는다.

더 큰 문제는 회복탄력성이 지표화될수록 책임의 방향이 흐려진다는 점이다. 회복탄력성이 낮다는 평가는 구조적 문제를 드러내기보다 해당 조직이나 지역의 '역량 부족'으로 해석되기 쉽다. 이 과정에서 제도 설계의 문제나 상위 정책 선택의 영향은 분석에서 후퇴한다. 회복탄력성은 비판의 언어가 아니라 관리의 언어로 흡수된다.

예를 들어 농촌 지역의 회복탄력성이 낮게 평가되었다고 하자. 이는 고령화, 인구 감소, 예산 부족이라는 구조적 문제의 결과다. 그러나 평가는 '해당 지역 역량 강화 필요'로 결론을 내린다. 중앙 정부의 지역 균형 발전 정책, 재난 예산 배분 기준, 인프라 투자 우선순위는 문제로 제기되지 않는다. 회복탄력성 지수는 지역을 평가하지만 정책을 평가하지 않는다.

연구 역시 이 흐름에서 자유롭지 않다. 회복탄력성 연구는 무엇을 바꿔야 하는가보다 어떻게 측정할 것인가에 집중하는 경향을 보여 왔다. 지표의 신뢰도와 타당성은 정교해졌지만, 그 지표가 실제 판단과 대응을 어떻게 변화시켰는지에 대한 분석은 상대적으로 부족하다. 결과적으로 회복탄력성은 설명의 개념이 아니라 평가의 대상으로 자리 잡는다.

회복탄력성 지수가 높은 지역이라도 예상치 못한 재난에서는 무너질 수 있다. 지수는 과거 데이터와 기존 평가 항목을 기반으로 하기 때문에 새로운 유형의 재난이나 복합재난에는 대응력을 제대로 반영하지 못한다. 2020년 COVID-19 팬데믹은 많은 국가의 회복탄력성 평가를 무색하게 만들었다. 지수가 높았던 국가들도 팬데믹 앞에서는 혼란을 겪었다. 지수는 안심을 주지만 안전을 보장하지 않는다.

회복탄력성은 재난 이후 무엇이 달라졌는지를 설명하고 있는가, 아니면 달라졌다고 말하기 위한 근거로 사용되고 있는가. 회복탄력성이 성과 지표로 소비되는 한 재난 연구는 변화의 과정을 분석하기보다 변화의 존재를 선언하는 데 머무를 위험이 있다.

회복탄력성 개념이 진정으로 유용하려면 지수가 아니라 과정을, 점수가 아니라 변화를, 평가가 아니라 학습을 중심에 두어야 한다. 회복탄력성은 "얼마나 탄력적인가"라는 질문이 아니라 "무엇이 탄력성을 가능하게 하거나 방해하는가"라는 질문에서 시작해야 한다. 그때 비로소 회복탄력성은 관리 도구가 아니라 비판과 개선의 언어로 작동할 수 있다.

연구자는 지수 개발 경쟁에서 벗어나 지수가 놓치는 것, 지수가 은폐하는 것, 지수가 왜곡하는 것을 질문해야 한다. 정책 결정자는 높은 점수에 안심하는 대신 점수 뒤에 숨은 취약점, 평가되지 않은 위험, 새로운 유형의 재난에 주목해야 한다. 회복탄력성이 진정한 변화를 이끌려면 측정의 정교함보다 변화의 진정성이 중요하다. 그 진정성은 지수가 아니라 구조적 취약성이 실제로 제거되었는지로 판단되어야 한다.

사후 평가와 조직 학습은 왜 형식에 머무르는가

사후 평가가 학습으로 이어지지 않는 구조적 이유

재난 이후 실시되는 사후 평가는 조직 학습의 핵심 장치로 간주되어 왔다. 사후 평가는 무엇이 잘 되었고 무엇이 잘되지 않았는지를 점검하고, 그 결과를 다음 대응에 반영하기 위한 제도적 절차다. 많은 재난 대응 조직은 사후 평가를 공식적으로 수행하며, 보고서와 개선 계획을 남긴다. 미국 연방재난관리청, 한국의 소방청, 경찰청, 국방부 등은 주요 재난 후 사후 평가를 의무화하고 있다.

사후 평가의 이론적 목적은 명확하다. 실패를 숨기지 않고 드러내며, 그 원인을 분석하고 개선점을 도출하여 다음 대응에 반영한다. 이는 경험을 지식으로 전환하는 조직 학습의 핵심 메커니즘이다. 사후 평가가 제대로 작동한다면 재난은 반복되지 않아야 한다. 같은 실수를 두 번 하지 않는 것, 그것이 사후 평가의 존재 이유다.

그럼에도 유사한 재난은 반복되고, 동일한 문제점은 다시 등장한다. 2014년 세월호 참사 후 해경 해체와 조직 개편이 이루어졌고, 수많은 사후 평가와 백서가 작성되었다. 그러나 2022년 이태원 참사에서는 현장 지휘 체계 혼란, 정보 전달 지연, 책임 소재 불명확이라는 유사한 문제가 반복되었다. 사후 평가가 존재함에도 학습이 이루어지지 않는 이유는 무엇인가.

첫째, 사후 평가가 행위의 검토에 머무르고, 판단의 조건을 분석하지 않는다는 점이다. 많은 사후 평가는 무엇을 했는지, 무엇을 하지 못했는지를 정리하지만, 왜 그 판단이 그 시점에서 유일한 선택처럼 보였는지까지는 깊이 다루지 않는다. 이로 인해 사후 평가는 결과를 나열하는 문서가 되고, 판단을 제약한 제도와 구조는 분석의 바깥에 남는다.

사후 평가 작동 방식	학습 지향	책임 회피 지향
분석 초점	판단 조건·구조	개인 행위·절차
원인 규명	왜 그럴 수밖에 없었나	누가 실수했나
개선 방향	제도·구조 변경	교육·훈련 강화
기록 성격	솔직한 실패 인정	방어적 문서 작성

"초기 대응이 늦었다"라는 사후 평가 결론은 자주 등장한다. 그러나 왜 늦었는지에 대한 분석은 '현장 판단 미숙', '매뉴얼 숙지 부족'으로 정리되는 경우가 많다. 권한 구조, 보고 체계, 책임 귀속 방식이 지연을 유도했는지는 충분히 분석되지 않는다. 사후 평가는 "무엇이 잘못되었나"는 답하지만, "왜 그렇게 할 수밖에 없었나"는 답하지 않는다.

둘째, 책임 구조의 문제다. 사후 평가는 학습을 목적으로 한다고 명시되지만, 실제 조직에서는 책임 추궁과 분리되기 어렵다. 평가 결과가 인사나 감사로 연결될 가능성이 존재하는 한 사후 평가는 솔직한 실패 분석의 공간이 되기 힘들다. 이 조건에서 조직 구성원은 구조적 문제보다 안전한 원인, 즉 개인의 실수나 절차 미준수를 중심으로 평가를 구성하게 된다. 학습은 회피되고, 기록은 방어적으로 작성된다.

셋째, 사후 평가의 제도적 위치다. 대부분 사후 평가는 재난 대응이 종료된 이후 별도의 단계로 수행된다. 이는 사후 평가를 대응과 분리된 사후 절차로 만들며, 실제 의사결정 구조와의 연결을 약화시킨다. 사후 평가에서 도출된 교훈은 개선 권고로 남지만 다음 재난의 판단 과정에 어떻게 반영되는지는 명확하지 않다. 학습은 문서에 남고, 판단은 이전과 동일한 조건에서 다시 이루어진다.

2020년 COVID-19 팬데믹 초기 대응 후 질병관리청, 보건복지부, 지자체 등은 각각 사후 평가를 실시했다. '정보 공유 미흡', '기관 간 조정 실패'가 공통적으로 지적되었다. 그러나 다음 변이 바이러스 출현 시 동일한 문제가 반복되었다. 사후 평가 결과는 보고서로 제출되었지만 실제 대응 체계에 반영되지 않았다. 문서는 존재하지만 의사결정 구조는 바뀌지 않았다.

넷째, 사후 평가는 종종 조직 내부의 범위에 한정된다. 그러나 재난은 단일 조직의 실패로 설명되지 않는다. 기관 간 조정 실패, 권한 충돌, 정보 단절과 같은 문제는 조직 경계를 넘어서 발생한다. 그럼에도 사후 평가 각 조직의 내부 평가로 분절되어 수행되고, 연결된 실패 구조는 종합적으로 분석되지 않는다. 이로 인해 학습은 파편화되고, 재난의 전체 구조는 다시 놓친다.

2017년 포항 지진 대응을 보면, 기상청(지진 감지), 행안부(재난 총괄), 소방청(구조), 지자체(대피·복구)가 각각 사후 평가를 실시했다. 각 기관은 내부 개선점을 도출했지만 기관 간 정보 전달 지연, 권한 중복, 조정 실패는 종합적으로 분석되지 않았다. 각자의 사후 평가는 존재하지만 전체 시스템 차원의 학습은 없었다.

또한 사후 평가는 단기적 개선에 집중하는 경향이 있다. 재난 후 빠르게 가시적 성과를 내야 한다는 압박 속에서 장기적 제도 변화보다 즉각적 조치가 우선된다. '매뉴얼 보완', '장비 추가', '교육 강화'는 빠르게 실행 가능하지만, 권한 구조 재설계, 법 개정, 조직 간 협약은 시간이 걸린다. 사후 평가는 할 수 있는 것을 권고하고, 해야 하는 것은 유보한다.

사후 평가가 학습으로 전환되지 못하는 구조

- 제도적 존재 vs 학습 실패
  - 사후 평가 의무화
  - 문서 존재 ≠ 학습 발생

- 책임-학습 분리 불가
  - 이론: 학습 목적
  - 현실: 인사·감사 연결
  - 결과: 방어적 기록

- 조직 범위 한정
  - 내부 평가만

- 행위 검토 중심
  - 왜 X → 무엇
  - 조건 분석 X → 결과 나열

- 제도적 분리
  - 대응 종료 후 실시
  - 의사결정 구조와 연결 약함
  - 권고 → 실행 불명확

- 단기 성과 압박
  - 즉각 조치 우선

> - 기관 간 문제 미분석 　　　　　　　　 - 구조 변화 유보
> - 학습 파편화 　　　　　　　　　　　　 - 할 수 있는 것 vs 해야 하는 것

사후 평가는 반복해서 수행되지만 왜 판단을 바꾸지 못하는가. 이는 평가의 형식이 부족해서가 아니라 학습을 가능하게 하는 조건이 조직 안에 설계되어 있지 않기 때문이다. 사후 평가를 학습의 도구로 기능하게 하려면 무엇을 기록할 것인가보다 먼저 무엇을 바꿀 수 있는가를 질문해야 한다.

사후 평가가 진정으로 학습으로 이어지려면 다음과 같은 조건이 필요하다.

첫째, 책임 추궁과 명확히 분리되어야 한다. 솔직한 실패 분석이 인사 불이익으로 연결되지 않는다는 조직의 보장이 필요하다.

둘째, 구조와 제도를 분석 대상으로 포함해야 한다. 개인의 행위만이 아니라 왜 그런 행위가 불가피했는지를 질문해야 한다.

셋째, 기관 간 통합 사후 평가가 필요하다. 각 조직의 평가를 종합하고, 연결된 실패 구조를 분석하는 상위 차원의 평가가 있어야 한다.

넷째, 사후 평가 결과를 의사결정 구조에 반영하는 메커니즘을 명확히 해야 한다. 권고에서 끝나는 것이 아니라 누가, 언제, 어떻게 실행하는지를 구체화해야 한다.

다섯째, 장기적 제도 변화를 포함해야 한다. 즉각 조치만이 아니라 시간이 걸리더라도 근본적 개선을 추진해야 한다.

이 조건들이 충족될 때 사후 평가는 형식이 아니라 실질이 되고, 의례가 아니라 변화의 도구가 된다.

단일고리와 이중고리 학습 이론의 현실 적용 한계

조직 학습을 설명하는 대표적 이론인 단일고리 학습(Single-loop Learning)과 이중고리 학습(Double-loop Learning)은 재난 이후의 학습 문제를 이해하는 데 자주 활용되어 왔다.

크리스 아지리스(Chris Argyris)와 도널드 슈온(Donald Schön)이 발전시킨 이 이론은 어떤 조직은 같은 실수를 반복하고, 어떤 조직은 변화를 만들어내는지를 설명하는 데 중요한 틀을 제공했다.

단일고리 학습은 기존 목표와 규범을 유지한 채 행동을 수정하는 학습을 의미한다. 문제가 발생하면 "어떻게 더 잘할 것인가"를 묻고 방법을 개선한다. 재난 대응에서는 매뉴얼 보완, 장비 추가, 교육 강화, 절차 개선 등이 이에 해당한다. 목표(신속한 대응)는 그대로 두고 그 목표를 달성하는 수단을 개선하는 것이다.

이중고리 학습은 목표와 규범 자체를 재검토하는 학습을 의미한다. 문제가 반복되면 "우리 전제가 잘못되었는가"를 묻고 목표와 가정을 수정한다. 재난 대응에서는 권한 구조 재설계, 책임 체계 변경, 법 개정, 조직 문화 전환 등이 이에 해당한다. 왜 이 목표를 추구하는가, 이 방식이 적절한가를 재검토하는 것이다.

단일고리 학습만 하는 조직은 방법만 바꾸고 구조는 유지하므로 근본 원인이 해결되지 않아 실패가 반복된다. 이중고리 학습을 하는 조직은 구조와 전제를 바꾸므로 진정한 변화를 이룰 수 있다. 이론적으로는 명확하고 설득력 있다.

그러나 재난 대응 조직의 현실에서 이중고리 학습은 좀처럼 관찰되지 않는다. 많은 조직이 단일고리 학습 수준에서 문제를 처리한다. 매뉴얼을 보완하고, 장비를 추가하며, 교육을 강화하는 방식으로 대응의 방법을 개선한다. 이러한 조치는 필요하지만 재난 발생의 판단 기준이나 권한 구조, 책임 배분 방식은 그대로 유지되는 경우가 많다. 이때 학습은 이루어졌다고 보고되지만 변화는 제한적이다.

예를 들어 2014년 세월호 참사 후 해경은 구조 장비를 보강하고 매뉴얼을 개정하며 교육을 강화했다. 이는 단일고리 학습이다. 그러나 현장지휘관의 권한, 상급기관과의 조정 체계, 책임 귀속 방식이 근본적으로 변했는지는 불분명하다. 방법은 개선되었지만 구조는 유지되었다. 결과적으로 2022년 이태원 참사에서 유사한 조정 실패가 반복되었다.

학습 유형	초점	질문	재난 대응 예시	변화 수준
단일고리 학습	방법·수단	어떻게 더 잘할까	매뉴얼 보완, 장비 추가, 교육 강화	제한적
이중고리 학습	목표·전제	전제가 잘못되었나	권한 재설계, 법 개정, 문화 전환	근본적

❶ 권한의 문제

목표와 규범을 재검토한다는 것은 조직의 기본 운영 원칙을 다시 묻는 일이며, 이는 현장 구성원이 감당할 수 있는 범위를 넘어선다. 재난 대응에서 드러난 문제들이 상위 정책, 법·제도, 조직 설계와 연결되어 있을수록 이중고리 학습은 실행 가능성이 낮아진다. 연구는 이 한계를 충분히 고려해 왔는가라는 질문이 필요하다.

예를 들어 현장 소방관이 사후 평가에서 "화재 진압 시 상부 승인 대기로 진입이 지연된다"라는 문제를 제기했다고 하자. 단일고리 학습으로는 "승인 절차를 간소화한다"가 개선책이 된다. 이중고리 학습으로는 "왜 현장지휘관에게 즉시 진입 권한이 없는가"를 질문하고, 권한 구조 자체를 바꿔야 한다. 그러나 후자는 법 개정, 조직 규정 변경, 책임 체계 재설계를 요구하며, 현장 소방관이나 소방서 차원에서 결정할 수 없다. 권한이 없으면 이중고리 학습은 불가능하다.

❷ 책임 구조의 문제

이중고리 학습은 실패를 제도의 문제로 드러내지만, 실제 조직에서는 이러한 분석이 곧 책임 논쟁으로 이어질 수 있다. 이 조건에서 조직은 규범을 바꾸기보다 규범 안에서의 개선을 선택한다. 단일고리 학습은 안전하지만, 이중고리 학습은 위험하다. 연구는 이 위험이 어떻게 학습을 억제하는지 충분히 설명하지 않는다.

"권한 구조가 잘못되었다"라고 지적하면 누가 그 구조를 만들었는지, 왜 바꾸지 않는지 질문이 나온다. 이는 과거 정책 결정자, 입법자, 상급기관의 책임을 제기하는 일이다. 조직은 이런 갈등을 피하고, 개인의 실수나 절차 미흡으로 설명하는 것을 선호한다. 이중고리 학습은 정치적 부담이 크다.

❸ 학습의 시간성 문제

재난 이후의 학습은 주로 단기적 개선을 요구받는다. 정치적·행정적 압박 속에서 조직은 빠른 개선 성과를 제시해야 하며, 장기적 제도 변화는 뒤로 밀린다. 이 환경에서 이중고리 학습은 이상적 목표로 남고, 연구는 그 실패를 '의지 부족'으로 설명하는 경향을 보인다.

재난 후 '3개월 내 개선 대책 마련'이라는 지시가 내려온다. 이 시간 안에 할 수 있는 것은 매뉴얼 개정, 장비 구매, 교육 실시다. 법 개정은 국회를 거쳐야 하고, 조직 재설계는 여러 부처 협의가 필요하며, 조직 문화 변화는 수년이 걸린다. 단기 성과 압박이 클수록 단일고리 학습에 머문다.

학습 이론은 성공 사례 중심으로 발전해 왔다. 이중고리 학습에 성공한 조직(미국 NASA 의 사고 후 개혁, TOYOTA의 품질 혁신 등)을 사례로 들며 "조직이 노력하면 가능하다"라고 설명한다. 그러나 이는 성공 가능 조건(충분한 자원, 경영진 의지, 외부 압력, 문화적 개방성)을 갖춘 경우다. 대부분의 재난 대응 조직은 이런 조건을 갖추지 못했다. 이론은 조건을 설명하지 않고 결과만 요구한다.

이중고리 학습 이론의 현실 적용 한계

- 이론의 구분
  - 단일고리: 방법 개선(목표 유지)
  - 이중고리: 목표·전제 재검토

- 권한의 문제
  - 규범 재검토 = 조직 기본 원칙 변경
  - 현장 권한 범위 초과
  - 상위 정책·법제 연결 시 실행 불가

- 시간성
  - 단기 성과 압박
  - 장기 제도 변화 유예
  - 할 수 있는 것(단일) vs 해야 하는 것(이중)

- 재난 조직 현실
  - 대부분 단일고리에 머묾
  - 이중고리는 좀처럼 관찰 안 됨

- 책임 구조
  - 제도 문제 지적 → 책임 논쟁
  - 단일고리 = 안전
  - 이중고리 = 정치적 위험

- 이론의 성공 편향
  - 성공 사례 중심 발전
  - 성공 조건 설명 부족
  - 조건 없이 결과만 요구

- 필요한 질문 전환
  - 단일 vs 이중 구분 X → 어떤 조건에서 이중고리 학습이 가능한가
  - 이중고리 학습 부족 = 의지 부족 X → 구조적 장애물 분석

이 지점에서 중요한 질문이 제기된다. 단일고리 학습과 이중고리 학습 이론은 재난 조직의 현실을 설명하는가, 아니면 설명되어야 할 실패를 이상화된 학습 모델로 가리고 있는가. 이론은 변화를 요구하지만 변화가 불가능한 조건은 충분히 분석하지 않는다. 그 결과 학습 실패는 다시 조직의 문제로 환원된다.

재난 연구가 이 이론을 계속 활용하려면 학습의 유형을 구분하는 데서 나아가 어떤 조건에서 이중고리 학습이 가능해지는가를 질문해야 한다. 권한은 누가 가지며, 책임은 어떻게 배분되며, 시간과 자원은 충분한가, 정치적 지지는 있는가를 분석해야 한다. 이론이 '해야 한다'에 머물지 않고 '어떻게 가능한가'를 설명할 때 비로소 현실에 적용 가능한 도구가 된다. 그렇지 않다면 학습 이론은 재난 이후의 변화를 설명하기보다 변화가 일어나지 않는 현실과 점점 더 멀어질 위험이 있다. 이론은 규범적 지향(이래야 한다)과 기술적 설명(이렇게 작동한다)을 구분해야 한다.

이중고리 학습은 지향으로는 유용하지만 현실 설명으로는 한계가 있다. 재난 연구는 이 한계를 인정하고, 왜 이중고리 학습이 어려운지를 구조적으로 분석하는 방향으로 나아가야 한다. 그때 비로소 학습 이론은 실천의 언어가 될 수 있다.

실패가 축적되지 않고 소멸되는 이유

재난 대응의 역사에는 수많은 실패가 기록되어 있다. 보고서와 백서, 감사 결과와 언론 보도는 반복적으로 동일한 문제를 지적한다. 판단이 늦었고, 조정이 부족했으며, 책임이 불분명했다는 평가가 뒤따른다. 그럼에도 실패 경험은 축적되지 않는다. 오히려 시간이 지나면 잊히거나 개별 사건으로 분리되어 소멸된다. 왜 재난의 실패는 조직의 지식으로 남지 못하는가.

실패가 사건 단위로 분절

많은 분석은 특정 재난을 독립된 사례로 다루며, 이전 재난과의 연속성을 충분히 추적하지 않는다. 그 결과 실패는 구조적 패턴이 아니라 해당 사건의 특수성으로 설명된다.

연구 역시 사례 연구를 축적하지만, 실패가 반복되는 공통의 조건을 체계적으로 연결하는 데에는 한계를 보여 왔다.

예를 들어 1990년대 성수대교 붕괴, 2000년대 대구 지하철 화재, 2010년대 세월호 참사는 각각 '부실 시공', '안전 불감증', '관리 부실'로 설명되었다. 각 사건의 고유한 특성이 강조되면서 공통적으로 작동한 구조적 요인(예산 압박, 안전보다 일정 우선, 감독 형식화, 책임 분산 체계 등)은 충분히 연결되지 않았다. 사건은 축적되지만 패턴은 드러나지 않는다.

재난 연구가 사례 연구 중심으로 발전한 것도 이 분절을 강화했다. 개별 재난을 깊이 분석하는 것은 중요하지만 각 사례가 독립적으로 출판되고 별도의 결론으로 마무리되면서 재난 간 연속성과 반복성은 가려진다. 연구자는 "이 재난에서 무엇을 배울 수 있는가"를 묻지만, "왜 이 실패는 이전 재난에서도 나타났는가"는 덜 묻는다.

실패의 기록 방식

재난 이후의 기록은 주로 '무엇이 일어났는가'에 집중하며, '왜 그 선택이 불가피하게 보였는가'를 충분히 담지 못한다. 판단의 맥락과 제약 조건은 문서화되기 어렵고 기록에서 탈락하기 쉽다. 이로 인해 다음 재난의 대응자는 과거의 실패를 참고하더라도 그 실패가 발생한 구조적 조건을 재현해 보지 못한다.

예를 들어 2014년 세월호 참사 백서는 수백 페이지에 달하지만 대부분은 사실 관계, 피해 현황, 법적 책임을 다룬다. 그러나 "선장은 왜 대피 명령을 내리지 않았는가"의 심층 맥락(회사의 압박, 해경과의 소통 혼선, 책임에 대한 두려움, 권한 불명확성 등)은 상대적으로 덜 다뤄진다. 기록은 결과를 남기지만 과정을 충분히 남기지 못한다.

실패가 불편한 지식

실패를 축적한다는 것은 조직의 판단 기준과 제도 설계를 다시 문제 삼는 일이다. 이는 성과 중심의 행정과 정치 환경에서 환영받기 어렵다. 실패는 개선의 자산이 아니라 관리해야 할 위험으로 인식되며, 그 결과 조직은 실패를 축적하기보다 정리하고 봉합하는 선택을 한다.

재난 후 '재발 방지 대책 마련 완료'라는 발표가 나오면 그 재난은 과거의 일이 된다. 조직은 앞으로 나아가야 한다는 압박 속에서 실패를 계속 들춰내는 것을 꺼린다. 실패를 축적하는 것은 "우리는 여전히 문제가 있다"라는 신호로 읽히기 때문이다. 정치적으로는 '과거 정권의 실패'로 치부하고, 새 정부는 "이제는 달라졌다"라고 선언한다. 실패는 정치적 부담이 되어 소멸된다.

예를 들어 정권이 바뀌면 이전 재난 대응 실패는 '전 정부의 무능'으로 설명되고, 새 정부는 조직 개편과 제도 정비를 발표한다. 그러나 구조적 문제(권한 분산, 책임 회피, 예산 부족 등)는 정권을 넘어 지속된다. 실패는 정치적으로 소비되고, 구조적으로는 유지된다.

연구 역시 이 과정에서 자유롭지 않다. 실패를 구조적으로 분석하는 연구는 종종 비판적이며, 정책 친화적 연구보다 활용 가능성이 적다고 평가된다. 이 조건에서 연구는 실패를 축적하기보다 성공 사례나 제도 개선 사례를 중심으로 서술하는 경향을 보인다. 실패는 설명의 대상이 아니라 회피의 대상이 된다.

연구비 지원 공고를 보면 '재난 대응 역량 강화 방안', '회복탄력성 제고 전략' 같은 긍정적 주제가 많다. 반면 '재난 대응 반복 실패의 구조적 원인', '사후 평가가 학습으로 전환되지 못하는 이유' 같은 비판적 주제는 드물다. 연구자는 지원받을 수 있는 주제를 선택하고, 실패 분석은 부차적으로 다뤄진다.

또한 학술 출판의 구조도 영향을 미친다. 성공 사례는 출판하기 쉽지만, 실패 사례는 '부정적 결과'로 여겨져 출판이 어렵다. 이는 자연과학뿐 아니라 사회과학에서도 나타나는 출판 편향이다. 실패를 분석한 연구는 학술지 게재율이 낮고, 결과적으로 실패 지식은 축적되지 않는다.

제도적 기억의 부재

조직은 사람이 바뀌면서 경험이 사라진다. 재난 대응을 경험한 담당자가 이동·퇴직하면 그 경험은 개인과 함께 떠난다. 문서는 남지만 문서에 담기지 않은 판단의 맥락, 조직 내 갈등, 비공식적 조정은 사라진다. 다음 재난 때 새로운 담당자는 처음부터 다시 시작한다.

한국의 재난관리 조직은 순환 보직 체계가 일반적이다. 2~3년마다 담당자가 바뀌고,

재난 경험은 개인의 경력으로만 남는다. 조직 차원의 지식 관리 시스템(KMS, Knowledge Management System)은 있지만 주로 매뉴얼과 통계를 저장하며, 판단의 딜레마, 조정의 어려움, 실패의 맥락은 담기지 않는다. 실패는 문서화되지 않고 개인 기억에 머물다가 소멸된다.

실패 소멸 메커니즘	구체적 양상	결과
사건 단위 분절	독립 사례로 처리, 연속성 미추적	패턴 은폐
기록 방식	무엇(결과) 중심, 왜(조건) 부족	맥락 상실
특수성 강조	사건 고유성 부각	구조 문제 가림
사례 연구 독립	개별 출판·결론	연결 부재

재난 연구는 실패를 얼마나 많이 기록했는가가 아니라 실패를 어떻게 연결하고 축적했는가를 묻는다. 실패가 축적되지 않는다면 학습은 일어나기 어렵고 재난은 반복된다. 재난의 반복은 새로운 위험 때문이 아니라 실패가 지식으로 전환되지 못한 결과일 수 있다.

실패를 축적하려면 구조적 전환이 필요하다.

첫째, 사례 간 연결 연구가 필요하다. 개별 재난을 독립적으로 다루는 것이 아니라 시계열적·비교적 분석을 통해 반복되는 패턴을 드러내야 한다.

둘째, 기록 방식의 변화가 필요하다. 무엇이 일어났는가뿐 아니라 왜 그런 판단이 불가피했는가, 어떤 조건이 그 선택을 만들었는가를 심층적으로 기록해야 한다.

셋째, 실패 연구에 대한 지원과 장려가 필요하다. 비판적 연구, 실패 분석 연구가 정책적으로 중요하고 학술적으로 가치 있다는 인식이 확산되어야 한다.

넷째, 조직 차원의 지식 관리가 필요하다. 순환 보직에도 불구하고 경험과 판단의 맥락을 조직 지식으로 전환하는 시스템을 구축해야 한다. 사후 평가 결과를 데이터베이스화하고, 유사 상황 발생 시 즉시 참조할 수 있게 해야 한다.

회복과 학습이 재난의 반복을 막지 못하는 이유는 개념이나 제도의 부족이 아니라 실패를 다루는 방식에 있다. 실패를 개인의 문제나 일회적 사건으로 처리하는 한 재난 연구는 반복을 설명할 수는 있어도 멈추게 하지는 못한다.

재난 연구가 진정으로 예방에 기여하려면 성공만이 아니라 실패를, 복구만이 아니라 변화를, 형식만이 아니라 학습을 중심에 두어야 한다. 실패를 축적하고 연결하여 조직 지식으로 전환할 때 비로소 재난 연구는 반복을 설명하는 언어에서 반복을 막는 언어로 전환될 수 있다. 그 전환이 시작될 때 재난 이론은 현실을 따라잡고 미래를 바꾸는 힘을 갖게 된다.

참고 문헌

- 기든스, 앤서니. (1999). 폭주하는 세계 [원서: Runaway world]. 생각의나무.
- 기후변화에 관한 정부간 협의체(IPCC). (2021). Climate change 2021: Summary for policymakers.
- 나이익(일본 국회 사고조사위원회). (2012). 후쿠시마 원전 사고 조사 보고서.
- 노리스, 프랜시스 H., 외. (2008). Community resilience. American Journal of Community Psychology, 41(1-2), 127-150.
- 다인스, 러셀 R. (1994). Community emergency planning. IJMED, 12(2), 141-158.
- 다링, 마이클, 패리, 찰스, & 무어, 조셉. (2005). Learning in the thick of it. Harvard Business Review, 83(7), 84-92.
- 데커, 시드니. (2011). Drift into failure. Ashgate.
- 데커, 시드니. (2014). The field guide to understanding "human error". Ashgate.
- 라스무센, 옌스. (1997). Risk management in a dynamic society. Safety Science, 27(2-3), 183-213.
- 레베슨, 낸시. (2011). Engineering a safer world. MIT Press.
- 로젠탈, 우리, 보인, 아르연, & 콤포트, 루이스. (2001). Managing crises. Charles C. Thomas.
- 리즌, 제임스. (1990). 휴먼 에러 [원서: Human error]. 에이콘.
- 리즌, 제임스. (1997). Managing the risks of organizational accidents. Ashgate.
- 립스키, 마이클. (1980). 일선관료제 [원서: Street-level bureaucracy]. 나남.
- 마치, 제임스 G., & 올슨, 요한 P. (1989). Rediscovering institutions. Free Press.
- 만난, 사미르. (2012). Lees' loss prevention in the process industries (4th ed.). Elsevier.
- 모이니한, 도널드 P. (2009). Network governance of crisis response. JPART, 19(4), 895-915.
- 버크만, 요헨(Ed.). (2006). Measuring vulnerability to natural hazards. UNU Press.
- 벡, 울리히. (1992). 위험사회 [원서: Risk society]. 새물결.
- 보인, 아르연, 하르트, 폴, 스턴, 에릭, & 순델리우스, 벵트. (2017). The politics of crisis management (2nd ed.). Cambridge University Press.
- 빅리, 그레고리 A., & 로버츠, 칼 H. (2001). Incident command system. Academy of Management Journal, 44(6), 1281-1299.

• 센다이 재난위험경감 프레임워크. (2015). UNDRR.

• 스티글러, 조지 J. (1971). The theory of economic regulation. Bell Journal of Economics, 2(1), 3-21.

• 슬로빅, 폴. (1987). Perception of risk. Science, 236(4799), 280-285.

• 아가노프, 로버트, & 맥과이어, 마이클. (2003). Collaborative public management. Georgetown University Press.

• 아가쿠차크, 아미르, 외. (2020). Climate extremes and compound hazards. Annual Review of Earth and Planetary Sciences, 48, 519-548.

• 알렉산더, 데이비드. (2002). Principles of emergency planning and management. Oxford University Press.

• 애드거, W. N. (2000). Social and ecological resilience. Progress in Human Geography, 24(3), 347-364.

• 오스트롬, 엘리너. (2010). Polycentric systems. Global Environmental Change, 20(4), 550-557.『공유의 비극을 넘어』윤출판.

• 위즈너, 벤, 블레이키, 피어스, 캐넌, 테리, & 데이비스, 이안. (2004). At risk (2nd)

• 위크, 칼 E. (1995). Sensemaking in organizations. Sage. ed.). Routledge.

• 위크, 칼 E., & 서트클리프, 캐슬린 M. (2007). Managing the unexpected (2nd ed.). Jossey-Bass.

• 카푸추, 누리. (2006). Interagency communication networks. The American Review of Public Administration, 36(2), 207-225.

• 카푸추, 누리, & 가라예프, 바시프. (2011). Collaborative decision-making in emergency management. International Journal of Public Administration, 34(6), 366-375.

• 커터, 수전 L., 외. (2008). A place-based model for community resilience. Global Environmental Change, 18(4), 598-606.

• 커터, 수전 L. (2018). Compound disasters. Environment, 60(6), 16-25.

• 켈만, 일란. (2017). Linking disaster risk reduction and sustainable development. Disaster Prevention and Management, 26(3), 254-258.

• 켓틀, 도널드 F. (2003). System under stress. CQ Press.

• 콤포트, 루이스 K. (1999). Shared risk. Pergamon.

• 콤포트, 루이스 K., 보인, 아르연, & 뎀착, 크리스틴. (2010). Designing resilience. University of Pittsburgh Press.

• 쿼런텔리, 엔리코 L. (1998). What is a disaster? International Journal of Mass Emergencies and Disasters, 16(2), 125-152.

- 클레츠, 트레버. (2001). Learning from accidents (3rd ed.). Gulf Professional Publishing.

- 터너, 배리 A. (1978). Man-made disasters. Wykeham.

- 티어니, 캐슬린. (2014). The social roots of risk. Stanford University Press.

- 홀링, 크로포드 S. (1973). Resilience and stability. Annual Review of Ecology and Systematics, 4, 1-23.

- 홀나겔, 에릭. (2014). Safety-I and Safety-II. Ashgate.

- 홉킨스, 앤드루. (2001). Lessons from Longford. CCH Australia.

- 화이트, 길버트 F. (1973). Natural hazards research. In Directions in geography.

- 클레츠, 트레버. (2001). Learning from accidents (3rd ed.). Gulf Professional Publishing.

재난 안전 대응 전략 예상 문제 및 해답

Theoretical Frameworks for Understanding Disasters
Expected questions and answers

PART 1

재난을 이해하는 이론적 프레임

01. 재난(Disaster)의 어원이 된 라틴어 'dis'와 'aster'의 의미는?
① 신의 징벌
② 자연의 파괴
③ 갑작스러운 사고
④ 불길한 별의 배치

02. 사고(Accident)와 재난(Disaster)의 차이점으로 옳지 않은 것은?
① 사고는 원인이 비교적 명확하다.
② 사고는 다기관 협력이 필수적이다.
③ 재난은 사회 시스템의 구조적 실패 결과다.
④ 재난은 기존 자원과 능력을 초과한다.

03. 퀘런텔리(Quarantelli)가 구분한 개념 중 사회 전체의 기능과 구조가 붕괴되는 사건은?
① 비상상황   ② 재난
③ 대재난   ④ 안전사고

04. 재난위험(Disaster Risk) 공식으로 옳은 것은?
① (위험요인 × 노출 × 취약성) / 역량
② (위험요인 + 노출 + 취약성) × 역량
③ 위험요인 × 노출 × 취약성 × 역량
④ (위험요인 × 역량) / (노출 × 취약성)

05. '자연재해는 없다. 자연 위험만 있을 뿐이다'라고 주장하며 재난의 사회적 성격을 강조한 학자는?
① 퀘런텔리   ② 길버트 화이트
③ 울리히 벡   ④ 찰스 페로

06. 2015년 채택된 재난위험경감의 국제 규범은?
① 요코하마 전략   ② 효고 행동강령
③ 센다이 프레임워크   ④ 파리 협정

07. 다음 중 위험요인(Hazard)의 분류에 해당하지 않는 것은?
① 기상·기후   ② 생물학적

③ 기술적   ④ 행정적

08. 홍수 위험 지역에 주거지가 밀집된
상태를 설명하는 재난 구성 요소는?
① 위험요인   ② 노출
③ 취약성   ④ 역량

09. 취약성(Vulnerability)의 차원에 해당
하지 않는 것은?
① 물리적   ② 경제적
③ 제도적   ④ 자연적

10. 조기경보 시스템이나 내진 건축은
어떤 역량(Capacity)인가?
① 기술적 역량 ② 제도적 역량
③ 조직적 역량 ④ 사회적 역량

11. 복잡하고 긴밀하게 결합한 시스템에
서는 사고가 불가피하다고 보는 이론
은?
① 시스템 이론 ② 정상사고 이론
③ 위험사회 이론 ④ 복잡성 이론

12. 현대 사회의 위험을 '제조된 위험'으
로 정의한 이론은?
① 시스템 이론 ② 복잡성 이론
③ 위험사회 이론 ④ 취약성 접근 이론

13. 재난의 법적 정의가 갖는 특징으로
옳지 않은 것은?
① 명확성과 책임을 중시한다.
② 행정 조치 발동의 기준이 된다.
③ 현장의 유연성을 최대화한다.
④ 권한과 의무를 규정한다.

14. 우리나라 「재난 및 안전관리 기본법」
에서 재난의 구분은?
① 자연재난과 사회재난
② 직접재난과 간접재난
③ 인적재난과 물적재난
④ 예방재난과 대응재난

15. 미국의 재난 관리 방식인 'All-
hazards approach'의 의미는?
① 자연재해만 관리
② 모든 위험을 통합 관리
③ 테러 대응 중심 관리
④ 연방 정부의 독점 관리

16. 재난 개념의 역사적 변천 중 1단계
(고대~19세기)의 특징은?
① 기술 재난의 등장
② 사회적 취약성 강조
③ 통합적 관리
④ 숙명론적 인식

17. 재난을 '구조'로 본다는 것의 의미로
적절한 것은?

① 우연한 사고로 해석한다.

② 이미 존재하던 위험이 드러난 결
과다.

③ 개인의 실수에 집중한다.

④ 단일한 사건으로 정의한다.

18. 재난위험경감 공식에서 분모에 위치
하여 위험을 낮추는 요소는?

① 위험요인　　② 노출

③ 취약성　　　④ 역량

19. '불가항력' 개념에 대한 비판적 관점
으로 옳은 것은?

① 구조적 책임을 가리는 역할을 할
수 있다.

② 모든 재난은 인간이 통제 가능하
다는 뜻이다.

③ 기술적 한계를 인정하는 합리적
도구다.

④ 책임자를 명확히 찾는 장치다.

20. 재난 정의의 불일치가 초래하는 문
제는?

① 예산의 과잉 집행

② 학문적 연구의 중단

③ 초기 대응의 혼선

④ 법적 권한의 일원화

21. 시스템 이론에서 하위 시스템의 실
패가 전체에 영향을 미치는 예는?

① 단일 건물 화재

② 개인의 판단 착오

③ 단순 시설 고장

④ 정보통신망 장애로 인한 금융·교
통 마비

22. 복잡성 이론에서 강조하는 '나비 효
과'의 의미는?

① 작은 변화가 큰 영향을 미침

② 자연의 복원력

③ 매뉴얼의 중요성

④ 선형적인 결과 도출

23. 취약성 접근 이론의 'PAR 모델'에서
근본 원인에 해당하는 것은?

① 도시화　　　② 빈곤과 불평등

③ 환경 파괴　　④ 노후 건물

24. 회복탄력성(Resilience)의 개념과 실
천이 강조되는 패러다임 단계는?

① 자연현상 중심

② 기술 재난 중심

③ 사후 구호 중심

④ 통합적 재난위험관리

25. 재난을 이해하는 출발점을 개인에서 사회 시스템으로 이동시키는 관점은?

① 사건 중심 관점　② 구조적 관점

③ 기술 중심 관점　④ 법률 중심 관점

〈논술형 주관식 문제〉

01. [재난의 사회적 구조론과 '제조된 위험'] "자연재해는 존재하지 않으며, 오직 자연적 위험요인과 사회적 취약성의 결합만 존재할 뿐이다"라는 주장을 길버트 화이트(Gilbert White)의 관점에서 논하고, 현대 사회의 '제조된 위험'이 전통적 재난 정의를 어떻게 변화시켰는지 서술하시오.

02. [위험사회론과 정상사고 이론(긴밀한 결합)] 울리히 벡(Ulrich Beck)의 '위험사회론'과 찰스 페로(Charles Perrow)의 '정상사고 이론'을 비교 분석하고, 초연결 사회에서 시스템의 '긴밀한 결합(Tight Coupling)'이 재난의 확산 경로에 미치는 치명적 영향에 대해 논하시오.

03. [재난위험 공식의 비선형성과 지연 현상] 재난위험 공식 Risk = Hazard × Exposure × Vulnerability / Capacity에서 재난이 발생한 직후 시점(T+1)에 각 요소들 사이에 발생하는 '비선형적 상호작용'과 '피드백 루프(Feedback Loop)'를 설명하시오. 특히 대응 역량(Capacity)의 투입이 오히려 취약성(Vulnerability)을 일시적으로 증폭시키거나 노출(Exposure)을 확대하는 역설적 상황을 사례를 들어 논하시오.

PART 2

지자체 공무원의 재난 안전 관리

01. 지자체 재난 관리에서 실무 부서의 핵심 역할은?

① 최종 결정권 행사

② 책임 전가

③ 정보와 대안 제공

④ 예산 독립 집행

02. 재난 상황에서 일반 행정 절차를 고수할 때 발생하는 문제점은?

① 신속한 현장 파악

② 정보 완결성을 기다리다 대응 지연

③ 책임 소재의 명확화

④ 자원의 효율적 배분

03. 재난 대응 단계에서 '등급 판단'의 본질은 무엇인가?

① 과거 피해 수치 집계

② 언론 보고용 작성

③ 예산 확보

④ 상황의 확산 가능성 관리

04. 통합지휘체계(ICS)의 기본 원리 중 '지휘의 단일성'이 필요한 이유는?

① 판단의 혼선을 차단하기 위해

② 기관 간 서열을 정하기 위해

③ 보고 단계를 늘리기 위해

④ 현장 인력을 통제하기 위해

05. ICS 조직 구성의 원칙 중 옳은 것은?

① 부서별 편제　② 기능별 편제

③ 직급별 편제　④ 거주지별 편제

06. 평시 행정과 재난 시 행정의 차이점으로 옳지 않은 것은?

① 평시는 부서 중심, 재난 시는 기능 중심이다.

② 평시는 협의 중심, 재난 시는 지휘 중심이다.

③ 평시는 절차 준수, 재난 시는 결과 중심이다.

④ 재난 시에는 보고 체계를 더욱 다원화해야 한다.

07. 매뉴얼이 현장에서 작동하지 않는 주요 이유는?

① 매뉴얼 페이지가 너무 적어서

② 법적 근거가 없어서

③ 현실의 복잡성을 반영하지 못하는 정형화

④ 훈련을 전혀 안 해서

08. 재난 대응에서 매뉴얼의 올바른 역할은?

① 절대적인 행동 지침

② 판단의 출발점 제공

③ 책임 회피의 근거

④ 모든 상황에 대한 정답지

09. 지자체 재난관리 이중구조 설계에서 재난 시 '건설과'와 '도로과'는 어떤 기능으로 통합되는가?

① 시설 복구 기능 ② 의료·구호 기능

③ 언론 대응 기능 ④ 자원 지원 기능

10. 지휘 권한의 사전 명확화가 필요한 궁극적 목적은?

① 권력의 집중

② 현장지휘관의 독단

③ 부단체장의 배제

④ 실행의 속도 확보와 책임 소재 규명

11. 재난 상황에서 보고가 지연되는 행정적 원인은?

① 현장의 보고 태만

② 지나치게 높은 보고의 완결성 요구

③ 보고 장비의 부재

④ 단체장의 관심 부족

12. 보고 체계에서 '위험하다'가 '우려된다'로 바뀌는 현상이 의미하는 것은?

① 신중한 상황 판단

② 정확한 용어 선택

③ 판단의 유보와 지연

④ 현장 보호

13. ICS의 확장성(Scalability)이 의미하는 것은?

① 상황 규모에 따라 조직 크기 조절

② 예산의 무한 확장

③ 타 지자체로의 전파

④ 법적 권한의 확대

14. 재난 등급 상향을 주저하게 만드는 심리적 요인은?

① 포상에 대한 부담

② 과잉 대응에 대한 비난 우려

③ 업무량 감소 기대

④ 홍보 효과 미비

15. 재난 대응 단계 전환의 기준이 되어
야 하는 것은?
① 단체장의 기분　② 주민의 민원
③ 통제 가능성과 위험의 임계점
④ 중앙정부의 지시 대기

16. 사후 평가(AAR)가 형식적으로 흐르
는 원인은?
① 데이터 부족
② 시간이 너무 짧아서
③ 학습 의지 과잉
④ 비난 중심의 평가 문화

17. 재난 이후 행정에서 '수습'과 '복구'
의 차이 중 수습의 특징은?
① 응급 대응과 인명 구조 중심
② 장기적인 인프라 재건
③ 예산의 대규모 투입
④ 법령의 전면 개정

18. 지자체 공무원이 겪는 재난 행정의
현실적 한계는?
① 과도한 권한
② 순환 보직으로 인한 전문성 축적
　　부족
③ 무한한 예산
④ 현장의 맹목적 복종

19. 평시 조직을 재난 시 '상황 중심 구
조'로 전환하기 위해 필요한 사전 조
치는?
① 신규 채용 확대
② 사무실 이전
③ 기능별 재편 문서화
④ 전 직원 휴가 취소

20. 재난 관리 책임기관 간의 협업 구조
에서 가장 큰 장애물은?
① 권한 충돌과 정보 단절
② 기관 간의 과도한 친밀함
③ 중복된 예산 지원
④ 동일한 매뉴얼 사용

21. 현장지휘관의 재량 범위 규정이 중
요한 이유는?
① 상급자의 권한 침해 방지
② 현장의 골든타임 확보
③ 보고 절차의 생략
④ 예산 절감

22. 재난 시 '언론 대응 전략'의 핵심은?
① 사실 은폐　② 책임 회피
③ 정보의 독점
④ 단일 창구를 통한 신속·정확한 정
　　보 공개

23. 감사와 책임 문제가 재난 대응에 미치는 부정적 영향은?

① 소극적 행정과 결정 회피

② 적극적인 자원 동원

③ 창의적인 해결책 제시

④ 현장 인력의 사기 진작

24. 복구 사업 예산 집행 시 고려해야 할 'Build Back Better'의 원칙은?

① 원래대로 복구

② 최소 비용 복구

③ 더 안전한 구조로 재건

④ 외형 중심 복구

25. 재난 등급 하향 판단이 필요한 이유는?

① 성과 홍보

② 행정 조직의 피로도 해소 및 자원 효율화

③ 주민들의 안심

④ 책임 면피

〈논술형 주관식 문제〉

01. [재난 행정의 이중 구조와 전환 방안] 평시의 부서 중심 행정 체계가 재난 시 '기능 중심(Function-based)' 체계로 전환될 때 발생하는 조직적 저항과 판단 지연의 원인을 분석하고, 이를 극복하기 위한 '이중구조 설계(Dual-structure design)'의 구체적 실행 방안을 논하시오.

02. [적극 행정과 면책 제도 및 재량권] 재난 현장에서 공무원의 '학습된 무기력'과 '소극적 결정'이 발생하는 구조적 원인을 감사 체계와 책임 소재 규명 관점에서 비판하고, 골든타임 확보를 위한 '재량권의 법적 한계'와 '사후 면책의 범위'를 어디까지 설정해야 하는지 논하시오.

03. [통합지휘체계(ICS) 모델의 구축 전략] 미국식 ICS(Incident Command System)를 한국 지자체 행정 문화에 도입할 때 발생하는 '권위적 위계 구조'와 '기능적 유연성' 간의 충돌 지점을 설명하고, 한국형 통합지휘 모델 구축을 위한 핵심 전략을 제시하시오.

PART 3

소방·경찰의 재난 안전 현장 대응

01. 현장에서 재난을 정의하는 가장 중요한 기준은?

① 피해 액수 ② 통제 가능성

③ 언론 보도량 ④ 사건의 명칭

02. 초동 30분 의사결정에서 최우선 순위는?

① 인명 구조 ② 재산 보호

③ 언론 보고 ④ 원인 조사

03. 자연재난 대응에서 지휘의 핵심 역할은?

① 단일 현장 완결

② 모든 피해 복구

③ 자원 배치와 우선순위 설정

④ 가해자 검거

04. 1차 통제선(Inner Perimeter) 설정의 주된 목적은?

① 대응 인력 보호 및 현장 보존

② 일반인 구경

③ 예산 절감

④ 홍보 구역 확보

05. 유해물질 누출 사고 시 통제선 설정에 고려해야 할 요소는?

① 건물의 높이 ② 가해자의 위치

③ 주민의 민원

④ 바람의 방향과 확산 농도

06. '골든타임' 관리에서 기록해야 할 시각이 아닌 것은?

① 신고 시각 ② 도착 시각

③ 작전 개시 시각 ④ 퇴근 시각

07. 현장 대응에서 '계획 후 실행'보다 '실행하며 계획 보완'이 강조되는 이유는?

① 정보의 불완전성과 긴급성

② 계획 수립 능력 부족

③ 무조건적인 속도 경쟁

④ 법적 의무 사항

08. 다수 사상자 발생 시 사용되는 중증도 분류(Triage)의 원칙은?

① 선착순 치료

② 신분 순 치료

③ 생존 가능성에 기반한 자원 배분

④ 가장 경미한 환자 우선

09. 2차 통제선(Outer Perimeter)에서 경찰의 주된 역할은?

① 화재 진압

② 교통 통제 및 군중 관리

③ 피해자 보상 협상

④ 구조 작전 직접 참여

10. 소방-경찰-지자체 공조에서 가장 빈번하게 발생하는 '권한 충돌' 지점은?

① 현장 지휘권의 주체

② 복구 예산의 출처

③ 보고서의 글꼴

④ 식사 제공 책임

11. 재난 현장에서 상황 인식(Situational Awareness)이 실패하는 이유는?

① 장비가 너무 좋아서

② 인력이 너무 많아서

③ 훈련을 안 해서

④ 단편적 정보에 매몰되어 전체 흐름을 놓침

12. 2차 사고 예방을 위한 '위험성 평가'의 시점은?

① 사고 수습 후

② 작전 종료 시

③ 작전 개시 전과 진행 중 지속적으로

④ 예산 편성 시

13. 현장 인계(Handover) 시 포함되어야 할 필수 내용이 아닌 것은?

① 현재 통제 상태 ② 잔류 위험 요소

③ 조치된 사항 ④ 담당자의 개인 정보

14. 사후 평가(AAR)에서 가장 경계해야 할 태도는?

① 맥락 이해 ② 비난과 책임 추궁

③ 구조적 원인 분석 ④ 학습 기회 활용

15. 사회재난과 자연재난의 차이 중 사회재난의 특징은?

① 특정 지점의 고밀도 위험과 전문 기술 요구

② 광범위한 지역의 지속적 관리

③ 기상 예보를 통한 완벽한 예측

④ 자연적인 소멸 기대

16. 현장지휘관(IC)이 안전담당관을 별도
로 운용해야 하는 이유는?
① 지휘 부담을 늘리기 위해
② 인원수를 채우기 위해
③ 작전 효율성에 가려진 안전 위험
　을 객관적으로 감시하기 위해
④ 언론 대응을 시키기 위해

17. 통제선 안에서 이루어지는 모든 활
동의 통제권자는?
① 현장지휘관(IC)　② 해당 구청장
③ 행정안전부 장관　④ 경찰청장

18. 'LIFE FIRST' 원칙에서 가장 후순위
로 밀리는 활동은?
① 실종자 수색
② 추가 붕괴 방지
③ 응급 처치
④ 원인 조사를 위한 현장 보존(단, 인
　명 위험 시)

19. 현장 정보 관리에서 '단일 보고 체계'
가 중요한 이유는?
① 보고 양식을 통일하려고
② 정보의 왜곡과 중복을 방지하려고
③ 보고를 안 하려고
④ 높은 직급에게만 보고하려고

20. 종료 판단(Termination)이 어려운 이
유는?
① 퇴근하고 싶어서
② 일이 너무 쉬워서
③ 사후 책임에 대한 두려움과 불확
　실성
④ 예산이 남아서

21. 현장 대응기관을 보호하는 절차로서
의 의미를 갖는 단계는?
① 출동 단계　② 명확한 인계 절차
③ 대기 단계　④ 휴식 단계

22. 재난 현장의 '전문성'이란 무엇인가?
① 매뉴얼 암기력
② 체력
③ 높은 직급
④ 상황을 정확히 판단하고 통제를
　회복하는 능력

23. 중증도 분류 중 '적색'이 의미하는 환
자는?
① 긴급한 처치가 필요한 생명 위급
　환자
② 지연 치료 가능 환자
③ 가벼운 부상자
④ 이미 사망한 자

24. ICS의 '기능 중심 운영'이 현장에서 발휘되는 예는?

① 소방은 불만 끄고 경찰은 길만 막는다.

② 소방-경찰-의료가 '구조 및 구급'이라는 공통 목표 아래 협력한다.

③ 부서별로 따로 보고한다.

④ 각자 지휘관을 따른다.

25. 2차 통제선이 느슨해질 때 발생하는 문제는?

① 비필수 인력 유입으로 작전 방해

② 예산 낭비

③ 장비 고장

④ 날씨 악화

〈논술형 주관식 문제〉

01. [통합 현장지휘소 운영 방안] 대형 복합 재난 발생 시 소방의 '인명 구조' 우선순위와 경찰의 '질서 유지 및 증거 보존' 우선순위가 충돌하는 시나리오를 가정하고, 이를 해결하기 위한 '통합 현장지휘소(Unified Command)'의 실질적 운영 방안과 권한 배분 문제를 논하시오.

02. [상황 인식의 오류와 적응적 의사결정)의 오류] 재난 현장에서 지휘관이 단편적 정보에 매몰되어 전체 흐름을 놓치는 '터널 시야(Tunnel Vision)' 현상을 인지심리학적 관점에서 분석하고, 정보의 불확실성을 극복하기 위한 '적응적 의사결정(Naturalistic Decision Making)' 모델의 적용 가능성을 논하시오.

03. [대응 종료와 인계의 책임성] 긴급 대응 단계에서 복구 단계로 전환되는 '종료 판단(Termination)' 시점에 발생하는 책임의 공백 문제를 비판하고, 대응 기관(소방·경찰)에서 수습 기관(지자체)으로의 '완전한 인계'를 보장하기 위한 체크리스트와 법적 절차의 중요성을 논하시오.

PART 4

산업현장과 조직에서 작동하는 재난 대응과 회복

01. 산업재난의 발생 메커니즘을 설명할 때 '하인리히의 법칙'보다 현대적으로 접근하는 관점은?
① 개인의 도덕적 결함
② 시스템의 복잡성과 상호작용
③ 단순 장비 고장　④ 운의 부족

02. 위험요인 분석 기법 중 'HAZOP'의 핵심 방식은?
① 가이드 워드를 통한 공정 변수의 이탈 분석
② 작업자의 동작 관찰
③ 사고 후 원인 추적
④ 예산 대비 효율 분석

03. 'JSA'의 단계로 옳은 것은?
① 예산 수립 → 인력 배치 → 작업
② 작업 분할 → 위험 파악 → 개선 대책 수립
③ 사고 발생 → 조사 → 처벌
④ 매뉴얼 작성 → 암기 → 평가

04. 산업사고 초동 단계에서 가장 어려운 결정 중 하나는?
① 점심 식사 결정
② 보고서 제목
③ 공정 중단(Shut-down) 여부
④ 신입 사원 교육

05. 공정 중단을 주저하게 만드는 조직적 압박은?
① 생산 손실과 경제적 비용
② 장비 휴식
③ 근로자의 여가 시간
④ 환경 보호

06. 산업현장에서 '확산 방지 전략'의 예는?
① 사고 방치
② 무조건 대피
③ 원인 분석 대기
④ 차단 밸브 폐쇄 및 비상 냉각 가동

07. 조직의 회복탄력성(Resilience)을 결정하는 요소가 아닌 것은?

① 유연한 지휘 구조

② 자원 가용성

③ 신뢰 기반의 소통

④ 수직적 권위주의

08. 정상사고(Normal Accident) 관점에서 산업재난을 예방하는 방법은?

① 100% 안전한 장비 구입

② 작업자 무한 교육

③ 시스템의 결합도를 낮추고 완충 장치 마련

④ 사고 은폐

09. 산업재난 회복 단계에서 관리자의 역할 중 옳은 것은?

① 사고 책임자 즉각 해고

② 피해 근로자의 심리적 회복과 조직 학습 지원

③ 생산 라인 무리한 조기 가동

④ 언론 차단

10. HAZOP 기법에서 'No/Less/More' 등을 무엇이라 부르는가?

① 가이드 워드(Guide Words)

② 체크리스트

③ 사고 징후

④ 위험 지표

11. 산업 안전 관리에서 '안전 문화'가 중요한 이유는?

① 법을 지키기 위해

② 홍보를 위해

③ 매뉴얼이 없는 상황에서도 안전한 판단을 내리게 하므로

④ 비용 절감을 위해

12. 산업재난 초기 대응에서 '상황 보고'의 원칙은?

① 완벽한 분석 후 보고

② 선조치 후보고 및 핵심 정보 즉시 공유

③ 상급자 승인 후 보고

④ 비밀 유지

13. 사고 현장의 로그(Log) 기록이 중요한 이유는?

① 사후 분석과 법적 증거 확보

② 작업자 감시

③ 종이 낭비

④ 직급 확인

14. 회복(Recovery)과 재건(Reconstruction)

의 차이 중 회복의 강조점은?

① 건물 짓기

② 조직의 기능과 신뢰 복구

③ 예산 집행　④ 장비 교체

15. 산업현장의 비상대응계획(ERP)이 실효성을 가지려면?

① 캐비닛에 잘 보관한다.

② 전문가만 읽는다.

③ 주기적인 실무 훈련과 업데이트가 이루어진다.

④ 매년 똑같이 유지한다.

16. 산업재난의 '연쇄 반응'을 차단하기 위한 기술적 장치는?

① Interlock 및 비상 차단 시스템

② CCTV　③ 출입 카드

④ 사무용 컴퓨터

17. 사고 조사 시 근본 원인 분석(Root Cause Analysis)의 목적은?

① 가해자 처벌　② 사고 은폐

③ 재발 방지를 위한 구조적 원인 제거

④ 보험금 청구

1.8 조직 학습이 방해받는 '방어적 태도'의 예는?

① "시스템 문제였다"라고 인정하기보다 "작업자 과실이다"로 결론

② 데이터 공개

③ 적극적 토론

④ 외부 전문가 참여

19. 산업 현장에서 심리적 안전감(Psychological Safety)이 재난 예방에 기여하는 방식은?

① 근로자를 행복하게 함

② 위험 신호를 눈치 보지 않고 즉시 보고하게 함

③ 생산성 향상

④ 이직률 감소

20. 고신뢰조직(HRO)의 특징 중 하나는?

① 실수를 용납하지 않음

② 계급 중심 지휘

③ 현장 전문가의 의견 존중과 민감성

④ 단순한 매뉴얼 의존

21. 산업재난 이후의 '평판 관리'의 올바른 방법은?

① 허위 정보 유포

② 피해자 탓하기

③ 무대응

④ 솔직한 사과와 재발 방지책 이행

22. '안전 투자'를 비용이 아닌 투자로 보아야 하는 이유는?

① 사고 시 발생하는 천문학적 손실을 예방하므로

② 세금 감면

③ 홍보 효과

④ 장비가 예뻐지므로

23. 근로자의 '작업중지권' 행사가 보장되어야 하는 이유는?

① 쉬고 싶을 때 쉬기 위해

② 현장의 위험을 가장 먼저 발견한 사람이 대응하게 하기 위해

③ 경영진을 압박하기 위해

④ 법적 의무가 없어서

24. 산업재난 회복의 최종 목표는?

① 사고 전과 똑같은 상태

② 사고 은폐 성공

③ 이전보다 더 안전하고 탄력적인 시스템 구축

④ 생산 재개

25. 산업재난 회복(Recovery) 과정에서 '신뢰 회복'을 위해 조직이 취해야 할 가장 바람직한 태도는?

① 사고 원인을 개인의 부주의로 신속히 결론짓는다.

② 대외 이미지 실추를 막기 위해 내부 정보를 최대한 통제한다.

③ 투명한 정보 공개와 함께 구조적 개선 약속을 이행한다.

④ 생산 라인의 조기 가동을 최우선 목표로 설정한다.

〈논술형 주관식 문제〉

01. [고신뢰조직(HRO)과 심리적 안전감] 산업 현장에서 효율성(Efficiency)과 안전(Safety)이 충돌할 때, 경영진의 의사결정이 현장의 '작업중지권' 행사에 미치는 영향을 분석하고, 오류에 민감한 고신뢰조직으로 거듭나기 위한 '심리적 안전감' 구축 전략을 논하시오.

02. [연쇄 반응 차단과 복원력 있는 설계] 공정 시스템의 고장이 대형 폭발이나 누출로 이어지는 '도미노 효과'를 차단하기 위한 기술적 방어선(Interlock 등)과 관리적 방어선(HAZOP 기반 절차)의 상호 보완성을 설명하고, 시스템 설계 단계에서부

터 고려되어야 할 '복원력 있는 설계
(Resilient Design)'의 원칙을 서술하
시오.

03. [조직적 회복탄력성(Resilience)과 적
응적 학습] 재난 이후 단순히 원래 상
태로 돌아가는 '복구(Recovery)'를 넘
어 충격 이후 시스템이 더 강해지는
'적응적 학습'의 과정을 논하고, 실
패를 자산화하지 못하고 휘발시키는
조직의 구조적 특징과 그 해결책을
논하시오.

PART 5

재난 연구는 어디에서 멈추어 있는가

01. 재난 이론이 현실을 따라가지 못하는 주요 이유는?

① 이론이 너무 많아서

② 현장의 역동성과 비선형성을 충분히 담지 못해서

③ 학자들이 현장을 싫어해서

④ 예산 부족

02. 위험 이론(Risk Theory)이 반복되는 실패를 설명하지 못하는 한계점은?

① 공식을 만들지 못해서

② 위험 요인을 몰라서

③ '판단'과 '시간'이라는 동적 요소를 포착하지 못해서

④ 수학이 너무 어려워서

03. 회복(Recovery)과 회복탄력성 (Resilience)의 차이 중 회복탄력성 해당 사항은?

① 충격 후의 적응적 성장과 변화 역량

② 원래 상태로의 단순 복귀

③ 외형적 재건

④ 보상금 지급

04. 사후 평가와 조직 학습이 형식에 머무르는 원인은?

① 보고서 분량이 적어서

② 회의실이 좁아서

③ 데이터가 너무 정확해서

④ 구조적 개선보다 개인 처벌에 집중하는 관성

05. 실패 경험이 축적되지 않고 소멸되는 이유는?

① 기억력이 나빠서

② 조직의 기록 보존 실패 및 실패를 숨기는 문화

③ 기술이 너무 빨리 변해서

④ 종이 문서가 없어서

06. 재난 의사결정 이론이 놓치고 있는 '현장의 선택' 요소는?

① 완벽한 정보 하의 합리적 선택

② 수학적 확률 계산

③ 극심한 시간 압박과 불완전한 정보 하의 인식적 판단

④ 상급자의 지시 대기

07. 'Risk = H × E × V' 공식이 갖는 '정태적 가정'의 문제점은?

① 상황에 따른 요소 간의 실시간 변화를 무시함

② 숫자가 너무 큼

③ 요인이 너무 적음

④ 역량을 고려 안 함

08. 재난 개념 분류 체계가 놓치고 있는 점은?

① 이름 짓기　② 법적 근거

③ 경계가 모호한 '복합·연쇄 재난'에 대한 포착

④ 통계 수치

09. 현대 재난 연구의 새로운 방향은?

① 더 두꺼운 매뉴얼 만들기

② 개인 처벌 강화

③ 기술 만능주의

④ 시스템의 적응성과 회복탄력성 연구

10. "재난은 예고된 실패다"라는 주장이 시사하는 바는?

① 예언이 가능하다.

② 구조적 위험을 방치한 결과다.

③ 운이 나빴다.

④ 기술적 한계다.

11. 연구와 현장의 간극을 줄이기 위해 필요한 것은?

① 현장 언어로의 이론 번역과 실천적 연구

② 더 복잡한 수식

③ 대학에서의 강의 증설

④ 현장 인력의 박사 학위 취득

12. 조직 학습의 '단기 성과 압박'이 미치는 영향은?

① 학습 효율 증대

② 장기적 안목 형성

③ 근본적 구조 변화보다 즉각적 수습에 치중

④ 예산 절감

13. 재난 이후의 '사회적 회복' 연구에서 중요한 지표는?

① 건물 신축 수

② GDP 상승률

③ 가해자 수감 기간

④ 공동체의 신뢰 회복과 사회적 자
본의 재건

14. 재난 연구에서 인간 요소(Human Factor)를 다루는 올바른 관점은?

① 실수한 사람 찾기

② 인간이 왜 그런 판단을 내릴 수밖에 없었는지의 구조적 맥락 파악

③ 인간 배제

④ 인공지능으로 대체

15. '회복탄력성'은 무엇을 핵심 목표로 설정하는가?

① 0% 사고율　② 빠른 사과

③ 시스템의 생존과 지속 가능성

④ 무한한 예산 확보

16. 재난 연구의 '분절화' 문제란?

① 공학, 사회학, 행정학 등이 각자 연구하며 통합적 시각 부족

② 연구비 부족

③ 연구 주제 고갈

④ 학회 수 감소

17. 실패가 학습되지 않는 '방어적 기록'의 특징은?

① 상세한 실패 묘사

② 잘못이 없음을 증명하기 위한 형식적 서술

③ 동영상 기록　④ 외부 공개

18. 재난 관리 패러다임이 '대응'에서 '위험 관리'로 이동했다는 뜻은?

① 대응을 안 한다.

② 불을 더 잘 끈다.

③ 평시부터 취약성과 노출을 관리하여 위험을 낮춘다.

④ 경찰이 관리한다.

19. 센다이 프레임워크가 강조하는 '이해관계자 참여'의 의미는?

① 정치인 참여

② 전문가만 참여

③ 기업만 참여

④ 정부, 민간, 시민사회 모두의 공동 책임과 참여

20. 재난 이론이 '정상 상황'을 전제로 만들어졌을 때의 한계는?

① 극단적 상황(Extreme events) 대응 불가

② 평시 업무에 도움 안 됨

③ 공부하기 쉬움　④ 법적 근거 부족

21. '학습된 회피'를 깨기 위한 제도적 대안은?

① 처벌 강화

② 적극적 행정 면책 제도와 결과보다 과정 중심의 평가

③ 매뉴얼 암기 테스트

④ 인사 이동 금지

22. 재난 연구에서 시간(Time) 요소의 중요성은?

① 시계 구입

② 퇴근 시간

③ 연구 기간

④ 상황 전개 속도와 대응 속도의 상호작용

23. 미래 재난의 특징인 '연쇄·확산'을 설명하기에 적합한 이론은?

① 선형적 사고 모델

② 복잡계 및 네트워크 이론

③ 도미노 이론

④ 단순 사고 이론

24. 연구가 현장에 도달하지 못하는 '전달의 문제' 해결책은?

① 더 어려운 용어 사용

② 논문 편수 증대

③ 현장 기반의 실행 연구(Action Research) 확대

④ 학술 대회 확대

25. 재난 안전 대응 전략의 궁극적 지향점은?

① 사고가 한 번도 안 나는 세상

② 매뉴얼이 수천 페이지인 조직

③ 가장 빠른 복구

④ 어떤 충격에도 무너지지 않고 성장하는 회복탄력적 사회

〈논술형 주관식 문제〉

01. [선형적 매뉴얼의 한계와 액션 리서치] 현재의 재난 관리 매뉴얼과 이론들이 '선형적 사고 모델'에 갇혀 있어 실제 현장의 '비선형적·복합적 특성'을 반영하지 못하는 이유를 분석하고, 실천적 연구로서의 '액션 리서치(Action Research)'가 나아가야 할 방향을 논하시오.

02. [사회적 자본과 사회적 회복(Social Recovery)] 재난 연구가 물리적 방재 시설 확충에만 매몰되어 '공동체 내

의 신뢰와 네트워크(Social Capital)'라
는 보이지 않는 회복력을 간과하고
있음을 비판하고, 재난 후 사회적 갈
등을 최소화하기 위한 '사회적 회복'
연구의 필요성을 논하시오.

03. [불확실성과 회복탄력성 중심 패러
다임] 기후 위기와 초연결 사회가 만
들어내는 '검은 백조(Black Swan)'와
같은 예측 불가능한 재난에 대비하
기 위해, 현재의 '예방 중심 패러다
임'이 '회복탄력성 중심 패러다임'으
로 어떻게 전환되어야 하는지 학술
적 근거를 들어 논하시오.

<h1 align="center">〈객관식 및 논술형 주관식 해답〉</h1>

PART 1 재난 연구는 어디에서 멈추어 있는가

〈객관식 해답〉

01 ④　**02** ②　**03** ③　**04** ①　**05** ②　**06** ③　**07** ④　**08** ②　**09** ④　**10** ①

11 ②　**12** ③　**13** ③　**14** ①　**15** ②　**16** ④　**17** ②　**18** ④　**19** ①　**20** ③

21 ④　**22** ①　**23** ②　**24** ④　**25** ②

〈논술형 주관식 해답〉

01 길버트 화이트는 홍수 조절을 위한 댐 건설이 오히려 더 큰 피해를 불러오는 '기술적 낙관주의'를 비판하며, 재난의 핵심은 자연 현상 자체가 아니라 인류의 적응 방식과 사회적 취약성에 있다고 보았다. 현대 사회의 위험은 울리히 벡이 말한 '제조된 위험(Manufactured Risk)'으로 변모했다. 이는 과학기술의 발전이 예기치 못한 부작용을 낳고, 이것이 사회 시스템과 결합하여 통제 불가능한 형태로 나타나는 것을 의미한다. 따라서 전통적인 '천재지변' 개념은 무너졌으며, 재난은 이제 사회 구조적 실패의 결과물로 정의되어야 한다.

02 찰스 페로는 정상사고 이론을 통해 현대 시스템의 '복잡한 상호작용'과 '긴밀한 결합(Tight Coupling)'을 강조했다. 긴밀하게 결합된 시스템에서는 한 지점의 작은 오류가 완충지대 없이 빛의 속도로 전체 시스템에 확산되어 대재난을 초래한다. 울리히 벡의 위험사회론은 이러한 위험이 특정 계층이 아닌 사회 전체로 확산(위험의 민주화)됨을 경고한다. 초연결 사회에서는 네트워크의 의존도가 높아지며 시스템 간 경계가 사라져 국지적 사

고가 순식간에 국가적 재난으로 번지는 비선형적 확산이 필연적으로 발생한다.

03 재난위험 공식의 요소들은 독립적이지 않다. 재난이 시작되면 위험요인(H)의 강도가 증가함에 따라 취약성(V)이 단순히 산술적으로 증가하는 것이 아니라 임계점(Tipping Point)을 넘어서는 순간 시스템 전체가 붕괴되는 비선형적 특징을 보인다. 예를 들어 홍수 시 제방의 높이를 초과하는 작은 수위 상승은 단순한 침수를 넘어 제방 붕괴라는 시스템의 근본적 변형을 일으키며 위험(Risk)을 기하급수적으로 폭증시킨다.

PART 2 지자체 공무원의 재난 안전 관리

〈객관식 해답〉

01 ③　**02** ②　**03** ④　**04** ①　**05** ②　**06** ④　**07** ③　**08** ②　**09** ①　**10** ④
11 ②　**12** ③　**13** ①　**14** ②　**15** ③　**16** ④　**17** ①　**18** ②　**19** ③　**20** ①
21 ②　**22** ④　**23** ①　**24** ③　**25** ②

〈논술형 주관식 해답〉

01 평시의 부서제는 책임 소재가 명확하지만 재난 시에는 '부서 이기주의'와 정보 단절을 초래한다. 이를 극복하기 위해 평시에는 고유 업무를 수행하되, 재난 시에는 즉각 기능 중심(시설복구, 구호, 의료 등)으로 재편되는 '이중구조 설계'가 필요하다. 이는 사전 매뉴얼에 각 부서원이 재난 시 담당할 '기능적 임무'를 명시하고, 이를 기반으로 한 합동 훈련을 통해 조직적 저항을 줄여야 가능하다.

02 공무원의 소극적 결정은 사후 감사에서 '절차 위반'으로 처벌받는 구조적 공포에서

기인한다. 골든타임 확보를 위해서는 '과정의 합리성'이 입증된다면 결과에 관계없이 면책하는 제도가 실질적으로 작동해야 한다. 재량권의 한계는 '인명 구조'와 '긴급 확산 방지'라는 목적하에 설정되어야 하며, 사후 면책 범위는 고의나 중과실이 없는 한 최대한 넓게 보장하여 현장에서의 신속한 결단을 유도해야 한다.

03 미국식 ICS는 수평적 기능 중심이지만 한국은 수직적 계급 문화가 강하다. 이를 조화시키기 위해서는 '지휘권의 단일화'는 유지하되, '실행의 분권화'를 보장해야 한다. 단체장은 정무적 결정과 자원 조달에 집중하고, 현장 전문 역량을 가진 소방·경찰 또는 기술직 간부가 실질적인 기능별 지휘를 수행하도록 권한을 위임하는 문화적·제도적 혁신이 필요하다.

PART 3 소방·경찰의 재난 안전 현장 대응

〈객관식 해답〉

01 ② **02** ① **03** ③ **04** ① **05** ④ **06** ④ **07** ① **08** ③ **09** ② **10** ①

11 ④ **12** ③ **13** ④ **14** ② **15** ① **16** ③ **17** ① **18** ④ **19** ② **20** ③

21 ② **22** ④ **23** ① **24** ② **25** ①

〈논술형 주관식 해답〉

01 인명 구조와 증거 보존이 충돌할 경우 'LIFE FIRST' 원칙에 따라 구조 활동을 우선하되, 경찰은 구조 활동을 방해하지 않는 범위 내에서 기록과 통제를 병행해야 한다. 이를 위해 단일 지휘소 내에 각 기관의 연락관이 상주하며 정보를 실시간 공유(Joint Information)하고, 작전의 우선순위를 합의하는 '통합지휘협의체'를 운영하여 권한 충돌

을 최소화해야 한다.

02 극심한 스트레스로 지휘관은 협소한 정보만 처리하는 '터널 시야'에 빠지기 쉽다. 이를 극복하기 위해서는 현장지휘소에 객관적 상황 분석팀을 별도로 두어 지휘관에게 '전체 그림'을 지속적으로 제공해야 한다. 또한 완벽한 정보를 기다리기보다 직관과 경험을 바탕으로 빠르게 실행하고 수정하는 '적응적 의사결정' 모델을 훈련하여 불확실성을 관리해야 한다.

03 긴급 대응팀(소방·경찰)이 철수하는 시점에 재난이 종료된 것으로 착각하는 '책임의 공백'이 자주 발생한다. 이를 방지하기 위해 지자체 수습 본부와의 공식적인 '현장 인계 인수서' 작성을 의무화해야 한다. 여기에는 잔류 위험 요소, 투입 자원 현황, 향후 조치 필요 사항 등이 포함되어야 하며, 이 절차가 완료될 때까지 지휘권은 유지되어야 한다.

PART 4 산업현장과 조직에서 작동하는 재난 대응과 회복

〈객관식 해답〉

01 ② **02** ① **03** ② **04** ③ **05** ① **06** ④ **07** ④ **08** ③ **09** ② **10** ①
11 ③ **12** ② **13** ① **14** ② **15** ③ **16** ① **17** ③ **18** ① **19** ② **20** ③
21 ④ **22** ① **23** ② **24** ③ **25** ③

〈논술형 주관식 해답〉

01 경영진이 효율성만 강조할 때 현장은 위험을 은폐한다. 고신뢰조직으로 가기 위해서는 현장 노동자가 위험을 감지하고 '작업 중지'를 요청했을 때 이를 '비용'이 아닌 '대형

사고 예방'으로 치하하는 문화가 필요하다. 이러한 심리적 안전감이 보장될 때 현장의 전문성이 경영진의 의사결정에 반영되어 시스템의 안전성이 유지된다.

02 기술적 방어선(Interlock)이 실패할 경우를 대비해 관리적 방어선(이중 확인 절차 등)이 상호 보완되어야 한다. 복원력 있는 설계란 오류가 발생해도 시스템 전체가 붕괴되지 않도록 지점별로 '격리(Isolation)' 및 '완충(Buffer)' 기능을 강화하는 것이다. 이는 사고 발생 시 피해를 극소화하여 시스템 전체의 생존성을 높이는 핵심 전략이다.

03 진정한 회복탄력성은 사고의 고통을 조직의 지식으로 변환하는 '적응적 학습'에서 나온다. 실패를 자산화하지 못하는 조직은 개인의 처벌에 집중하고 구조적 원인을 외면한다. 이를 해결하려면 '비난 없는 조사(No-blame culture)'를 통해 사고의 전 과정을 투명하게 기록하고, 이를 제도 개선과 교육 훈련에 즉각 반영하는 피드백 루프를 구축해야 한다.

PART 5 재난 연구는 어디에서 멈추어 있는가

〈객관식 해답〉

01 ②　**02** ③　**03** ①　**04** ④　**05** ②　**06** ③　**07** ①　**08** ③　**09** ④　**10** ②
11 ①　**12** ③　**13** ④　**14** ②　**15** ③　**16** ①　**17** ②　**18** ③　**19** ④　**20** ①
21 ②　**22** ④　**23** ②　**24** ③　**25** ④

〈논술형 주관식 해답〉

01 현재의 매뉴얼은 'A이면 B이다'라는 선형적 가정에 기반하지만, 실제 재난은 상호작용에 의해 예측 불가능하게 전개된다. 연구자들은 상아탑을 벗어나 실제 재난 대응 과정

에 참여하여 현장의 맥락을 이해하는 액션 리서치를 확대해야 한다. 이를 통해 이론이 현장에 지침을 주는 것이 아니라 현장의 경험이 이론을 교정하는 상호 보완적 체계가 구축되어야 한다.

02 재난 극복의 속도는 물리적 인프라보다 이웃 간의 신뢰와 같은 사회적 자본에 의해 결정되는 경우가 많다. 현재의 연구는 피해 보상과 건물 신축에 치중되어 있으나, 앞으로는 재난 피해 공동체의 갈등을 치유하고 사회적 유대감을 회복하는 '소프트웨어적 복구'에 대한 연구가 강화되어야 사회 전체의 총체적 회복탄력성이 높아진다.

03 '검은 백조'와 같은 예측 불가능한 재난 앞에서 완벽한 예방은 불가능하다. 따라서 패러다임은 '사고가 나지 않게 하는 것(Robustness)'에서 '사고가 나더라도 빠르게 회복하는 것(Resilience)'으로 전환되어야 한다. 이는 시스템의 유연성, 자원의 여유분 확보 그리고 현장의 즉각적인 적응 능력을 강화하는 방향으로 연구와 정책이 재편되어야 함을 의미한다.

국민의 생명을 중앙에 묶어 둔 책임, 대통령과 국회에 있다

지방자치 30년을 이야기하면서도 국민의 생명과 직결된 안전과 재난 대응 권한은 여전히 중앙에 묶여 있습니다. 이는 우연도, 행정 착오도 아닙니다. 명백히 대통령과 국회가 결단하지 않았기 때문에 지속된 구조적 실패입니다.

재난은 현장에서 발생합니다. 그러나 권한은 중앙에 있고, 책임은 지방에 남아 있습니다. 이 기형적 구조를 30년 동안 방치한 주체가 누구입니까. 헌법을 개정할 권한도, 법과 예산을 바꿀 책임도 모두 대통령과 국회에 있습니다. 그럼에도 지방분권과 안전 권한 이양은 늘 '검토 과제'로만 남았고, 재난은 반복되었습니다.

안전공학의 관점에서 보자면, 현재의 재난관리 체계는 이미 실패가 예고된 시스템입니다. 의사결정은 느리고, 책임 소재는 불분명하며, 현장은 판단만 하고 결정은 하지 못합니다. 이러한 구조를 유지한 채 "최선을 다했다"라는 말은 과학적으로도, 행정적으로도 성립하지 않습니다.

대통령은 헌법 수호의 책무를 지닌 국가 원수입니다. 그러나 역대 어느 정부도 안전·재난 권한을 지방정부의 헌법적 권한으로 명확히 보장하는 개헌에 성공하지 못했습니다. 이는 정치적 부담을 회피한 결과이며, 그 대가는 국민의 생명으로 치러졌습니다.

국회 역시 책임에서 자유롭지 않습니다. 지방분권을 외치면서도 정작 권한을 내려놓는 법안과 개헌 논의 앞에서는 늘 멈춰 섰습니다. 정쟁과 이해관계를 이유로 헌법 개정을 미루는 동안 재난 대응의 골든타임은 현장에서 계속 놓쳐졌습니다. 이것이 과연 입법부의 책부를 다한 모습입니까.

이제는 분명히 말해야 합니다. 안전·재난 권한 이양 없는 지방분권은 기만이며, 이를 방치한 것은 대통령과 국회의 직무유기입니다.

지방자치단체의 역량 부족을 핑계로 권한 이양을 거부하는 주장도 더는 설득력이 없습니다. 역량은 권한과 책임 속에서 축적됩니다. 권한을 주지 않고 결과만 요구하는 것은 실패를 구조적으로 강요하는 일입니다. 중앙이 모든 결정을 쥐고 있는 한 어떤 재난도 현장에서 완벽히 대응할 수 없습니다.

지방분권 개헌은 정치적 선택지가 아닙니다. 국가가 국민의 생명을 어떻게 지킬 것인가에 대한 헌법적 의무입니다. 대통령은 개헌을 국정 최우선 과제로 올려야 하며, 국회는 정파를 넘어 결론을 내야 합니다. 더 이상의 유보는 무책임이며, 또 다른 비극을 예고하는 행위입니다.

지방자치 30년은 이미 충분한 시간입니다. 이제 필요한 것은 연구도, 보고서도, 선언도 아닙니다. 결단과 책임입니다. 대통령과 국회가 움직이지 않는다면 지방자치의 실패는 곧 국가의 실패로 기록될 것입니다.

국민의 생명을 중앙의 책상 위에 올려놓은 채 현장에 책임만 떠넘기는 국가는 지속 가능하지 않습니다. 이제는 헌법으로 답해야 합니다.

안전·재난 분권 실패에 대한 국가 책임

지방자치 30년 동안 반복되어 온 안전·재난 대응 실패의 구조적 책임에 대해 '직무유기'라고 분명히 말씀드렸습니다.

국민의 생명과 안전이 위협받는 구조를 30년간 방치한 책임은 대통령과 국회에 있습니다.

재난은 현장에서 발생합니다. 그러나 결정 권한은 중앙에 있고, 책임은 지방에 있습니다. 이 비정상적인 구조를 바꿀 수 있는 권한을 가진 곳은 오직 대통령과 국회뿐입니다. 그럼에도 불구하고 그 누구도 결단하지 않았습니다.

안전공학의 기본 원칙은 명확합니다. 위험에 가장 가까운 곳에서 가장 빠른 의사결정이 이루어져야 합니다.

하지만 우리의 재난 대응 체계는 보고와 승인, 지침 전달에 시간을 허비하도록 설계되어 있습니다. 이것은 현장의 문제가 아니라 국가 시스템의 실패입니다.

지방자치단체가 재난 현장에서 책임을 집니다. 그러나 예산도, 인사도, 조직도, 결정권도 없습니다. 이런 구조에서 "지방이 제대로 대응하지 못했다"라고 말하는 것은 책임 전가이자, 구조를 만든 자의 자기부정입니다.

대통령께 묻지 않을 수 없습니다. 헌법 수호의 책무를 가진 국가 원수로서 왜 안전·재난 권한을 지방자치단체에 명확히 부여하는 개헌을 국정의 중심에 두지 않았습니까.

국회에도 묻겠습니다. 지방분권을 수없이 말해왔지만, 왜 권한과 재정을 실제로 내려놓는 입법과 개헌 앞에서는 늘 멈춰 섰습니까. 정쟁이 국민의 생명보다 중요했습니까.

분명히 말씀드립니다. 안전·재난 권한 이양 없는 지방자치는 기만입니다. 그리고 이를 알고도 방치했다면, 그것은 정책 실패가 아니라 직무유기입니다.

지방자치단체의 역량이 부족하다는 말은 변명에 불과합니다. 역량은 권한과 책임 속에서 자랍니다. 권한을 주지 않고 결과만 요구하는 것은 실패를 구조적으로 강요하는 일입니다.

이제 선택의 시간입니다. 대통령은 지방분권 개헌, 특히 안전·재난 권한 이양을 국정 최우선 과제로 명확히 선언해야 합니다. 국회는 정파를 떠나 헌법 개정 논의에 책임 있게 응답해야 합니다.

더 이상의 유보는 또 다른 재난을 예고하는 행위입니다. 지방자치 30년이면 충분한 시간입니다. 이제는 연구도, 구호도 필요 없습니다. 결단과 책임만이 필요합니다.

국민의 생명은 행정 실험의 대상이 아닙니다. 헌법으로 답하십시오.